U0474426

骆汉城 刘霞 崔娟 刘颐灵 著

古道寻踪

你所不知道的地方

中国社会科学出版社

图书在版编目（CIP）数据

古道寻踪：你所不知道的地方／骆汉城等著.—北京：中国社会科学出版社，2009.8

（风景文丛）

ISBN 978-7-5004-7738-9

Ⅰ.古… Ⅱ.骆… Ⅲ.旅游指南—中国 Ⅳ.K928.9

中国版本图书馆CIP数据核字（2009）第060184号

特邀编辑 张 静
责任编辑 张小颐
责任校对 林福国
装帧设计 mtcff@263.net
技术编辑 张汉林

出版发行 中国社会科学出版社
社 址 北京鼓楼西大街甲158号 邮 编 100720
电 话 010-84029453（邮购）
网 址 http://www.csspw.cn
经 销 新华书店
印 刷 北京千鹤印刷有限公司
版 次 2009年8月第1版 印 次 2009年8月第1次印刷
开 本 787×1092 1/16
印 张 35.5 插 页 2
字 数 400千字
定 价 59.00元

前　言

按照当前科技的进步、交通的发达及现在已有的条件，在地球上，可以说除了大洋深处，我们几乎没有到不了的地方。

然而即使到了某地，又有多少人知道这个地方是怎么回事？就是知道了现在是怎么回事，又有几人了解过去此地曾发生过什么事？

沧海桑田，这是人们用来描述在漫长的时间跨度里发生过巨大变化的一个词句。

的确，当我们用尽量长的时间跨度去考量一个相对固定的空间时，一切都变得非常奇妙。

通常，我们把目光愈是投向久远的过去，神话传说与真实生活之间的界限就愈加接近。

可是如果我们来到了这些“远古”之地，当你靠近这些神话传说里描写过的地方，你就定会感到，我们正在接近一个真实的存在。

用一个足够长的时间跨度去考量一个相对固定的空间，就是本书所要说的“你所不知道的地方”。

说到神话，人们往往把它归为荒诞不经一类。其实这也无可厚非，现实生活中，怎么可能有人长得像盘古那样顶天立地。更不会有虎身人首的王母娘娘，或者是蟒蛇的躯体长出一个人头。如果你能够穿起登山鞋背起行囊，走向大山大川，最好是身边还有几个考古专家类的人物。你就会渐渐地感觉到我们正在回到过去，特别是那些远古的神话，会越来越接近真实。

其实神话就好比是人的影子，谁会说影子是不真实的？人的影子可以随着光线的角度变幻无穷，时而高大、时而矮小；时而细长、时而短粗——那身高八丈、张牙舞爪的身影，不就像是天宫里的巨灵神吗？但有一点是不变的，就是影子的一举一动都和它的主人，也就是和我们的一举一动完全合拍并严格地按照我们的行为亦步亦趋。换一种说法就是影子是我们真实的人的反应。

我想说，神话也是如此，它是真实的反应，就像是历史的影子一样，成为改变了形态的人类活动。

所谓人类文明的发源地，很多都是不为人所熟悉的；或者说，就是你来到了这些地方，你也很难获得什么发现。这个时候，如果有专家在旁指点，那些神话故事也会像影子一样，把当时人类活动的真实情景，清晰在我们面眼前展开，这是一个多么有趣的体验啊！这也就是我们不畏艰险、千辛万苦去寻找那些不为人们所知地方的动力和乐趣所在。

本书就是想把我们这样一种寻踪的乐趣，体验的乐趣告诉给大家并与大家分享。

骆汉城

二〇〇九年六月

目　录

《山海经》的故乡　四川篇

古蜀文明溯源 *3*

突变铸就的文明 *12*　当彗星降临 *23*　哪里是昆仑 *36*　从外星人的角度 *42*　神秘的土堆 *45*　一夜间消失的古城 *55*　面具之谜 *67*　青铜面具最后的辉煌 *84*　神秘的权杖 *91*　何谓“神树” *98*　文字之谜 *113*　三星堆兵器之谜 *123*

古蜀文明追踪 *151*

三星堆人消失了吗？*155*　最早的高速公路 *158*　带翅膀的神兽 *164*　古羌山寨 *186*　难解的“巴蜀印章” *194*　千年一吻 *201*　最早的暴发户——邓通 *207*　兵戈铿锵 *210*　万能“鬼画符” *216*　大石墓的故乡 *224*　三星堆青铜原料“供料商” *233*　南丝绸之路上的水上信道 *240*　南丝绸之路上的古滇国 *243*　三星堆后人去了哪？*251*

串在丝路上的珍珠 新疆篇

苍凉的北庭古道 *267*

七亿年前的古海水 *271* 野马的故乡 *282* 汉代的军事要塞——疏勒城 *294* 大哉，北庭都护府 *302* 埋在土丘中的西大寺 *327* 天山古道行 *359* 一户人家的村庄 *386* 洋海——头颅的困惑 *393* 楼兰后裔在哪里 *410* 交河故城 *426* 狮子王的都城 *432* 长路何处是归程 *446*

溯源玉石 *461*

三千年前采玉人 *466* 玉石之乡 *478* 再上冰峰探玉踪 *484*

地上古迹的博物馆 山西篇

别有天地是广灵 *491*

百河千川聚一壶 *496* 壁画传奇，劳动万岁 *504* 山崖之间又一悬 *519* 有山则仙 *527*

木塔迷踪 *535*

古塔之冠 *536* 没有塔芯柱的木塔 *538* 木塔藏玄机 *542* “盛世则出，佛心自在” *547*

GUDAO XUNZONG

四川篇

《山海经》的故乡

GUDAO XUNZONG

古蜀文明溯源

噫吁嚱，危乎高哉！蜀道之难，难于上青天。蚕丛及鱼凫，开国何茫然！

——李白《蜀道难》

李白的一首《蜀道难》把四川划为了绝地。的确，在古代通往蜀地的道路异常艰险，它不仅阻碍了中原与蜀地的物资交流，也阻碍了中原与蜀地的文明交流。因此，中原地区总是把巴蜀地区文明的发现，视为另类。

随着广汉三星堆与成都金沙遗址的发现，一种来自远古时期的“全新”的文明样式，让世人惊叹不已！从20世纪80年代到现在，这种惊叹一直没有停止过。尽管考古专家们已经做了大量的研究工作，有些似乎已经有了定论。但当人们看到那些奇特的青铜面具和大立人的时候，仍然止不住心中的好奇。他们宁愿相信这些东西来自天外，来自一

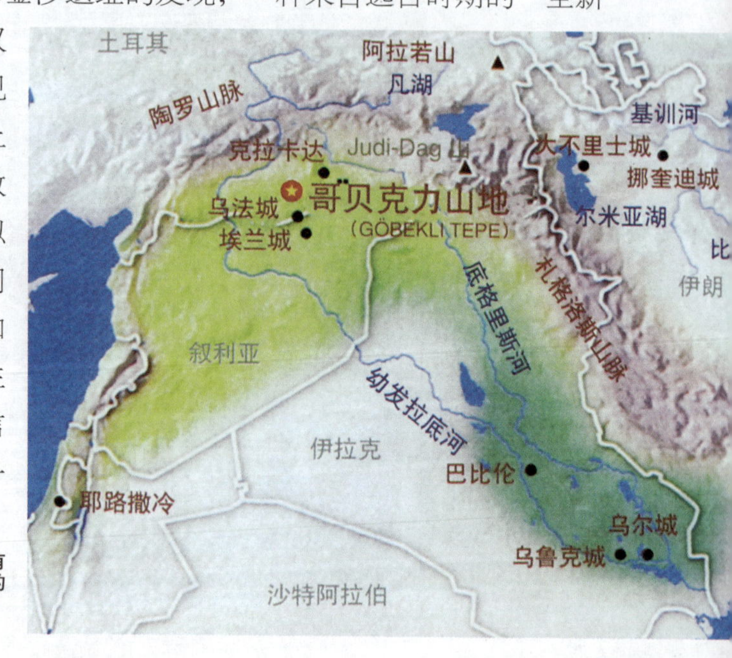

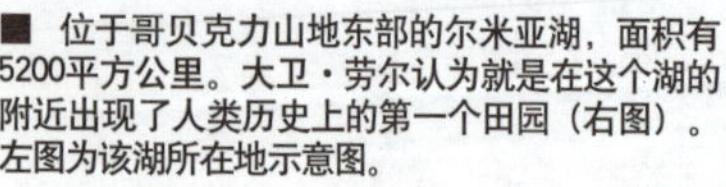
■ 位于哥贝克力山地东部的尔米亚湖，面积有5200平方公里。大卫·劳尔认为就是在这个湖的附近出现了人类历史上的第一个田园（右图）。左图为该湖所在地示意图。

个至今不为人们所知的远古文明。就像人们宁愿相信埃及的狮身人面像，不是古时的法老所建。专家的考证，比起古蜀出土的这些怪异文物，依然显得十分苍白。

从2007年年初，我们中央电视台科考队随同考古工作者，开始对古蜀文明进行新一轮的科学考察，就是试图从中得到更新的发现。

有人说：四川盆地就是《圣经》里记载的“伊甸园”。从地理位置来看，四川盆地从远古至今，一直就是一个山川秀丽、水草丰沛、资源富足、居住宜人的地方，和《圣经》里描写的近乎天堂一样的“伊甸园”有许多相似之处。四川成都一直被视为中国最宜居城市，如果没有2008年的那一场大地震……

在我国的南方，也许是夏天十分闷热，体力消耗大的缘故，人们到了中午，大多会睡个午觉，2008年5月12日14时左右，很多人都在睡梦中，四川汶川县，平日里热闹的县城一片宁静。

14时28分，突然，大地颤动起来，也就是短短的几分钟，汶川一带发生

了相当于上千颗广岛原子弹当量的8级大地震，山崩地裂，房倒屋塌，一个承载着千年古羌文明的区域，顷刻化为一片废墟。

山体滑坡，堵塞了沟谷河道，曾经是涓涓细流的山涧小溪，突然暴涨成了一条条激流湍急的大河。山口处，出现了一座座蓄水量很大的堰塞湖。

2007年6月，我们中央电视台科考队曾随着考古工作者一起到北川考察。这里山川俊秀，林木繁茂。有的专家认为三星堆的先民古羌族人，就是从这里的大川大山中走到成都平原的。的确，现在这个县还叫羌族自治县。羌人是一个神秘而又生命力强悍的民族，他们和中原地区的民族共同创造了灿烂的中华文明。还不仅仅是这些，有人考证古羌族还是大洋彼岸美洲印第安民族的祖先。

北川羌族自治县有不少关于古羌族的历史遗迹，最令人印象深刻的就是碉楼。这些羌寨碉楼一般都建在险要的山地。碉楼的建筑取材于当地的山石，一般都是成片状的。这里的羌人把它们一层一层垒起来，有的碉楼竟高达二三十米。

2008年的汶川大地震之后许多矗立在悬崖峭壁之上的古老的碉楼居然保存完好，没有受到太大的损害，比那些现代的钢筋水泥建筑还要坚固。真是

■ 地震前的北川

■ 北川沿途的小吊桥

■ 北川的羌寨碉楼

■ 印第安碉楼

■ 羌族图腾柱（北川）

一个奇迹！

2007年谁也想不到会有大地震，那时，碉楼就足以使我们震撼了。这种震撼主要是由于我们发现，北川的碉楼和大洋彼岸印第安人的碉楼极其相似。美国科罗拉多州的大峡谷有一处著名景观，就是一座印第安人在悬崖峭壁上建的碉楼。

印第安人的碉楼同样是用当地的石头片垒砌的。从建筑形式以至于建造位置和北川的碉楼完全一致，也是那种狭窄的窗户，也是用于登高远望。我们非常诧异，相隔万里之遥，其建筑风格和功用何以如此相同？

更让我们惊奇的是，在北川的羌人古寨矗立着许多高大的图腾柱，有些是被新油漆过的。柱子上的图腾居然和印第安人的图腾柱一模一样，都是一些夸张而又变形的人脸；醒目而且艳丽的色彩，向来往的游人传递着一种来自远古的问候。

走在这些羌人古寨中，你会有一种时空错位的感觉，恍惚间不知道自己是在中国的北川，还是在美国的科罗拉多州。是这里的古羌人远涉重洋，跑到美洲成了印第安人？还是印第安人在远古的一个什么时间来到了巴蜀，安家落户，成了现在的羌族？

在北川的考察，很快否定了后一种猜测。因为在北川不仅发现了古老的羌族遗址，还有比羌族更为古老的人类遗存。

北川羌族自治县甘溪乡甘龙洞，发现了一批化石材料，经专家鉴定，其中有一枚人类的左下侧门齿化石。属一青少年个体，距今约一二万年，系晚期智人。在这个洞里还发现了更新世晚期的火塘和灰坑。还有石斧、刮削器，等等。说明这里在一二万年前就是人类活动的地区。经专家鉴定，这颗早期人类的牙齿和现代羌人的牙齿没有什么区别。羌人的祖先很早就生活在这里，他们也许成了后来三星堆的主人，也许走出了四川盆地，最后到达了遥远的美洲；也就是说，他们很可能是美洲印第安人的祖先。

最有趣的是，洞内还保存着

■ 羌族图腾柱

大量的豪猪、熊、大熊猫、东方剑齿象、华南巨貘、犀牛等动物的化石。这些化石和人类牙齿的化石是同一个时期的，可见当时这个洞里不仅仅有人居住，也有许多上古时期的动物光临。他们为什么都凑在了一起？还是个谜。

有人说，很可能是山上发大水，把这些动物的化石冲到了洞里。可是从洞的所在位置看，山洪很难流进洞里，因为在这个洞里不仅发现了早期人类遗存，还发现了明清时期的青花瓷片、白瓷片、釉陶片、土灶和水池，等等。说明这个洞在很长的时间内都有人类居住。那么究竟是什么样的原因和什么样的作用力，把那些大型动物的化石与人类的化石聚合在了一起呢？

汶川大地震似乎为我们揭开了这个谜团。按照现在的理解，早在一二万年以前，这里就发生过大地震。当时山摇地动，原本藏在丛林中的动物惊慌失措，四处乱窜，它们可能把这个洞口当成了躲避灾难的庇护所。然而强烈的地震使洞顶的石头碎块纷纷塌落，加之地陷，最后将这些动物都埋在了洞里。

至于那个一二万年前的年轻人，专家们认为，他倒不一定是当时被砸死的，他可能略早或略晚于这些被埋在洞里的动物。可以肯定地说，居住在这个洞里的绝不仅仅只有这样一个年轻人。他的消失也许和当时原始社会时兴的人吃人的习俗大有关系。

是灾难铸就了这个时代早期的人类文明。

■ 突变铸就的文明

在北川，我们跑了很多地方。给我们留下印象最深的还是小县城的老城区。这里的房子和街道至少也有上百年的历史了，徜徉其中仿佛时间倒流。这是一个我们只能在20世纪30年代老电影片子中看到的场景，房屋临街的门面大都是木质结构，只要稍加修饰，就可以拍任何朝代的古装片。街上的人

们无论是做买卖的，还是随意行走的，总是给人一种既清贫又闲适的感觉。在街道上，时不时会闻到淡淡的香味，这是卖豆腐干的小摊，价钱便宜得让人觉得好像没花什么钱似的。其实就是吃顿饭也真花不了多少钱，三块钱能买七八种小吃，肯定吃饱。

农历六月初五，是夏王朝开创者大禹的生日，我们科考队来到了四川北川羌族自治县的一个偏远山寨，这里还保留着最古老的巫术祈祷仪式。为了纪念大禹的诞辰，羌族巫师在夜幕降临的时候，四周燃起篝火，跳起神秘而古老的羊皮鼓舞。

山区的夜晚如果没有月亮，会显得特别的漆黑，满天星斗更增加了一种空灵的感觉，篝火熊熊，仿佛是那些没有实体的鬼魂在舞蹈。

根据当地人的传说，四川西北部的山区是大禹的出生地，因此每逢大禹的诞辰，当地人便聚集到一起，为中华第一位治水英雄举行纪念活动。传说中的大禹难道在历史中真实存在过吗?

当时陪同我们在北川考察的是一位大禹文化研究专家——谢兴鹏。他非

■ 大禹石雕像

常热爱本土文化，是一位狂热的大禹文化推崇者，他带着我们走遍了有关大禹传说的山山水水，他的学识和热情让我们非常敬佩，但是我们一直有个疑问鲠在心头，不得其解。

我们首先能想到的就是“大禹治水”的神话传说，那么大禹是谁？究竟他是一个真实的人，还是古代传说中的神？如果他是一个真实的人，又是如何与强大的洪水抗争的呢？

2007年，在北川没有地震之前，我们科考队在这里访古探幽，有着比一般过客和行色匆匆的游人更深切的感受。即便如此，我们却一直没有解决这样一个疑问。那就是，在这样一个山高林深的地方，除了涓涓细流的山泉和一些幽深的清潭之外，几乎看不到什么像样的河流，怎么可能产生出治理大江大河的大禹式人物？生活在这里的人更不要说见过什么大江大河了，有的地方连吃水都成问题。大禹又是凭借什么具备了挽狂澜于未倒的回天之力？

是汶川大地震让我们突然明白了，这片看似郁郁葱葱、云雾缭绕的山峦，其实蕴蓄着非常可怕的力量。这种力量的爆发，除了地震、山崩之外，还有随之形成的大大小小的天池——堰塞湖。这些堰塞湖就像悬在人们头顶

■ 北川羌寨

■ 北川大禹沟

■ 大禹沟里的石碑

的炸弹，不知何时发生爆炸。

2008年5月12日北川强烈地震以后，连续几天，关于疏通堰塞湖的报道让人们稍稍放下的心又一次次被提起，连绵阳这样的城市，在堰塞湖的脚下，都需要急速撤出二十几万人，以避开堰塞湖溃坝形成的洪水。

在几千年以前，没有公路，没有现代化的挖掘机，炸药更无从谈起。只能听任地震肆虐，山洪暴发，河水泛滥。

也许正是这种灾难，让大禹看到，在山谷之间迅速形成的巨大湖泊，最终会冲决山崩形成的土堰，汹涌而下，势不可挡。采用筑堤阻挡洪水，根本无济于事。

他同时也看到，当洪水漫过土堰，冲击出一条泄洪渠道的时候，可以减缓洪水的势头，使下游的一些房屋得以保全。

如今工程兵们对唐家山堰塞湖采取的导流泄洪方案，与几千年前大禹治水如出一辙。

地震和洪水就是产生大禹式人物的原因，特别是在这种灾难频发的地方，更可能产生治理洪水的真英雄。

地震使我们相信了古代传说中的大禹是真实的，大禹的才干是真实的，能够治理大江大河的英才和因势利导的治水文化就产生在暴发洪水的源头。

由于农业和城市的出现，古蜀人与洪水的抗争，从第一个古城建立的时候就开始了。

夏朝是中国历史上第一个见诸于记载的朝代。禹就是文献记载里夏朝的奠基人和创始者，禹作为著名的历史人物，在中国历史上，很少有人怀疑。

传说中，大禹的父亲鲧是第一个负责治水的，但是他所采取的围堵方法，在滔滔的洪水面前不堪一击。鲧治水失败以后，大禹把从西羌抗击洪水的经验带到了中原，他也因此成为中华民族的文明始祖。

据《禹贡》记载，“岷山导江，东别为沱”。“岷山导江”，就是指疏导岷江；“东别为沱”，就是向东开凿了一条从岷江到沱江的人工河流。

我们今天所看到的风景名胜都江堰，就是古蜀人防洪的水利工程。都江堰绝妙地利用了疏导洪水这一方法，结束了成都平原关于洪水的噩梦。

值得一提的是，大禹还是世界上最早的探险家和旅行家。大禹在解决了长江和黄河上游的洪水问题后，便开始了对这两条大河下游的治理。他走遍了九州。

据记载，他先是来到九津和青羌，那里山峦起伏，丛林莽莽，和我们现在看到的北川非常相像；他还往东到过“扶桑”，也就是太阳升起的地方。后来他又来到“鸟谷国”、“黑齿国”和有九尾狐的“青丘国”。南面到过“交趾”，也就是现在的越南，再经过气候非常炎热的九阳之山，到了“羽人国”、“裸民国”，在“裸民国”的时候，大禹也按当地的风俗，脱掉衣服，直到走出国境才把衣服穿上。“裸民国”肯定是热带地区，衣服当然是穿不住的，那

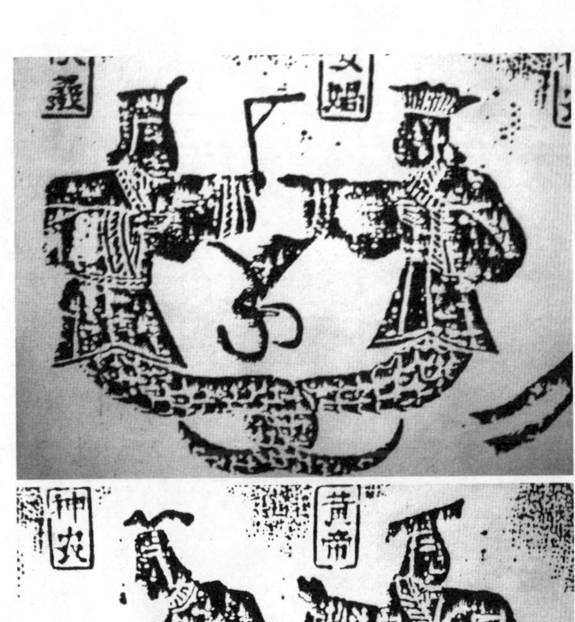

■ 北川博物馆展示的石刻图案

■ 大禹沟

里的人就像我们现在从照片上看到的非洲土著人，至于大禹是不是到过非洲，已无可考。但是如果没有到过现场，古书里就不会有这种形象而生动的记载了。

大禹从南向西，又到了昆仑山，这期间他和一系列的“国际名人”风云际会，例如西王母和伏羲，一个是人面虎身，一个是人面蛇身，真是奇怪极了。从西再往北走，到北海，又见到了“风之神”禺强，现在看来，很可能是欧罗巴人种。那里终日大风，气候寒冷，和我们知道的西伯利亚差不多。

大禹在这里迷了路，越走越远，最后到了“终北国”，即使不是北极，也差不多了。问题是，在那个生产力低下、交通极为不便的远古时期，大禹何以有如此神通？不过凭着大禹能够制服天下滔滔洪水的能耐，迷路又算得了什么呢！

我们从关于大禹的传说中，可以看到古人的神勇。也许这些记载都是一些远古的道听途说，但是如此真实的道听途说，肯定含有很多确实存在的东西，那就是我们的古人肯定到过这些地方。

大禹在回乡之后，铸了九个青铜大鼎，象征着九州，鼎上刻着天下各

■ 大禹沟里石碑上的雕刻

地奇形怪状的禽兽、精灵。他将九鼎陈列在门外，就像现在的旅行指南和地图。如今九鼎已经不知去向了，但是有关它的文字却留了下来，最后被编辑成书，也就是我们现在看到的中国最早的地理学古籍《山海经》。

值得一提的是，大禹从伏羲那里得到了一支玉简，伏羲告诉他这是用来丈量天地的，这肯定是最早的度量工具。大禹就是利用它丈量山体，解决了疏通河道的问题。

大禹还从大地的东头往西头测量，古书上居然有非常详细的记载。从大地的东头到西头，长度为233500里又75步，南极和北极的长度也是如此，大约相当于地球实际周长的3倍。如果按照周朝一里为300步，每步（“步”为古代的一种计量单位）相当于6尺，就是一里为415米左右，那么大禹的丈量相当于地球实际周长的两倍多。

如今已经无从了解大禹是怎样得出这个结论，但他决不是信口雌黄、想当然。这一点从他罗列的数字中就可以看出来。

可以这样认为，古代用于丈量的标准和现在的差别很大。他们在丈量中很难沿着真正的直线走下去，一定会走很多弯路，有的地方还可能出现重复计算。因此，大禹派人丈量出来的长度与实际的地球周长肯定差别很大。但是，233500里又75步，能丈量出这样一个相当大的空间尺度，对当时的人来说，绝对是一件了不起的事。只有在大自然中经受过种种磨炼，并与特大自然灾害（例如大洪水）进行过生死较量的人，才可能拥有如此广阔的胸怀和眼界。

从这一点也可以证明大禹治水的真实性。大禹开创的治水理念以及形成的治水文化和成都平原早期的文明密切相关，而汶川大地震给我们一把认识成都平原早期文明的钥匙。

在人类早期文明中，除了普遍存在的大洪水记忆以外，还有一个非常流行的文明起源说，就是人类的文明多起源于干旱地区，是自然灾害，是艰难的生存条件创造了文明，或者说是一些突发的灾难迫使那些安于现状的类人猿走上了文明之途。

在地球生灵的漫长演进之中，曾经有过几次突然的生命大爆发。这和人类文明的突然盛衰有着非常相似的经历。现在的科学研究证明，地球上的几次生命大爆发和恐龙的突然灭亡都是由于当时地球上发生了巨大的灾变。这种灾变让一种旧的生命现象消失，又使一个新的现象得以产生。

中国是一个灾害频繁的国家：史书上记载，在过去2200多年的时间里，最少发生过1600多次大水灾，1300多次大旱灾；中国又是一个地震灾害最严重的国家，据统计，全球陆地地震的三分之一发生在中国；平均每12年发生一次大饥荒，每6年就有一次农业歉收。中国古代的玄学非常讲究周期性和轮回，就是这个道理。

■ 当彗星降临

中国历来重视观测天象，夏商周断代工程中的许多新考证和发现，就来源于对古籍中有关天象记载的研究。翻开历史典籍，其中大量地记录了各种天象和灾害，最引人注意的就是彗星与地球灾害的关系。

在古老的传统文化中，人们一直把天上的彗星视为灾星，老百姓管它叫做“扫帚星”。人们只要是看见天上有彗星，就认为人间要发生一些不好的事情。比如重大的自然灾害或者人为的刀兵之灾。

彗星似乎也挺“争气”的，随着它的出现，发生灾害的几率的确很大。在古代，欧洲人总是把彗星的出现和地震、传染病，甚至双头动物怪胎的出现联系起来。

罗马史书上记载，恺撒大帝被暗杀当年就出现过火红色的彗星，庞贝与恺撒的战争导致生灵涂炭，当时也是出现过彗星。在英国，哈雷彗星出现后黑死病流行；在印加帝国，当地土著人在佛朗西斯科·皮萨罗（西班牙征服

南美的殖民者）到来前几天，看到了彗星从天空划过，由此预示着一场种族大屠杀即将展开。

有趣的是，一个叫霍姆斯17P的彗星每六年多就飞临地球上空一次，每次它的靠近都会发生一些灾害。特别是在2007年10月24日，当它靠近地球的时候急剧膨胀爆发，这颗用望远镜都难以发现的彗星，增亮成肉眼可以清晰看见的2.8等星，体积超过了木星。但它很快又恢复了原状，至今也没有确切的理论可以解释它为什么在短时间内急剧爆发。更奇怪的是，这颗彗星在1892年也曾爆发过一次，在爆发后的两年内，世界各地的飓风、地震、洪水明显增多。而在2007年10月份，霍姆斯彗星爆发更加剧烈，这是不是和我国2008年发生的雪灾、洪水和汶川大地震，以及缅甸的强热带风暴有一定的关系呢?

近几年地球气温变暖，特大风暴、洪水、地震、火山爆发等灾害频发。这一切都使人想到了生态危机。但是在划破夜空的闪电中，我们仿佛也看到了倏忽而逝的史前文明。

那些被视为谜一样的文明现象，就像来去匆匆的过客，在灾变中产生，又在灾变中消亡。历史上的大灾变似乎与我们文明的初起和消亡密切相关。

的确，在历史的长河中，曾经出现过许许多多令人称奇和不解的文明现象。这些文明现象的出现显得非常突兀，无论从生产力上，还是从文明程度上，都远远超出了当时的历史水平。

有人就把这些文明现象视为来自外星，还有人视为是史前的超级文明。有些专家认为，这些地球上的文明现象至少发生过6次以上。比如埃及的金字塔，据说建成的时间早于5000年前。按照当时的生产力水平，根本无法完成这样浩大的工程。那么又是谁建造的埃及金字塔呢？为什么后来再也没有创造出这样的文明呢？埃及金字塔引发了后来者的无限想象。尽管有许多的考古证实了它确实是古埃及人的创造，但是至今仍然有人坚信，它出自史前文明，或者它是外星人遗留在地球上的航向坐标，等待着外层空间文明的回归。

再比如三星堆的发现，也是那样的突然。而出土的青铜器无论从形制，还是艺术水平都与中原地区迥异，其制造水平也远远高于当时的青铜时代，而它的消失也似乎非常突然。于是一个前不见古人、后不见来者的文明孤零零地矗立在那里，令无数专家学者费解。

楼兰古城的发现要不是由于斯坦因和斯文·赫定到中国来盗宝，也会像迷雾一般的在荒漠的无人区渐渐消亡。楼兰的后人都去了哪儿？难道楼兰人也和玛雅人一样神秘的出现，又神秘的消失？

像这样神龙见首不见尾的文明现象还可以举出许多。

人们一直在为揭开这些历史谜团而不懈地探寻着。如果宇宙中真有上帝的话，那么这位上帝一定是一位非常幽默而且喜欢开玩笑的人，他似乎在有意无意地从迷蒙的时空中，展示出一些来自远古的蛛丝马迹，让人们相信那些久远的神话都曾经是非常真实的。

如今就连许多世界级的考古学家也在孜孜不倦地寻找着诺亚方舟，他们声称，发现了那艘巨船停留的地方。

■ 三星堆博物馆外景

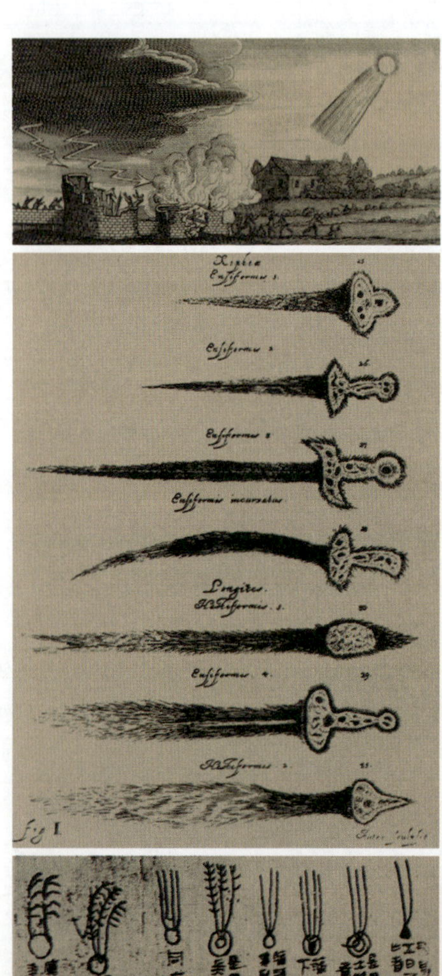

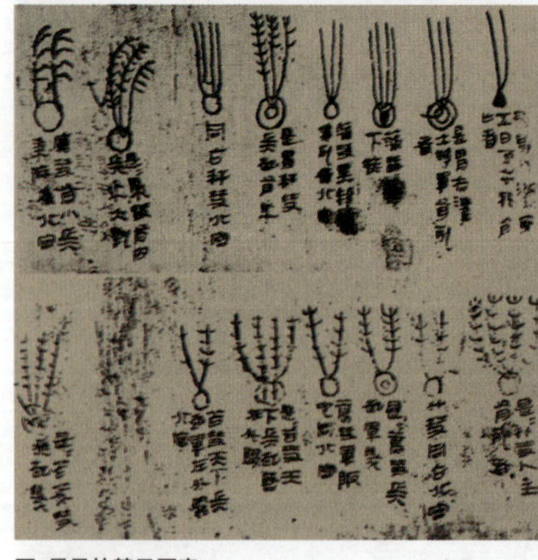

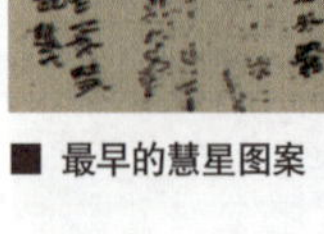

■ 最早的慧星图案

■ 巴比伦古城复原图

还有很多人着迷于柏拉图对“大西舟”的描写，在大洋深处寻找沉没在那里的史前文明，据说已经发现了堪与埃及金字塔相媲美的巨型宫廷石阶和立柱。

在最近的一些考古报道中，关于寻找伊甸园的论述尤为引人注目。土耳其南部，两河文明的发源地，还有非洲的大裂谷以及中国的四川，都发现了一些与《圣经》里关于伊甸园的描述非常相像的遗迹和环境。这一切正是科考探索最迷人的所在。

很多的考古工作者，和我们一样都有这方面的感受，当我们研究和考察的课题越是久远，神话与真实之间就会变得越加模糊，此时神话与真实的界限也变得模糊不清。

当你越是接近神话传说里描写的地方，你就越发地感觉到我们正在接近一个真实的存在。

如果我们只是翻翻书，《山海经》里的古怪精灵们仅仅是一些停留在书本里的东西。但是当你来到《山海经》所描述的地点，你会感到，这里的一切恍如昨日，那些神话传说、那些古怪精灵、还有那些在古书中的记述，好像都活生生的站在你面前，它们是那样的真实，它们就在你面前演绎着你所不知道的和已经知道的故事。

在四川盆地，至今仍然存在大量令人不解的谜团。三星堆的发现可以说达到了一个高峰，这些被发现的古代文物和中原地区不仅形式迥异，而且其怪异程度也是世界上少见的。

在三星堆12平方公里的土地上，掩藏着距今约3000–5000年前古代蜀国的辉煌历史。

神秘的三星堆文化，1929年因一个农民首次在月亮湾发现玉石器初露端倪，接下来的七十多年岁月再无更大发现，直到1986年祭祀坑的发掘，才有了突破性进展。

从目前出土的文物可以看出，三星堆跨越时间涵盖了距今3000–4800年的这一阶段，在近2000年时间里，三星堆文明没有间断过，古蜀文化一直在这个地方生长；仅在神话传说中留下只言片语的古蜀文明，开始变得真实起来。

■ 旧版《山海经》里的插图

当人们惊异于三星堆出土的那些奇形怪状的面具和青铜巨人之后，首先会想到这是些什么样的人？出于什么样的目的？费尽心思仍然得不到一个比较合理的解释，于是很自然的又会把这一切都归之于来自外星。

四川盆地的怪异古已有之，最早的当属见诸于许多古代典籍中的神话传说。例如《山海经》中所描述的那些神仙都是一些牛头马面人身的怪物，这些怪物与三星堆出土的各种文物造型倒是挺匹配的。

据古书记载，人类文明初期，可以说是一个人神共处的时代，也就是神仙和英雄的时期。这个时期一切的怪异都是非常自然的。西王母可以是人面虎身，伏羲氏是除了有一颗像样的人头以外，身子却是一条大蟒。古代巴蜀时期那几个标志性的帝王，蚕丛、杜宇、柏鹳、鱼凫、开明，也都是一些人兽组合的怪物。

蚕丛就像是一条趴在桑叶上大嚼的肉虫子，可是却偏偏长了一颗人头。杜宇和柏鹳不是猫头鹰就是白鹭，而鱼凫肯定是一种鱼鸟组合的动物。开明是一只老虎，和西王母肯定有亲缘关系。所有这些都非常符合《山海经》描述的人物风格。

从《山海经》到古巴蜀的帝王，再到三星堆，可谓一脉相承。这就是人类早期文明的生动体现。那时的人不仅仅相信天地山水的灵性，飞鸟走兽的模样只不过是人类的另一种表现形态。人与兽之间，无论是精神还是地位都是平等的。

不仅中国的神话传说如此，外国远古时期的神话也是如此。半人半马是西方神话中最著名的怪兽之一，上半身是人的躯干，包括手和头，下半身则是马身。这种怪兽的形象最早出现在5000年以前的古巴比伦地区卡塞特边界的石刻上。

另一种源自美索不达米亚地区的著名怪兽是鹰翅、狮身、牛角、豹嘴的狮鹫。波斯国王大流士宫殿的墙壁上就装饰着这个怪兽。公元前7世纪的希腊作家阿里斯泰斯在一份笔录中说，亚洲北部的一座山中盛产黄金，狮鹫看管着这批财宝。

狮身、羊头、蛇尾兽则是希腊神话的产物。它的身体一部分是狮子，一部分是羊，一部分是蛇，并分别对应春、夏和冬三个季节。

1957年在陕西神木县纳林高兔村出土了一个战国金制怪兽，鹰嘴兽身，大耳环眼，头生双角。每角分四叉，叉端各长有立耳环眼鹰嘴。这组造型究竟表现的是什么样的神奇动物，至今仍让人难以解答。

早期文明为什么会是这样一种形象？按现代传统的说法，就是那时候

乌木

的人还不够聪明，也谈不上什么科技知识，他们把一些不可解释的现象都归于神的力量。是神让一些人变成了牛头马面，而具备这种形象的人也一定和神关系密切。他们不是神的儿子，就是兽的后代。真的有这样的怪物存在吗?

一些持激进观点的学者们认为：不管现代人怎么想，古代的人肯定相信怪物。因为他们亲眼见到过这样的怪物，并和怪物生活在一起。

四川平原的水系发达，很早就有人发现在很多江河湖底，沉没着许多巨大的树木。这些树木，人们称之为“阴沉木”。可能是在乌江地区发现的比较多，又由于这些沉积在水里的木头，少则也有五六千年，通体乌黑，人们又把它叫做“乌木”。

这些木头已经炭化了，它们在水中历经千年，属于修炼成精的对象，是上好的家具和棺木之材。这些乌木告诉我们四川盆地在几千年以前还是一个古木参天、巨兽出没的地方。很多在其他地方已经灭绝的动物，在四川也许依然生活得很好，大熊猫就是一个典型的例证。如果1865年法国神父爱尔兰德·戴维没有发现大熊猫，而是直到现在才发现大熊猫，那么大熊猫一定是我们眼中的怪物，而且是一个由多种动物形态拼接组合成的怪物。

时间如果从现在倒退上万年，那个时候的人们所看到的“怪物”一定比现在还要多。

更有人认为，也许真的有什么更先进的外星智能生物。它们把人和其他动物进行了拼接，用现在的话说就是进行了基因改造。于是，在当时就出现了许多牛头马面人身的怪物。而这些经过先进技术改造的怪物，也许真的就是当时最聪明的生物。他们成了许多野蛮人的头领，这就是我们在很多岩画上、古墓的壁画中还有许多古迹中看到的“古代领导人”的形象。现在唯一令人不解的是，贵为人类之祖的女娲、伏羲何以要用蟒蛇之躯来作为它们的身体。

上古时期，我国的西部地区也是女娲、伏羲生活过的地方，那里曾经气候湿润，森林茂盛，蛇虫横行，特别是那些巨大的蟒蛇，给当时的人们留下了极为深刻的印象。就是到现在，这些地方已经变得寒冷、干旱和荒凉，沙漠中仍然还生活着许多令人望而生畏的毒蛇、爬虫。女娲、伏羲的蟒蛇之躯，也许反映了人们对上古时期的某种记忆。

当然所有这一切还只是一些猜想，但来自远古的神话传说，还是让我们对自己的祖先、自己的文明充满了敬畏。

■ 哪里是昆仑

在四川盆地成都平原西北部，沿着都江堰顺流而上，就进入了岷山山脉。有许多专家考证，岷山就是《山海经》里所说的“昆仑山”。

提起昆仑，即使是地理知识再少的人，似乎也能一下子说出是在新疆南部。昆仑山是中国古代文明的摇篮。女娲就是采昆仑的五彩石补天，这个故事现在幼儿的图书上都写得明明白白，似乎没有什么说的了，可如果你在历史的故纸堆中翻一翻，你会发现在中国境内，所谓昆仑竟然有十几处之多。

《山海经》中多次提到昆仑，述及昆仑地望的有：《山海经·西次三经》载：“又西三百里，约槐江之山……南望昆仑，其光熊熊，其气魂魂。西望大泽，后稷所潜也。”《海内西经》也载：“后稷之葬，山水环之，在氐国西。……海内昆仑之虚，在西北，帝之都。”

上面所述的是海内昆仑。《大荒西经》和《海外南经》中又提到有“海外昆仑”，而且海外昆仑还不止一处。自古海内昆仑有葱岭、祁连、昆仑（今天的昆仑）、岷山、巴颜喀拉山之说，这些都说明海内昆仑在中国的大西北。

最近四川成都又有专家著书立说，引经据典，言之凿凿，称所谓昆仑就在他家门口，也就是成都近郊的青城山。

青城山在金庸的武侠小说中是个大大有名的地方，也是产生道家武功的地方。但再往上溯，历史就变得模糊起来，好像最多也就1000多年。这位专家把青城山命名为昆仑，而且找到了很多根据。

除此之外，有人称，在贵州也有一处叫昆仑的地方。晋陕地区也不甘落后，据说也有古昆仑山的遗迹。也就是说，在中国的大江南北、黄河上下都存在着昆仑的遗迹。真有那么多昆仑山吗？

所谓昆仑，就是“天”的意思，或者是“倚天之柱”的意思。这样看来，昆仑已经不是一座山的概念，它成了一种象征。

和昆仑差不多地位的还有泰山。我们中国的古人特别会走捷径，图省事儿。他们也许是懒得在中国四处寻找新的泰山，干脆搬一块石头放到家门口，石头上刻着“泰山石敢当”，就算把泰山搬到了家里，于是可能大半个中国都有了泰山。由此也可以这样认为，960万平方公里有一种自古以来就存在的共同取向，一种民族文化的同源意识。

“昆仑”总是和远古时期的神话传说联系在一起，在古人看来，昆仑就是天地之交的结点，一切都始于此，人类的文明就起源于此。因此确定昆仑在何处，也是在确定人类文明的起源。从这个意义上讲昆仑的概念就变得非常重要。

2005年中国科学院生态与地理研究所、中国社会科学院考古所的专家和我们中央电视台记者组成的科学考察队，曾对地处甘肃的祁连山山脉进行过考察。

祁连山也是很多古书中所谓的昆仑山，它的很多地形地貌与《山海经》中描述的昆仑十分相像。

“昆仑”和“祁连”的语义都是“天象之大”，所以祁连山还有个名字叫“天山”。唐代李白《关山月》诗中有“明月出天山”句，“天山”指的就是祁连山而非新疆那座天山。《淮南子·坠形训》中对古昆仑还有一段描写："昆仑之丘，或上倍之，是谓凉风之山，登之而不死；或上倍之，是谓悬圃，登之乃灵，能使风雨；或上倍之，乃维上天，登之乃神，是谓太帝之居。"祁连就是登天之梯，祁连主峰名"天梯山"。

有人说"祁连"是"昆仑"一词演化来的。直到秦汉之际，匈奴侵入河西后，"祁连"这一词汇才开始出现。"祁连"是"昆仑"的匈奴语转音或意译。祁连山即古昆仑山。《山海经》叙述昆仑时曾提到羿，说"羿求不死之药于西王母，嫦娥窃以奔月"。

我们的车队进入甘肃境内，周边的景色从黄沙遍地换成了绿树成荫。

我们和专家来到此处时，虽说是盛夏季节，可是从山谷中袭来的一阵阵寒风，侵透衣衫，直入肌肤。尽管事先做了一些准备，每个人都穿上了一件登山服，但是仍然禁不住冷得浑身发抖。

祁连山的冰川雪水自古孕育成条条河流，"弱水河"从祁连山北坡流下，流经甘肃张掖地区时称"黑河"，再向北流入内蒙古自治区额济纳旗境内称"额济纳河"，在额济纳河沿岸形成居延绿洲，最后注入"居延海"。在古代，碧波浩渺的"居延海"很有名。

中国科学院生态与地理研究所教授穆桂金站在高高的崖头上，望着祁连山奔涌而下的河水，很有感触地告诉我们："这股水源可以说流淌了千万年。"根据古气象学的研究，三四千年以前的气候和现在相比，没有太大的变化，而山上的积雪和水量，也没有什么改变，为什么弱水流域不仅断流干涸，而且已经变成了戈壁沙漠？

穆教授认为："这主要还是人为的因素。"

我们沿着莺落峡水库继续往上攀登，到了一定高度，山势变得平缓起来，前面可以看到一大片开垦的农田，这是典型的山区农田，一片一片地分布在山崖沟谷之中。绿茵茵的草坡上有一群山羊在悠闲地吃草，"放羊娃"是一个看上去足有60多岁的老人了，经我们一问，其实他才50出头。他指着山上的积雪告诉我们："在'文化大革命'时期，这里也展开了轰轰烈烈的农业学大寨运动，有人提出，让高山变良田，用更多的雪水来浇灌。他们采取了一个在高山积雪处洒煤灰的方法，加速雪水的融化。”

据说这个方法还真起了一些作用，产生的直接恶果就是高山雪线向后退缩了几百米，水流量自然也就大量的减少。

在我们的正对面，有一处高达百米的山崖，河水在山崖下面咆哮，距河水30多米的高处，有一条长长的印记，远远看去，好像是横贯在山岩间的一条小路。穆教授指着这条印记说：“这是上个世纪60年代的水线，如今水位已经下降了几十米。”

莺落峡水电站建于20世纪90年代末，它的建立给当地带来了很多好处。我们看到水电站有两个出口，一条是水泥砌成的渠道，山上的河水从此源源而出，流进张掖地区广阔的农田；还有一个出口，不见滴水，一条拦河大坝横在其间，大坝外干涸的河床乱石裸露，杂草丛生，远处的河床里还有一些民房建筑，可知这条河道已常年无水，据说这就是通向居延海的旧河道。

如果我们不是为考察而来，弱水的源头地区——莺落峡水电站应该是一个非常好的避暑纳凉的旅游去处，这里山峰险峻，河水湍急，林木茂盛，四季如春。望着远山，白云缠绕着雪峰。脚下，河水穿行于奇石之间，轰鸣的水声和飞溅的水花，在阳光的照射下，映出一道道彩霞。

我们沿着所谓的河道顺流而行，其实这里已经没有什么河水了，如果要说有，那也是很早以前的事了。这条河，一直被人们称之为“弱水”。

所谓“弱水”，《山海经·大荒西经》载：昆仑之丘“其下有弱水之渊环绕之”。从这一句话可以看出，“弱水”并不是孤单单的一条河，它与周围许多条河相连，或者说“弱水河”是整个水系的主流。由此还可以看出，它在两千年以前应该是一条河水滔滔、奔腾澎湃的大河。

郭璞注曰：“其水不胜鸿毛。”《十洲记》云：“鸿毛不浮，不可越也。”《玄中记》也指其“鸿毛不能载”。也就是说，这条河水流湍急，连大雁的羽毛落在水上都会沉下去。关于这方面的描写，很容易让人们想起《西游记》中唐僧与孙悟空、猪八戒经过的流沙河，也许流沙河的名字就是从这里来的。据早年记载，这条河里曾捕到过近三米长的大鱼，而这条河的终点——居延海直到20世纪80年代，还有“年产20万斤鱼”的记录。

古人对地域的里程概念并不像现在这样清楚，如果从中原的政治经济中心所在地算起，到祁连山脚下，至少有1600公里左右，如果按日行30–40公里的速度来算，也要走上50天左右。试想一个连续行走了50多天，人困马乏的队伍，当看到眼前高耸入云、雪峰绵延的祁连山时，会作何感想。他们发出：“呜呼哉，万仞山峰，舍昆仑其谁？”于是一个新的昆仑山概念就此产生了。

如果说祁连山就是昆仑，那么，周穆王驾八骏去西方会王母娘娘，他的路程需要大打折扣了。难道周穆王真的是在祁连山脚下见到王母娘娘吗？同样是《山海经》，说王母娘娘在昆仑山宴请周穆王，周穆王离开时，西王母还送了好几车玉石，难道祁连山下也有产玉的地方吗？

其实祁连山还真的出产玉石，最有名的就是用这种玉石做的“夜光杯”。难道说周穆王千里迢迢用八骏拉回京都的不是和田玉，而是祁连玉吗？

我们曾经和中国社会科学院的专家一起登上位于新疆南部的昆仑山，寻找和田玉的源头。同样是我们这些记者，又登上了祁连山峰，无意中涉及了昆仑山和玉石这样一个敏感的话题。不管专家们是如何看待这两座昆仑山的，反正我们对此事感到非常有趣。

关于昆仑山的趣事还不止这些。2007年的6月，也就是汶川大地震的前一年，我们随着探寻古蜀文明源头的科考队，来到四川，考察的第一站就是地处岷山深处的北川县。当地的考古学家告诉我们，岷山就是《山海经》里记载的昆仑山。

又出现了一座昆仑山，按照《山海经》的记载，由此都江堰的河水也就是《山海经》里所谓的弱水。当时我们有点糊涂了，难道《山海经》是一本放之四海而皆准的地理志吗？按照专家的考证，《山海经》一书就出自蜀地。

《山海经·海内经》、《淮南子·坠形训》这些古文献讲到昆仑时都不约而同提到“都广”和“建木”两个词。那么“都广”在何处？“建木”又是一种什么样的树木？

《山海经补注》说：“黑水都广，今之成都也。”“若水（又称弱水）即后之雅砻江，若水之东即雅砻江之东，在雅砻江上源之东、黄河之南之昆仑，自非岷山莫属。是昆仑为岷山之高峰。……昆仑既为蜀山，亦与蜀王有关。盖都广在成都平原而岷山即矗立成都平原侧也。”《山海经》等所描述的“都广之野”据说是天地的中心，传说建木是沟通天地人神的桥梁。伏羲、黄帝等众帝都是通过这一神圣的梯子上下往来于人间和天庭的。在广汉三星堆中出土的青铜神树上，有枝叶、花卉、果实、飞禽、走兽、悬龙、神铃等，专家认为，这种神树的原型，有可能就是建木。

我们注意到，在有关昆仑山的描述中，昆仑所在地首先都是当时国家所能控制的最偏远的疆界。在周朝的时候，周穆王西行至昆仑，如果按照当时周朝的疆界来看，西部最远之处恐怕也就是祁连山了，那里就是古人认为的地之涯，天之边。

到了汉朝，疆域进一步扩大，新疆天山一带，可以视为昆仑；往西南去，蜀地岷山，也可以视为昆仑。

清朝的疆域就更大了，这时的昆仑也就是我们现在新疆南部的喀喇昆仑直到青海。可是在明朝末年，国力明显衰弱，所能控制的疆域也在缩小，所谓昆仑山所在地也由新疆的南部收缩到了青海。

关于上述这一处的昆仑山也有很多记载，这座昆仑山主要是藏北高原、青南高原与塔里木盆地、柴达木盆地之间的山脉。昆仑山西起帕米尔高原，山脉全长2500公里，平均海拔5500—6000米。

相传昆仑山的仙主是西王母，在众多古书中记载的“瑶池”，便是昆仑河源头的黑海，在昆仑河中穿过的野牛沟，有珍贵的野牛沟岩画。这里有座海拔最高的山峰叫玉虚峰。位于昆仑河北岸的昆仑泉，是昆仑山中最大的不冻泉。据说这里是明末道教混元派（昆仑派）道场所在地，是中国第一神山，是朝圣和修炼的圣地。

在古籍中，有关昆仑的记载中所涉及的河流，或者所谓的“弱水”，是一条由南向北淌的大河。

祁连山脉的黑河符合以上条件，岷山山脉中有一条岷江，其流向也有由南向北的趋势。当然现在地图上的昆仑山无论是白玉河还是青玉河，流向也都是由南向北的。因此可以把以上的三座山都视为中国不同历史时期的昆仑。

■ 从外星人的角度

谷歌（Google）的世界地形图，是由在32万米高空的卫星拍摄的，从这样高的角度来观察四川盆地，就像一个巨大的卫星电视接收器，又像一个张开双臂的巨人，把所有来自宇宙的信息揽入怀抱。

曾经有人设想过，在贵州建立一个直径500米长的巨型的天文望远镜，用它来观测地外文明。望远镜的形状就像一个倒扣过来的卫星接收天线。

中国是一个多山的国家，中国的版图70%以上是山区。如果从万米高空向下俯视，崇山峻岭，犬牙交错，对太空来的使者显得非常不友好。

中国东部倒是平原广阔，可是那里人烟稠密，高楼林立，绝不是一个理想的降落地。试想如果真的有来自外层空间的飞船，当它飞临地球上空的时候，这些山川，这些平原，可以说几乎没什么落脚之地。当他们终于看到像一个卫星接收天线似的四川盆地，会作何感想？很可能他们选择的第一个降落地点就是这里。这种特殊的地理结构，造就了四川盆地特有的自然环境和与众不同的文明样式。

这种地理结构既是开放式的又是封闭式的，从风水学的角度上讲，绝对是一块上好的风水宝地。中国风水学又称堪舆学，如果去除它的封建迷信部

■ 卫星云图上的四川盆地

分，其实是非常有趣的地理学说。

按照这种学说，四川盆地，四面环山，山如坐佛，形成了稳固的天然屏障；川似坦腹，似弥勒佛敞开的大肚子，腹藏玄机，包容天下，是一个可容纳一切宝藏，又物产丰富的所在。特别是水量丰沛的长江上游，冲开了盆地的一面，形成了“一江春水向东流”，“直挂云帆济沧海”的格局。

正是这条江，把整个四川盆地都带活了。也就是说，如果仅有一个群山环抱的盆地，还不能算是绝佳的风水宝地，因为它是封闭的，只有聚敛的功能，顶多也就是一个安茔造坟、埋藏宝物的地方，不能形成与外界的交流，从而得不到发展。

四川盆地在过去几千年也确实有这个问题，当时生产力水平低下，加之四周山峦重叠，交通条件非常不方便，形成了只能出不能进的格局。在这里培育出的是一些安于现状、乐天知命的族群。

但是长江的存在时不时地会冲破封闭的局面，注入外来的新鲜血液和活力。就是因为如此，四川形成了特有的既封闭又开放的文明样式。这样的封闭将非常传统的和古老的东西得以原汁原味的保留，而开放又使这里成了思维活跃、异想天开、淫技奇巧、异端邪说的乐园。

四川盆地、成都平原位于地球奇迹频发的北纬30度区域，在这一纬度线上，几乎聚集了所有光辉灿烂的古代早期文明。它们就像是商量好了似的，一声令下，同时竞放光彩。在这一纬度线上，奇观绝景比比皆是，自然谜团频频发生。

公元前200多年使得佛教最终畅行天下的孔雀王朝阿育王建立的阿育王柱就是在这一纬度上。

巴比伦的“空中花园”、约旦的“死海”、古埃及的金字塔及狮身人面像、北非撒哈拉大沙漠的“火神火种”壁画和远古玛雅文明遗址，还有《圣经》里讲到的伊甸园，这些早期人类文明和辉煌的建筑奇迹也都出现在这一纬度左右。

这里既是地球山脉的最高峰——珠穆朗玛峰的所在地，同时又是海底最深处——西太平洋马里亚纳海沟的藏身之所。世界几大河流，如埃及的尼罗河、伊拉克的幼发拉底河、中国的长江、美国的密西西比河，均是在这一纬度线入海，传说中的大西洲沉没处以及恐怖的“百慕大三角区”这些神秘之地全都会聚于此。

所有这一切都在向人们预示着：成都平原肯定也是一个奇迹频发的地区。

■ 神秘的土堆

四川新津县龙马乡，是典型的四川平原地貌。在一马平川的稻田中，有一座高出水田四五米的土堆，它的出现显得非常突兀，没有人能说得清这是什么时期修建的。

一般在田野中出现的土堆，大部分都是人工所为，龙马乡稻田中的土堆也不例外。有人说，它是一座汉墓，因为汉代的墓葬很多都选择在平川中垒起的一个个土堆，就像秦始皇的皇陵，还有汉代的帝王陵，都是如此。

的确有人也在这个土堆中发现了不少汉代的砖瓦，有些砖瓦上还打着年号，这就引起了许多人的注意，经过进一步的挖掘和搜寻，在土堆周边又发现了早期绳纹夹砂陶片和一柄石斧，说明这个地方很早就是一处人类生活的聚居地。

像这样的土堆，在成都平原还发现了很多处，古代的先人为什么要在这片平川中堆起如此众多的土堆呢?

当地人说这个土堆是一段古城墙，可是当你走近这些土堆的时候，就会发现，这些土堆即便是经过了上千年的剥蚀，仍然非常宽，有的地方竟然宽达二十几米。尽管这个地区不缺土，但是建一座城墙也没有必要用土宽达几

■ 鱼凫古城遗址

■ 鱼凫古城遗址

■ 鱼凫古城当地的村落

十米，如果这真是一段古代城墙，按照3000年的损耗来计算，这段墙至少也有三十几米，也就是说它更像一个土台子。

发现这个土台子的地方，至今仍然叫做宝墩村。墩者，台也。就是说，它是一个台形的建筑。台形建筑在世界上并不少见，如果把金字塔的尖顶削去，就是一个台形建筑了。美洲玛雅的祭台又称玛雅金字塔，也是一种台形建筑。由此可见，在宝墩村发现的台形建筑，也有可能是一座古代的祭台。

这个土台引起了各界的关注，除了考古界以外，很多古建筑专家，也曾到过这里，他们从建筑的方式以及目前遗存的实物上考察，认为这个土台更可能是某种堤坝。由于四川平原是岷山流域形成的冲积扇构造，河网密布，非常容易造成洪灾。宝墩村所处的地势，就有一条河流从中经过，可见这些土堆很可能是古人修建的堤坝。

1995年四川考古队曾经来到这里调查试掘，在土堆周边的确发现很多汉墓，并初步认定这是一段古城墙。

近年来，在成都平原的新津县龙马乡宝墩村、温江县万春镇鱼凫村、都江堰市大观乡芒城村、郫县三道堰古城村、崇州市元通镇双河村及隆兴镇紫竹村，先后发现六座古城遗址，在遗址中都发现了石器和陶器。

六座古城都建在平原冲积扇河流间的相对高地上，分布于古岷江干道及其支流文井江河道旁。其中最大的宝墩遗址面积达66万平方米。当时的经济应该已经是以定居农业为主，渔猎为辅的混合经济。从考古学上看，生活用具中的大量灰陶反映出与中原龙山文化不同的特征，而为蜀文化所独有。

温江县万春镇的鱼凫村古城遗址和宝墩遗址大同小异。当我们到达鱼凫古城遗址的时候，眼前是一望无际的农田，几座农舍夹在其间，接连农舍的半人高夯土埂，就是所谓的鱼凫古城。这与我们在北方沙漠中发现的古城遗址大相径庭，或者说完全不是一个等级。北方沙漠中的古城，尽管有些几乎全部被沙漠覆盖，但是仍然能够看出这座城市的规模，从遗留的痕迹上也能看出，城墙最少也高达十几米；而成都平原的古城遗址所残存的墙体，有一些墙体的高度还没有猪圈围栏高。

距鱼凫古城几十公里外，世界闻名的三星堆遗址的城墙比鱼凫古城好不到哪儿去，不过三星堆的古城遗址经过发掘整理，还是能够看出一定的规模。月亮湾城墙距三星堆一、二号祭祀坑仅数百米远，城墙是夯土结构，20多年前发掘初期掘开一个三米多宽的探沟以研究其剖面构造，因为保护不力现土层表面风化严重，多处开裂，且墙体向内倾斜，随时可能坍塌。

这是一段很古怪的城墙，墙体面向城里的一边，呈40度左右的坡度，墙体向外的一面也有一定坡度，可以看出这个坡度并非因年代久远而成，而是在最初修城墙的时期，这个坡度就已经存在。也就是说，用来抵御千军万马的城墙，竟是眼前这轻松就可跨过的土埂，当年的这座古城为什么会是这个样子？

城市作为古代文明不可或缺的因素，是人类从蒙昧走向文明的一个重要标志。

古代修筑城墙，是防止外族侵略、保护城邦安全的一道屏障。中国北方的一些古城遗址中，城墙都非常高大，很多城墙外面还会加一条护城河。

可是在成都平原发现的这些古城遗址，却很令人费解，不管城墙的内外，都有一个缓坡，入侵者几乎可以登城而入，根本用不着云梯之类的工具。

我们在鱼凫村可以看到，在古城遗址里，有几道高大宽阔的土墙。谁也

不知道这些土墙产生于什么年代，更不知道它们是干什么用的。

而在三星堆古城，考古学家找到了几乎同样的城墙，这些城墙墙基宽40米，顶部宽20米，从侧面看上去，是个坡度很缓的梯形。这样的土台如果作为城墙，敌人很容易顺着斜坡冲上来，根本起不到防御的作用。更为奇特的是，这三个土台横跨东、西、南三面，但是，考古学家却找不到他们想象中的城门。难道三星堆古城是一个封闭的无门之城吗？成都平原的先民为什么要建造这种奇怪的城墙呢？或者这是三星堆人创造的新型建筑模式？

首先这里有个问题，什么样的人类聚合形式才能称之为城市？所谓城

■ 鱼凫古城遗址

市一般需要具备宗教、军队、百姓、官僚和商旅等几个方面的条件，在古代，三五百人也可以称之为城市。

我们可以设想一下，三星堆遗址出土数量如此之多的青铜器，要用多少人才能完成？其次如果要满足三星堆这样大规模的祭祀，又需要多少人？

根据当时的生产条件和生产水平，满足三星堆的以上条件至少需要5000—10000人。

4000年以前，能够容纳这么多人的城市可以说已经是一个“国际大都市”了。为了能够让这么多的人长期在这里生活与贸易往来，在一个时期内，这个城市一定要相对稳定。

目前世界各地都有古城遗址的发现。中国最早的古城遗址，就是距今5300—4000年左右的良渚古城遗址。与之同时期的中国大地上，共发现古城约有60座。这些古城大的有280万平方米，小的只有十多万平方米，而面积达290万平方米的良渚古城，称得上是“中华第一城”。

■ 宝墩村祭台遗址发掘现场

■ 宝墩村祭台复原

■ 美洲古祭台

良渚古城和三星堆古城有许多相似的地方，“良渚古城”的墙体，按现在人的理解，完全违背了筑城的原则。“良渚古城”的西外墙，底宽60米，夯筑的坡度居然缓到仅有30度，那是今天任何一个老太婆都可以走上去的角度，如何能阻挡良渚时代凶猛的侵略者？相对来说内墙反而还陡一些，约45度，但也不像城墙，倒很像水坝的坡度。以内外墙这两个角度延线的交叉点估算，这城墙的高度最多不过3米。新石器时代人类已经完全知道筑城，外墙应该尽量陡峭，以御敌进攻。相比之下，良渚古城外墙坡度过缓，有很多人，包括一些专家因此认为良渚发现的所谓城墙名不副实。

这些人大概没有把良渚的古城墙和三星堆的古城墙作过对比，更没有考虑到当时的气候以及地形地貌。

■ 吴哥古城

根据记载，良渚古城所在地位居江河下游，是一个常年都可能洪水泛滥的地区。由于良渚已经是这一地区最强大的城邦组织，生活在这个地区的古人，抗击洪水的需求远远大于抗击外族侵略。因此他们构筑的城墙具有多重功能，一是用来画地为界，标明城市的范围；二是阻挡洪水，保障城内居民的生活；三是抵御外族侵略。就凭当时良渚的老大地位，很少有人能与之抗衡，也就是说他不侵略别人就很不错了。

三星堆其实和良渚当时的地位差不多，也是那个时期内最为显赫和强大的城邦组织，周边没有什么人敢于向它挑衅，也就是说，战争的可能性是很小的。而三星堆的地理位置、地形地貌以及抗击洪水的需求和良渚一样，也是第一位的，是最迫切需要解决的问题。因此这两个古文明源头的城墙，说是堤坝也好，说是城墙也没有错。

我们看到的这些夯土埂，无论是鱼凫的还是三星堆的，都是一种堤坝加城墙的建筑方式。实际上就是古蜀人建造的防洪堤。那个时候还没有能力沿江修筑那种绵延于江两岸的大型堤坝，所以当时的人，就只能在有限的范围内，把自己保护起来。

为免除水患灾害，最直接的办法，就是修一个封闭的围堤，把自己保护在里头，而这样的堤坝就具有城墙的功能。

5000年前，古蜀先民从建造第一座城市——宝墩开始，就把具备防洪功能的梯形城墙，作为筑城的首要目标。

还有专家分析说，成都的这些古城都是以祭祀为中心的城市格局，加之城墙本来就是神圣的宗教祭祀场所。比如1911年考古学家在美洲秘鲁的深山中发现的马丘马比丘城堡，这座城堡的主人是古代印第安人的祭师，最让人惊奇的是城堡所有的祭祀都是在城墙上举行的。所以这些城墙是以祭祀台的形式建造的，有点类似于金字塔的形状。

一提到金字塔，我们马上可以想到的就是埃及、玛雅的金字塔，就会发现与三星堆有很多相似之处。三星堆得名于它是由三个土堆组成，而仔细看不难发现，这些土堆的形状和金字塔的形状极为相似。

而且玛雅古城和三星堆一样，没有发现任何埋藏尸骨的丧葬区，而且也是突然之间消失的文明。

有专家认为人类的早期文明，都离不开河流，为何只有玛雅人偏偏将文明建于热带丛林之中呢？可能这些建筑不是玛雅人自己创造的，而是别人传授给他们的，可又是谁把这些先进的知识传授给他们的呢？

一直以来，人们都认为金字塔是一种坟墓，而且确实在很多金字塔里面都找到了木乃伊。可是专家们在玛雅发现的金字塔，却是用来祭祀的，玛雅人对神有种近乎狂热的崇拜，这点和三星堆人非常像。

在玛雅人看来，神的世界远比人间丰富伟大。他们经常举行祭祀典礼，而且认为，为神献身是一种非常神圣的事情。因此玛雅人建造的金字塔，实际上是一种祭祀神灵和观测天象的天文台。在成都平原出现的古城，其建造年代和玛雅的金字塔时间相差不多，都有3000多年的历史，也都是以祭祀为中心格局的建筑模式。

这两个文明都疯狂地崇尚神灵，因为只有在祭祀活动中，才能把人间的愿望向神灵汇报，并且把神灵的旨意传授给人间。在古老的文明中，祭祀成为整个王国最重要的事件。

玛雅文明与三星堆文明相隔千山万水，却有着如此惊人的相似，这到底是巧合还是有其他某种神秘的联系呢?

■ 一夜间消失的古城

近几年考古发现，仅在成都平原就有七八座古城遗址群，这些古城不仅年代相近，而且它们存在的时间都不长。考古工作者还发现在成都平原的这几座古城遗址，都是在很短的时间内突然废弃的。

我们在四川有关古城遗址的考察过程中看到，这些古城在地理上有一个共同的特点，就是它们都被一条古河道穿城而过，无一例外。更为奇怪的是，这些古城似乎都在一夜之间被突然废弃。

在几千年前的三星堆，鸭子河静静地流着，人们在河边捕鱼。往来的商人在这里聚集，人们用贝壳进行各种贸易活动。工匠们赶制祭祀用的铜像、玉器，宗庙里的大祭司们正在向祖先与神灵膜拜，人们富足安逸地生活着，一切都是那么平静，犹如世外桃源。

夜晚，人们都已入眠，城市没有了白天的繁华，安静极了，天空开始乌云密布，不一会儿就下起了滂沱大雨。鸭子河的水流暴涨，一名侍卫跌跌撞撞冲进大祭司的草房。把暴雨的情况告知大祭司，大祭司慌忙穿上衣衫……

■ 三星堆旁边的鸭子河

在城中心的宗庙，三星堆的最高统治者及大祭司紧张地准备着祭祀活动。

只见大祭司双手高举青铜神像，嘴里反复念叨着什么。身旁的侍从手里举着各式的神器，大雨还是不停地下着。祈祷还在不停地进行着。

从祈祷的那天开始，大雨已经整整下了七天七夜，雨势不仅没有减小而且越来越大，鸭子河的河水暴涨，三星堆此时已变成了一座孤岛，河水眼看就要漫入城内，城中一片慌乱。人们都聚集在城中心的祭台前，冒着倾盆大雨，虔诚地祈求着祖先和神灵保佑。

百多年前他们的先人就被洪水毁灭了家园，好不容易选择了这块地方建造新的城市。如今，这可怕的洪水恶魔又要摧毁他们的家园吗？

人们对神灵立誓，如果能庇护他们躲过这可怕的灾难，将倾尽国力，举行更大规模的祭祀，甚至是用活人做牺牲。说也真怪，天开始渐渐放晴，天边出现了一抹彩云，祭祀广场的民众都欢呼起来，他们的神明给他们带来了好运。

正在人们欢欣鼓舞的时候，只听“轰隆”一声，还没等沉浸在欢乐中的人们反应过来，洪水冲决了城墙堤坝，顷刻间，房倒屋塌，滔滔的洪水吞没了四散奔逃的人们。此刻城里只有一处没有被洪水淹没，那就是几十米高的祭台，有幸站在祭台上的祭司和部分神职人员完全被眼前的景象惊呆了，他们倾注全身心所崇拜的神灵已经抛弃了这里的一切。那些伫立在祭台中心的青铜大立人，还有那些形形色色的巨型青铜面具，现在都和祭台上的凡人们一样孤立无援，用不了多久也都会被渐渐漫上来的洪水淹没。

祭司们开始行动了，他们将祭台上的所有神器集中到一起全部砸碎。这是一种最为极端的行动，他们把神和他们自己，以及他们的信仰都埋葬了。

成都平原自古是一个冲积扇平原，河流纵横、水道密布，洪水频发显然不可避免。据专家推测，成都平原上的这些古城，拥有共同的悲剧命运。这些古城的废弃很可能都和频繁的洪水有关，或者是因为洪灾以后的瘟疫造成了古城的废弃，人们的流离失所。

古蜀人与水的抗争，从第一座古城建立的时候就开始了。这些堤坝式的城墙就是最好的见证。

相传大禹的父亲鲧，是最早学会筑城的人。专家推测，鲧建造的正是成都平原上这种具有防洪功能的用城墙包围的城市。但是，传说中的鲧最终却因为治水失败而丢了性命。这又是为什么呢？可能封闭的城墙并没有使古蜀王国一劳永逸地避免洪灾，于是，水患还是一次次地侵袭着古城。

这就是在成都平原上持续千年的洪水移民的故事，也是成都平原上那么多古城生生死死、建造废弃的原因！

我们在古城的考察中，还有一个问题常常萦绕心头：既然此处洪水频发，为什么还有如此之多古城的继续建立？

古蜀人似乎非常眷恋故土，他们所修建的城市一座一座被洪水或其他灾难毁掉，然后又建起一座一座新的

■ 鱼凫古城古河道

城市。在四川平原发现的古城，其分布并不远，中间相隔也就上百公里。专家认为，从古城的分布来看，洪水虽然频繁，但每一次来袭也就是淹没部分地区，也许因为这样，才使得古蜀人能够很快地重建家园。当然他们也就不肯跑到更远的地方去造坝修城。

还有一个原因，那就是当时的成都平原一定是物产丰富，林木茂盛，非

常适宜人类居住和发展。外面来的人，只要到了这里，就不愿意再离开了，所谓“天府之国”是也。

当时古蜀文明是以三星堆为中心，形成周边非常繁华的交流贸易网，尽管

成都平原洪水频发，却仍然“坚守阵地”重新建立新的城市。

城市的频繁废弃和重建，也导致当时的社会结构很不稳定，很难形成一个固定的文化模式。这也许就是在成都平原，很少能够发现更多早期文化遗存的原因。

三星堆遗址之所以会留下那么多的文化遗存，实属不易。很多东西被大水冲走了，只有那些比较沉重的器物被掩埋在泥沙底下，给后人留下了一种三星堆的突然出现和突然消失的印象。

■ 三星堆祭祀坑被砸碎的祭祀器具

三星堆的文化，正是由于洪水才使三星堆祭祀坑得以长期保存在地下，直到我们发现的那一天。

上至岷山的古羌族，下至边远的越南安阳王，数千年的时间都与三星堆文化有关。但是三星堆文化也是非常脆弱的，究其原因，就是这种与三星堆有关的文明，政治、经济、文化中心总是处于动荡和漂移之中，是洪水和与之相关的灾难让三星堆这种文明很难长时间固定在一个地方，形成一种经得起时间考验的模式。从传说和古书的记载中也能看出这一点。

《蜀王本纪》说：“蜀之先称王者有蚕丛，柏鹳，鱼凫，开明，是时人萌椎髻左衽，不晓文字，未有礼乐。从开明以上至蚕丛积三万四千岁。

“蜀王之先，名蚕丛。后代名曰柏鹳。后者名鱼凫。此三代各数百年，皆神化不死，其民亦颇随王化去。鱼凫田于湔山，得仙。今庙礼之于湔。时蜀民稀少。”

这段文字是汉朝人写的。也可以这样去理解，最早的古蜀部落都是以动物的形象“冠名”的。古蜀文明先后经历了大概四五个部落的统治，每一个部落最后都是被一个外来的部落所替代。

如果说从蚕丛到鱼凫，还主要是以原住民为主的话，到了开明时期就是一个与之完全不同的外族部落统治的时期了，所以“此三代各数百年，皆神化不死，其民亦颇随王化去”。那些原住民，整部落地消失了，所谓神化而去，连一点痕迹都看不见了。也可以说，古蜀的历史就是一部不断被外来部族侵占，不断改变部族统治的历史。

三星堆文明恰恰是处在鱼凫时期，也就是一个土著与外来民族交替的时期。文化虽然有其延续性，但是由于洪水的压迫，城邦的频繁更替，使这种文化一旦遇到外来文化的强大压力，很快就会被同化或者消失。

古蜀文明的软弱和频繁的变化，在强大的自然灾害面前毫无抵挡之力。他们的宗教信仰破灭了，砸烂了维系这种宗教的神器，也让我们看到了今天破碎的祭祀坑。

三星堆文明的另一种表现形式就是金沙遗址的发现；金沙大量出土的金饰，还有上千根数量惊人的象牙，表明这个地方是一个世俗社会。只有等级分明的世俗上流社会才可能拥有这些贵重的物品。

金沙遗址出土的玉饰、金器和象牙估计都是当时的富人、权贵积攒的收藏。这些贵重物品也就是我们现在所谓的奢侈品，对奢侈品的追求是人类社

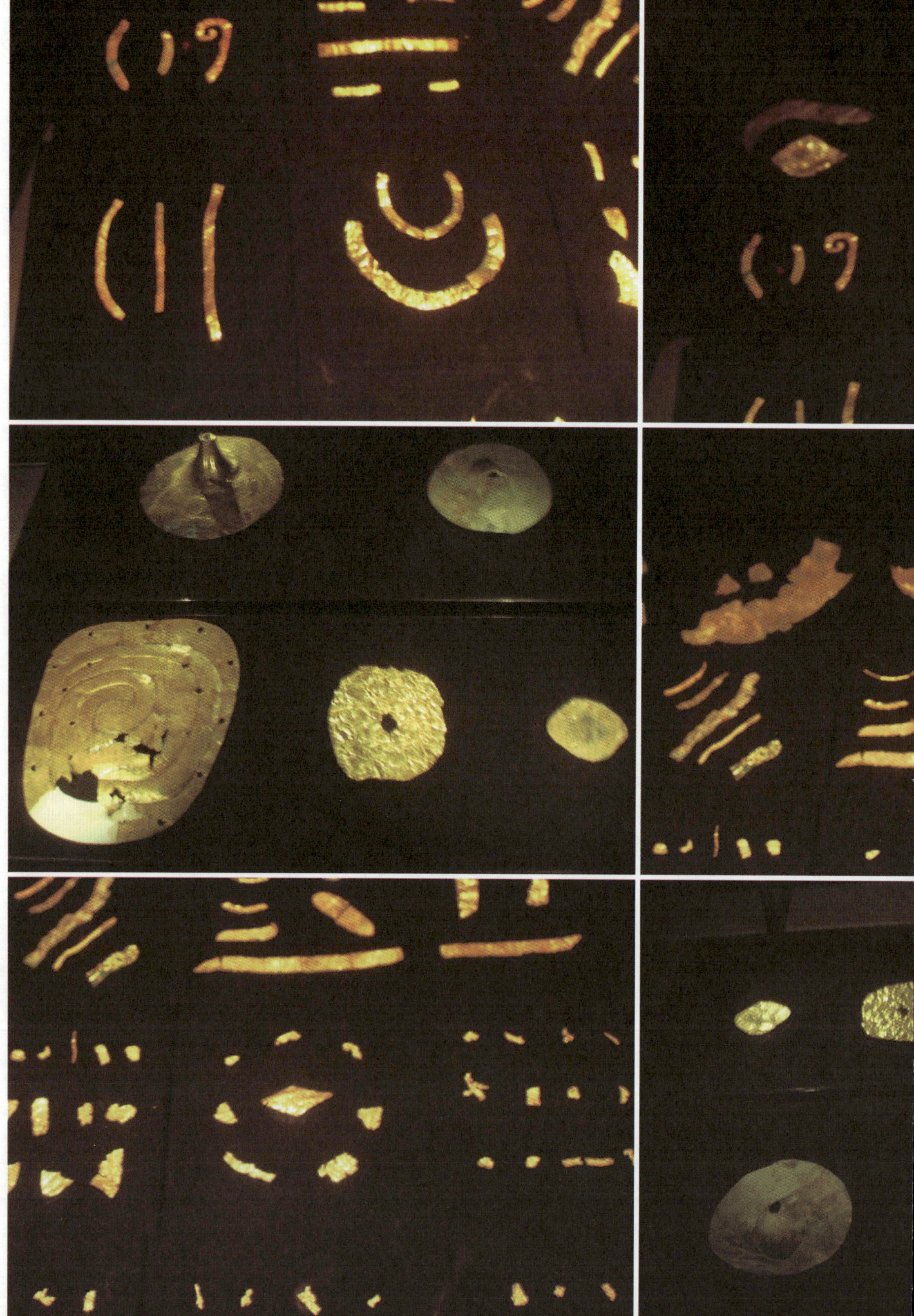

■ 金沙遗址出土的金器

会文明到了一个很高程度的表现。这种表现不仅仅是人类拥有的，一些高智商的动物，也有这种“收集癖”。乌鸦和喜鹊在鸟类里应该是智商最高的，因此它们也都喜欢收集漂亮而闪光的东西。

象牙是财富的象征。一根象牙在今天至少值3万至5万元，相当于十几个古蜀平民一年的生活费用。金沙出土如此之多的象牙，可见古蜀金沙人的财富之雄厚。值得注意的是，三星堆遗址也出土了80余根完整的象牙，这些象牙，经专家鉴定是亚洲象的牙。除了说明当时生活富庶以外，更重要的一点就是在这个洪水频仍的地方居然也曾是人间天堂。很多中外学者都把四川盆地称之为“东方的伊甸园”。

“耶和华神在东方的伊甸立了一个园子，把所造的人安置在那里”，这是《旧约》中的一句话。许多西方人认为，《圣经》不仅是一部深不可测的宗教典籍，更涵盖了迄今所知最早的世界文明形成期的历史。《旧约》记有远早于史前的世纪，年代最早的记载是以人类文明发祥之初的世界为背景。这样的一个地区，曾被人称之为“肥沃新月形地带”。

德国的考古学家认为，《圣经》里所说的伊甸园就在土耳其边境的哥贝克力山地，在那里不仅发现了许多早期人类生活和使用过的工具，而且还有最早开垦的田园，更主要的是发现了一座古城。这座古城比已知世界上最老的古城——耶利哥古城（大约距今1万年）还早1000年。

在成都平原发现的古城，虽然没有像哥贝克力山地古城那样久远，但是它同样具备了《圣经》里所谓“伊甸园”的地理条件。古城也都是沿着山脉形成一种半圆的新月形地带。成都平原同样是可以用肥沃来形容的。

中国最早的农作物也出现在四川平原，例如水稻、黍、稷、燕麦等。这些农作物的历史可以上溯到8000多年前。

符合伊甸园的条件，有专家认为：除了固定的田园，也就是最早的农耕文明之外，还有固定的城镇和庙宇。这些我们在成都平原都可以找到。成都平原是不是伊甸园并不重要，重要的是它是否也可以称之为人类文明的又一个发源地。

成都平原古城址群的发现，使我们对成都平原新石器时代至夏商之际的文化发展线索有了新的认识。我们知道，文明的起源大体经历了农耕聚落形态—中心聚落形态—都邑国家形态三大发展阶段。四川盆地内星罗棋布的诸新石器时代遗址阶段大致相当于农耕聚居形态，是向文明起源发展的准备阶段。而宝墩文化正与中心聚落形态相当。城是中心聚落形成的重要标志，而具有特殊意义的大型房屋建筑的出现则标志着蜀人酋邦的形成，也标志着长江上游古文明中心的出现，这是古蜀文明的起源阶段。宝墩文化距今已有5000多年的历史，它的下限也就是距今3000年前，与三星堆文明二期相衔接。它的进一步发展就是已出现都邑国家形态的三星堆三四期文化的高度发达的青铜文明，使早期古蜀文明达到鼎盛。

■ 面具之谜

“法老的诅咒”一直都让世人闻而色变，那张精美的面具背后，隐藏着什么样的神秘传说。面具这种神秘的物体，到底有着什么样的意义?

在三星堆青铜面具未发现之前，关于面具的焦点基本上都集中在埃及。古埃及的面具由黄金作成，而佩戴它的人又都是赫赫有名的君主帝王，因此这些面具总是让人们浮想联翩。

三星堆形象各异的青铜面具出土，一下子把世界的目光都聚焦到了成都平原。这批面具不仅制作精良，历史悠久，而且那种怪异的神态令许多见多识广的学者一时间都目瞪口呆。

三星堆的面具向我们展示了一个不为人知的世界，既特立独行，又似曾相识。这些面具兽耳纵目，鹰鼻虎口，不似人类。双目双耳，鼻直口阔，又与人无异。特别是在这些面具之中，有一些青铜面具上面又覆盖了一层金

■ 三星堆青铜面具

箔，这让人想到了古埃及法老的面具。难道古埃及法老的面具与远在万里之外的成都平原的面具，有着什么联系吗？

四川的三星堆遗址，自1986年被发现就以其神秘、独特而闻名。在这个出土无数珍贵文物的遗址中，最为让人震撼的就是这些外形怪异奇特的青铜面具，这些面具不同于中原文化中所发现的面具。

■ 三星堆青铜头像

■ 三星堆铜人首鸟身像

■ 三星堆戴金面具的青铜头像

■ 三星堆青铜头像

■ 三星堆青铜人首鸟身像

■ 三星堆青铜兽面具

与三星堆同一时期发现的中原面具一般都比较贴近现实，包括埃及的面具也都是贴近现实，唯有三星堆的面具，形态夸张，极具艺术色彩，有人说是天外来客，有人说古蜀人极具想象力，等等。这些神秘的面具究竟是干什么用的？他的主人又是谁呢？

说到面具，最早应该是直接在脸上绘制的，就像我们现在看到的一些保留着原始状态的土著脸谱，为了显示自己的勇猛和与众不同，总是用一些黑色的或白色的染料把自己的脸涂抹遮盖。有的是仿效猛兽的形象，有些则是他们想象中的魔鬼，以此来证明他们是战士，不同凡人。

■ 三星堆黄金面具

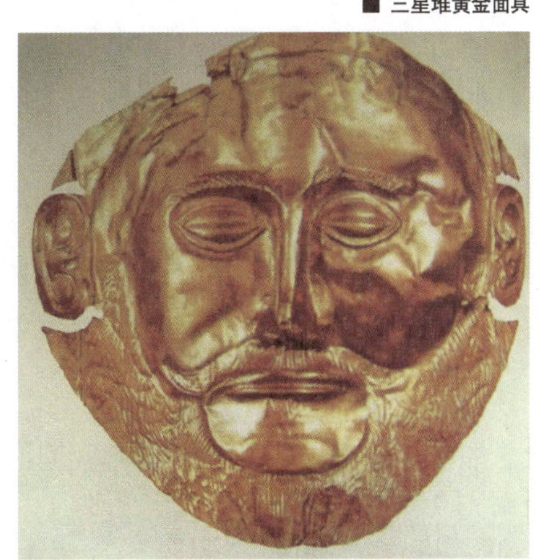

人类戴面具已有几千年的历史，最早的面具可能产生于狩猎活动。为了便于接近猎物，猎人用面具把自己装扮成各种动物。人类经历了直接佩戴兽头禽冠及其皮毛羽翼，到逐渐演变为人工制作的假头、假面的历史。

在原始人看来，人的头部集中了眼

耳口鼻等重要器官，是最神秘最重要的部分。因此在巫术仪式中，巫师的装饰主要集中在头部。对动物的模仿，也主要是对其头部的模仿。头部装饰如同面具一样，充满了巫术力量。无论历史文物所映现的，还是今日所见到的巫师头上的奇特装扮，均出于先民对灵魂和头颅的崇拜。少数民族的先民，在漫长的巫术信仰、自然崇拜、图腾崇拜、鬼神崇拜和祖先崇拜的过程中，塑造了代表灵魂、祖先、英雄的面具。希望通过它们，使自己更快地接近神灵，走入另一个世界，以实现自己的愿望。

直到现在，羌族的傩戏在表演时，演员都会戴上颜色鲜艳的傩面。而这种表演其中很重要的部分还是用于请神、祭祖等场合。

随着人类文明的发展，人们掌握了利用其他材质制作面具的技术，如兽皮或者一些木制品。他们在上面绘制各种精美的图画，有些是代表族徽或图腾一类的东西。这些面具可以做得很夸张，戴在头上，比直接在脸上绘出的更威猛了许多。

这种面具大多是用来驱疫逐邪的。人类早期文明，巫术祭祀活动占有十分重要的地位。在不少地方都发现了这种用途的面具。

内蒙古、新疆的史前岩画上形貌怪诞的兽面人像、出土的面具及与之有关的文物，说明这些民族或其先民早期曾普遍使用面具作为通神之器。

苗族凡遇灾祸等，经巫师卜卦，如犯了傩神，就要举行还傩愿祭典，祭祀洪水泛滥时再造人类的始祖兄妹傩公傩母。传说傩公因羞于兄妹成婚，所以脸色泛红。

中国是世界上面具历史最悠久、流传最广泛、内容最丰富的国家之一。在地方戏剧中有着各种各样不同造型的脸谱。而脸谱的出现可能是当时的人们对神的具象理解，也可能是图腾崇拜。如果我们对青铜面具分解，它的每一个组成部分都有可能代表一个图腾符号。

相传北齐兰陵王长恭，性情勇猛，武功高强，但相貌俊美像个女子，他打仗时就戴上面具，以助其威。唐代歌舞《兰陵王入阵曲》里，扮演兰陵王的演员就要戴上面具。

■ 青衣羌表演

■ 三星堆青铜面具

仔细对比我们所熟知的京剧脸谱，就会发现这些脸谱与三星堆的青铜面具也有着很多共同点。

白脸的曹操、黑脸的张飞、红脸的关公，相信这些“戏说脸谱”大家耳熟能详。仅一张小小的脸谱就能表现出这个人物的性格、地位，是好人还是坏人等信息。

京剧脸谱以丰富的色彩想象和夸张的手法，突出剧中复杂的人物形象。一般来说，红色代表忠勇、正直；黑色代表勇猛、直爽；白色代表奸诈、狠毒、阴险；油白色代表自负、跋扈；蓝色的代表刚强、骁勇；绿色的代表顽强、侠义；黄色的代表凶暴、沉着；灰色的代表老年枭雄；紫色的代表智勇刚毅、刚正威严；金银色代表神、佛、鬼怪、精灵。所有这些色彩都有其历史的来源。

往上追溯，脸谱的祖先应该就是面具，脸谱将图形直接画在脸上，而面具把图形画在或铸在别的东西上面后再戴在脸上，在中国的古代，祭祀活动中有巫舞和傩舞，舞者常戴面具。

脸谱只是将面具要表现的东西，直接画在了脸上，其实脸谱只不过就是面具变了一种形式。不管脸谱还是面具，传达给我们的信息都一样，就是象征某种身份、某种地位、用于某种特定场合。

世界上许多古老民族、部族都有自己的面具，这些经历了数千年历史的面具，同时也反映出本民族的宗教心态、民俗和审美以及发展与变迁。而在三星堆遗址出土的大量青铜面具又承载着什么样的信息呢？

■ 三星堆青铜面具

在对三星堆解谜的过程中，总是能发现更多的谜团。数量如此之多的青铜面具意味着什么？面具的纵目形象又代表着什么？其中一部分带有金面罩的铜像又有着什么样的不同？

《华阳国志》有记载曰："有蜀侯蚕丛，其目纵，始称王。死作石棺石椁，国人从之，故俗以石棺为纵目人冢也。"

专家们认为，三星堆出土的青铜面具，是古蜀先民供在庙里的祖先。在三星堆出土的文物中有许多梳着小辫子的人物铜像，这些小辫子是结绳记事的象征，同时也是地位和身份的象征，是一种标志。这些面具从功能上来说，应该是在重大国事上或祭祀用的。

三星堆的面具是不能用来戴的，因为它太大、太重，已经脱离了简单面具的功能，是一种完全独立的形象，也就是说这些面具本身代表了至高无上的神。

当然也不排除在祭祀的时候，君主或巫师脸上也可能戴面具，但是这种戴在头上的面具在质地和大小上与青铜面具有所不同。

三星堆的人非常崇拜神灵，这也可以从数量惊人的青铜祭祀神器看出来。祭祀活动的主持者一般都是当权的长者或者大巫师，必要时，他们通常都会戴上面具。面具的背后，他们心目中的神可以有千万种姿态，任由你去想象。

马林诺夫斯基说："古代人都是生活在神秘主义与仪式主义的世界里面。"巫术行为往往就是祭祀仪式，面具通常是这类祭祀仪式不可或缺的，被认为是驾驭客观世界的有效工具。除了普遍戴披假面、假形外，巫师身上的其他披挂物、手持的器具等都是为制服敌对力量所配备的具有巫术效力的法器。

对于三星堆奇特造型的青铜头像，专家们众说不一。有专家认为，三星堆出土的青铜头像，可能就是当年三星堆原住民的相貌复原，如果按照一定的比例缩小这个夸张脸谱，展现在我们面前的会不会就是当时三星堆人的真实相貌呢？

■ 三星堆青铜面具

专家刘星诗说："从三星堆青铜大立人的相貌上来说，眼睛凸出、脖子粗、身材消瘦，这个形态明显就是甲亢患者的特征。"据我们调查，现在的岷江上游，甲亢发病率依然还很高。

当时的三星堆人是不是因为缺碘，存在甲亢的隐患呢？三星堆众多形态怪异的面具会不会就是真有其人呢？或者说，三星堆的先王蚕丛本人就是一位甲亢患者？

也有人认为，三星堆面具表现的其实就是外星人的形象，因为他的形象实在过于夸张。飞船里出来的外星人戴某种面具，不想让人们看到他们的真实面目，这正好也符合人们对未知生物的想象。

■ 青铜面具最后的辉煌

还有一些学者认为三星堆的青铜面具，是三星堆人对鸟崇拜和图腾崇拜的表现，面具本身就是一只枭鸟，也就是我们通常所说的猫头鹰。拿青铜面具和猫头鹰的外形作比较，就会发现很多相似之处：它们都具有一双很大的耳朵，还有一对很大的眼睛，这些都是猫头鹰的典型特征。而古人以鸟为图腾的现象也遍及了整个世界。从玛雅人到印第安人，再到古蜀的三星堆人，都是以鸟崇拜为主的部族。

而枭鸟也正是三星堆的第二代君王“柏鹳氏”的形象，面具的脸形也透露给我们很多信息。面具的脸形有两种，一种方形，一种长形，恰巧这两种脸形是典型古羌人的脸形。

专家还告诉我们，美洲的玛雅人在祭祀的时候也会用到面具。同三星堆一样，这些面具也都是放到宗庙里面的。还有就是典型的小鸟形面具，在玛雅文化中也同样存在。三星堆面具上的一些符号，在玛雅文物上也大量出现，这两个文化之间出现如此之多的相似之处，难道仅仅只是巧合吗?

更有意思的是，在良渚文化的发掘中，出土了许多石头面具，这些面具纹理刻画非常精致，整个造型和三星堆青铜面具非常相像，也是方面长耳，都非常重视和突出五官的造型。

这就让我们猜测，三星堆的文明究竟是土生土长，还是来自于某些外来的文明呢?

朱炳祥先生在《伏羲与中国文化》一书中列举了伏羲氏的几种图腾：葫芦、蛇、虎、日、风、雷、虹，共计七种。事实上这七项之间并不矛盾，我们完全可以找到它们之间的同一性。伏羲氏的各种图腾，也不可能是互相孤立而无关联的。

其同一性就是：伏羲氏的七种图腾都与太极以及生殖崇拜密切相关。

专家王大有告诉我们，在三星堆青铜面具上出现的图案（我们暂时称为

■ 三星堆青铜面具

■ 三星堆青铜面具

■ 三星堆青铜面具

■ 三星堆青铜面具

符号），叫做“通天尺目”，是风族的图腾。而通天尺目在古代是用来丈量天地，与上天沟通之用的。而这个图案，又是我们所熟知的人皇伏羲氏的图腾。种种迹象表明，三星堆文化是土生土长的。

三皇之首的伏羲氏图腾，不仅和三星堆面具有关，而且和远在美洲的玛雅文化也有千丝万缕的联系。在玛雅出土的文物中，不仅有石刻的面具，也有青铜面具，功能上都与祭祀有关，同时也代表着某种权威。而在这两个完全不同的地区，其面具都含有伏羲图腾的印记，这又意味着什么呢?

面具文化是一种世界文化，广布于各大洲。随着地域和各民族文化、历史发展的不同，面具所寄寓的内涵也不同。这种文化现象虽然是世界性的，但表现形式各不相同。

在材料方面也有着很大的差异，表明了当时工艺水平的高低。用青铜来铸造面具，则代表当时的工艺水平已经发展得比较高了。而树皮、兽皮材料的使用则比较原始。

世界上最早的黄金面罩，发现于美索不达米亚平原，是公元前18世纪古巴比伦人的杰作。世界上最精美的黄金面罩，是古埃及国王图坦卡门的，黄金面具制作得栩栩如生，传达着国王死后永世不变的尊贵。

与图坦卡门的黄金面罩不同的是，三星堆黄金面罩并没有与人骨一起出现，而是覆盖在青铜头像上。三星堆的青铜面具到底意味着什么？它会不会是古蜀王生前用来标榜自己身份的面具呢?

凡是金面罩一般只有贵族和王者才能使用，而且都和幽暗神秘有关，金的材质又表示身份的尊贵，所以一般用金面罩的人一定都是统治者。

有意思的是，还有一种面具在日常生活中可以见到，就是银行抢劫者的面罩。此外，有些电影明星一成名就开始戴眼镜。这种面具或遮蔽面目的行为表明，不希望以真面目示人，或是想要隐藏什么，又或是在彰显着什么。

在青铜祭祀用品的制作当中，三星堆人曾经“花费”了大量的精力和财富。特别是面具，这可能是他们祭祀中的主打项目，无论在质量，还是数量以及重视程度方面，都是第一位的，我们可以称之为“面具崇拜”。在目前

■ 良渚玉琮上的头像

■ 良渚遗址出土的玉器

已知的所有考古发现中，三星堆面具崇拜这种形式是唯一的、独有的，也可以称之为空前绝后的。

金沙出土的面具更注重世俗生活，同时在数量及质量上远不及三星堆，说明金沙时期的人在宗教观念上，已经发生了很大的变化。

我们翻阅书籍就会发现，埃及文明、玛雅文明、巴比伦文明、印第安文明，都有面具崇拜。只不过这些文明所使用的面具大部分都是戴在尊贵的死者脸上，或者是法老，或者是国王，或者是大祭司。总之面具是和神秘、特殊、高贵这些字眼联系在一起的。在这一点上，三星堆的面具与前述四处的面具崇拜是一致的。而且最让人惊讶的就是这些文明都处于北纬30度左右，也许这些文明之间有着某种神秘的联系。

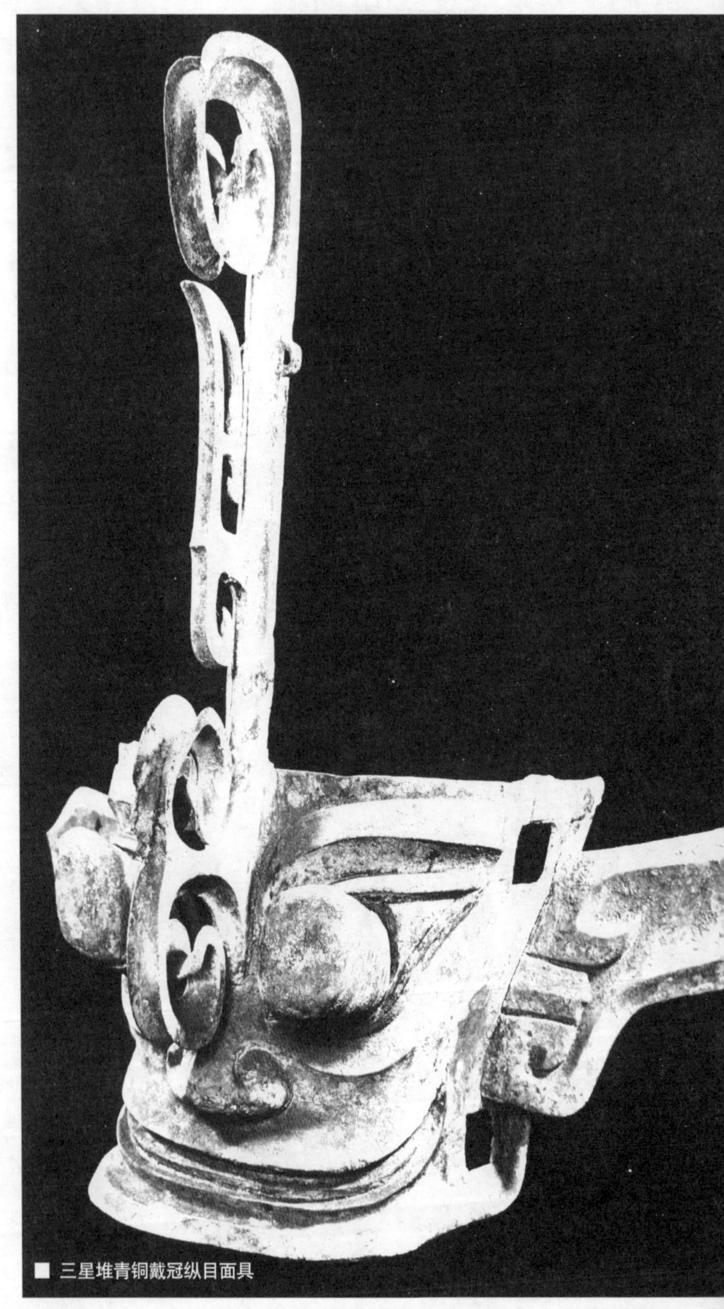

■ 三星堆青铜戴冠纵目面具

■ 神秘的权杖

3000多年前的古蜀王国，正处在传说中的鱼凫时代。当时的鱼凫王国，是一个以氏族为单位的社会，几个氏族构成了一个王国的整体。每个氏族都由一个祭司带领，氏族里所有的民众都听命于他。整个王国则由一个大祭司掌控。大祭司的地位相当于当时中原的皇帝，他掌握着整个王国的生杀大权、经济命脉及政治体系。

有一天，古蜀国的大祭司突然病亡，这一消息对于古蜀国来说，无疑是一大噩耗。顿时，整个王国陷入群龙无首的境地。为了防止外族趁此机会入侵，也为了稳定人心，当务之急是要确立大祭司的人选。古蜀国对于大祭司人选的确立，并不像中原地区一样，采取继承制，而是推选制。这种制度，和我们现在的人民代表大会选举制类似，国家领导人由群众投票推选而出。而古蜀国大祭司的推选权利，则集中在几位祭司的手中。

为了尽快确立大祭司的人选，几位祭司聚在一起，共同商讨此事。在当时，符合祭司资格的人选要从几个方面考虑：第一是他所掌握的财富，包括他手下的奴隶数和他所拥有的土地数；第二是他的法术能力，是否能够准确预测灾祸及治病救人；第三就是他具有良好的人际关系。符合这几方面的条件，无疑就具备了当选大祭司的资格。经过两天两夜的考量，终于确定下了三名候选人。最终由谁当选，就得由大家投票选举，得票率最高的毫无疑问就是大祭司了。经过选举，古蜀国最高领导人终于产生了。接下来，就是要举行祭祀，也就是新领导人的登基仪式。

通过观测天象，一个适合就任的良辰吉日定了下来。在这一天，新任领导者要带领人们举行一系列仪式，来向众人宣告他的就任。

这一天风和日丽，阳光普照，人们纷纷穿上最华丽的衣服，前去参加祭祀典礼。在城里的空旷处，祭台高达三米，分三层，整个形状呈梯形，全部采用木质结构搭建而成。

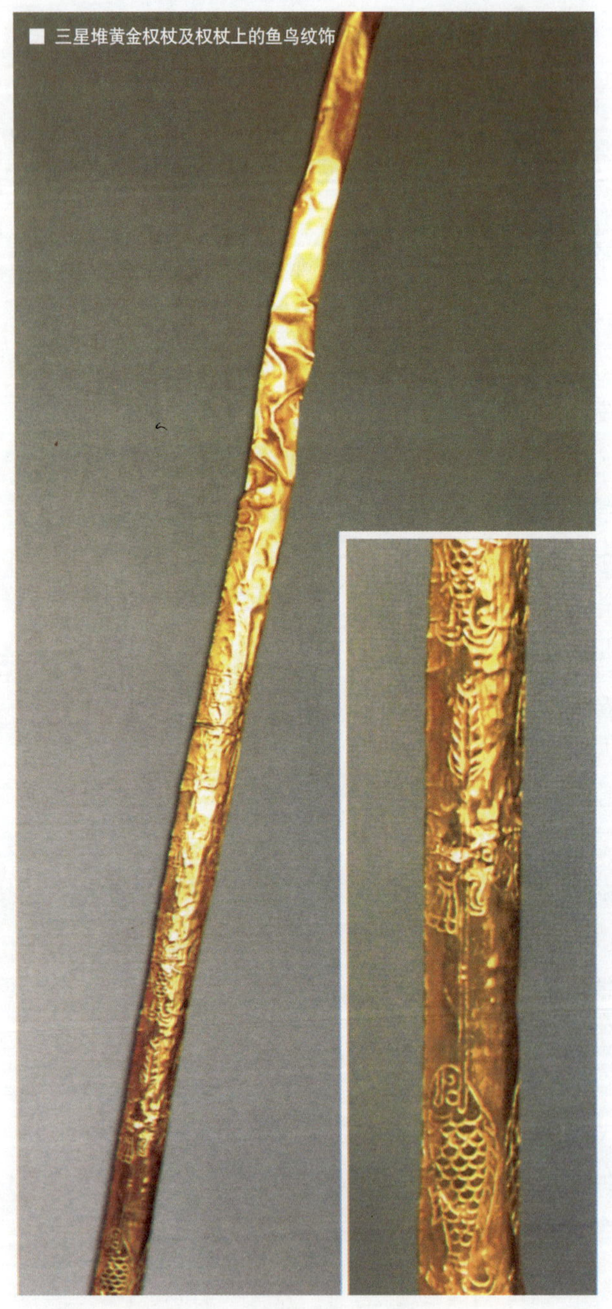
三星堆黄金权杖及权杖上的鱼鸟纹饰

顶层高耸着一棵青铜树，树的造型十分独特，以树干为支点，分上、中、下三节，每节上依次排列着三根树枝，每根树枝上都栖息着一只神鸟。

中层祭台周围放置着各种造型的青铜人像和各种青铜祭器。

下层是给祭司们举行仪式用的。祭台前的桌子上，放着一根全身包裹着金皮的手杖。手杖的制作十分精细，金皮上雕刻着鱼、鸟、神人头像和箭等图案。鱼和鸟是鱼凫时代的图腾，箭表示威武，神人头像则代表了鱼凫王国的各代首领。来自各地的民众将祭台围了个水泄不通，等待着神圣的一刻。

吉时一到，几位祭司依次来到祭台前，他们头戴花冠、身着长袍，手持祭文，嘴里念念有词。半炷香的时间过去了，这些祭司们合上手中的祭文，将其放在祭台上。紧接着，随从把祭司所戴的面具以

■ 三星堆青铜大立人像

及铜铃等交到了各位祭司手中。

这些面具全部用黄金制成，面具的鼻子十分饱满，嘴唇宽阔，两个硕大无比的耳朵向外侧展开，与整个面具不成比例，鼻子和嘴部都绘有黑色的油彩。戴上面具的各位祭司，一边摇动手中的铜铃，一边跳舞，嘴里吟唱着祭祀之歌。踩着歌声的节奏，他们整齐地变换着各种舞蹈动作。在一系列祭祀舞蹈之后，氏族首领开始带领祭台下的民众对天、对地行六叩九拜之礼。礼毕，氏族首领中最年长者将手杖从祭台上取下，递给新上任的国家首领，这位年轻的大祭司双手接过代表着王权和神权的金杖，然后高举过头……

时光在历史的更替中流逝，3000年后，这柄金权杖在三星堆重见天日。

在三星堆的黄金权杖上刻着一组奇怪的符号：鱼、箭和鸟。这组图案是否表示这个金杖，就是三星堆其中一位先王鱼凫王的金杖呢？

这个金杖的长度大约两米多，基本上相当于古代一丈的标准，古代八尺为一丈，十尺也是一丈。古代的人以身高够一丈才能做丈夫，才能做首领。十尺男儿是丈夫，是丈夫的人才能拿权杖，高度基本上和眼睛的高度一样高，所以权杖也叫“博目”，跟眼睛平行，向远处观测。

三星堆金杖的出现，令世人震惊。然而，由于年代久远，表面的金皮虽然保存良好，但包裹在里面的物质早已炭化。3000年前，包裹在权杖里的究竟是什么？

无独有偶，在成都金沙遗址出土了一条金冠带，上面刻有与三星堆金杖一模一样的鱼、箭、鸟图案。说明它们两者之间是密切相关的，而且都是当时最权贵的人佩戴和使用的东西。三星堆的金杖和金沙出土的金带，专家认为很可能是同一个大祭司的物品。权杖表示在神界的地位，而金带表示在世俗人间的地位。很可能当时是一种神权和王权合一的政治体制。

经过测定，专家认为三星堆金皮里已炭化的物质是木棍。代表着王权的权杖，是整个国家独一无二的珍宝，谁拥有了它，谁就拥有了控制国家的能力。因此，不管是在制作工艺和材料的选择上，都有非常严格的标准。

从木棍到权杖的历史也经过了一个从灰姑娘到王后的过程。

人类与树木结缘可以上溯到以树木为生的灵长类，从那时起，树木的形象如同基因一样，深深地印在了人类的脑海里。当类人猿从树上下来，开始了漫长的陆地行走，他所倚仗的工具除了手边的石头，可能更多的就是一根树枝。随着人类文明的进步，树枝逐渐经过加工变成了木棍。人们用木棍驱赶野兽，挖掘地下可食用的植物块茎；用木棍作为手中的另一个支点，走出泥泞，登上高山。最后当人们垂垂老矣，步履蹒跚的时候，这根木棍又成了支撑他站立行走的拐杖。如果说人类最早的祖先起源于非洲，那么他们就是拄着木棍迁徙到世界各地的。人类使用木棍的历史就是一部从猿到人并不断走向文明的历史。据考证，木棍由工具变成权杖至少经历了十几万年。就是这样一根人类不可或缺的木棍，演变成了代表最高统治的权杖。

第一根权杖的历史已不可考。但是最早的大巫师和祭祀活动却是有迹可寻的。1995年，德国海德堡大学考古学家克罗斯，在土耳其边境的哥贝克力山地，找到了一座11000多年以前的庞大庙宇遗址，发现了迄今为止最早的石刻雕像，专家们认为他可能就是当时的大巫师。还发现了燃烧过的木头的痕迹，可能就是一次祭祀活动的残存。这位石雕大巫师手中似乎握着什么东西，有人认为握着的是他的生殖器；有人认为就是一根木棍，也就是祭祀中发挥作用的权杖。因为人类从母系氏族社会进入父系氏族社会以后，人们手中的木棍才变成了权杖。这也是男性成为主导地位的一种标志，而且只有最具权威的男人才能够拥有它。

三星堆青铜器中，有一个身高丈余的青铜大立人，双手做握持状。专家认为他就是当时的大巫师，而他手中握着的就是一根权杖。

权杖的作用并不仅仅是表示权威，因为人类的活动离不开生产，棍棒仍然是重要的生产工具。在大巫师手里，棍棒被赋予了新的作用。他们在祭天拜地的时候，发现权杖还可以用来测量大地的宽窄和星辰的位置。

在中国有一种树木叫“扶桑”，在中原地区又称扶桑树为“建木”，西方叫“若木”。用扶桑木做的木棍就叫“天杆”，其高度十尺或八尺，从神农时叫立柱，古代又称图腾柱。天安门前的两座华表，就是从古代的图腾柱演化来的。华表顶端横置的石板，又称横木，是用来测量风向的。由华表我们也可以看出过去的天杆造型，也就是在立柱上加一块横木，这块横木叫风向仪，现在叫风向标。

人们还用它来观测影子的变化。通过观测，人们发现，一天中木杆的影子在正午的时候最短，夕阳时，木杆的影子最长，于是人们就以正午时的影子长度来确定节气和一年的长度。

如今在北京世纪坛的顶端，依然矗立着一座叫日晷的计时仪器。日晷通常由铜制的指针和石制的圆盘组成。圆盘的正反两面刻有12个大格，每个大格代表2个小时。当太阳光照在圆盘上时，指针的影子就会投射在圆盘上，太阳由东向西移动，投射在圆盘上的指针影子也会慢慢由西向东移动。日晷这种计时仪器，起源于立杆测影的方法。三星堆的神树，就是日晷中指针的雏形。

一直以来，很多专家都赞同“古代中国无权杖”的说法。三星堆金杖的出土，让人们把目光投向了埃及，那个与中国同样古老的国度。三星堆金杖真的是来自于遥远的埃及吗？

■ 金沙金冠带

埃及法老墓的权杖图案

江浙一带的史前良渚古墓中，曾经出土过用来显示墓主人生前地位的玉杖首。而且在中国的西北地区也曾发现过与埃及极为相似的权杖头，经测定，距今已有5500年的历史。

历朝历代的史料记载中，都有皇帝赐杖给老臣的惯例。《礼记》中就有“大夫七十而致事。若不得谢，则必赐之几杖”的记载。赐杖给为国家立过汗马功劳的老臣，这杖的意义可想而知。虽然不是皇家最高权力的象征，但至少说明，中国并不是一个“无权杖”的国家。

世界上任何一种古文明，都有相似性，例如对神树的崇拜、天文学中二十八星宿的定义，等等。同样的，对杖的使用，也是一种世界性的文化。

在欧洲文化中，由于神权和王权常常是一体的。金杖在埃及、罗马等地不仅代表了执掌者的身份和权力，同时体现了宗教最高统治者的意志。三星堆出土的金杖和西方的权杖非常相似，不仅代表了王权，也是神权的象征。

从三星堆出土的器物具有明显的外域文化特色来看，至少可以说明几千年前的古蜀国并不是不通人烟的蛮荒之地，古蜀人早就形成了一条连接波斯、埃及等国的信道，一些来自世界各地的商人，带来了他们的文化，中原文明和异域文明在这里交融、发展，逐渐孕育出了灿烂而又独特的三星堆文明。

需要特别指出的是，这些至高无上的权杖都来自某种树木，所以这种树木也就成了神树。

■ 何谓“神树”

三星堆权杖皮里包裹的究竟是一种什么样的树木？这种树木具有什么样的特性，让古蜀人舍弃其他的选择，而独独钟情于它呢？

3000年前的古蜀国，气候温暖湿润，适合树木生长。在生产力水平极其低下的年代，吃住作为人类生存最基本的需要，必须依靠自然界提供。从金杖上所刻画的图案可以看出，当时的人们主要还是以狩猎为主。树林为动物提供了生存的场所，人们在森林中猎狩动物，作为食物解决温饱问题，而且，人们发现，利用树木来搭建房屋，远比居住在山洞里要好得多。久而久之，人们对树木形成了一种依存的关系。人们不经意间发现，树木的生命力远比人类要长，它们的生长也会随着四季的变化而枯萎、繁茂，周而复始，不曾间断。人们对这种死而复生的现象十分好奇，同时也无法理解，于是人

们把这种自然现象归结为是神的旨意，甚至将参天大树奉为神树，认为它们能与上天进行沟通。

神树崇拜观念，在中原文化中同样存在，只不过这种对植物的崇拜已不仅仅局限于通天入地，而是更多地融入了人们的生活中，桃树和艾草自古就被人们认为具有驱鬼避邪的作用，每当端午节来临，人们都将艾草挂在房门前，或者将桃木剑挂在房间，祈求能够驱走鬼怪。一直到今天，人们仍将桃树和艾草视为神圣之物。

对神树的崇拜，不光中国有，世界上很多国家都有神树文化。在古代印度的有关文献中，有一种“阎浮树”，树顶达到了天的高度，能将天与地劈开。在北欧地区的古代神话中，有一种神树，树荫可遮蔽宇宙，根、枝则可以将天与地及地下世界连接在一起。神树可以通天入地，是人类通向天堂，与天神交往的途径。

三星堆祭祀坑出土的青铜神树，向我们展示了古蜀人的神树崇拜观念。

■ 各国神树图腾

■ 三星堆青铜神树

■ 青铜摇钱树

专家认为，这棵青铜神树是古蜀人幻想成仙的天梯，也是大祭司连接天地、沟通人神的工具。

如果说这棵青铜神树代表的是成仙的天梯，那站立在神树树枝上的九只鸟是用来干什么的？它们和神树又有什么关系呢？

专家王大有告诉我们：这九只鸟叫太阳鸟，又叫天鸡。有一个传说，东南有一棵淘金树，淘金树上有十只天鸡，一只站在树顶，另九只站在树枝上。每天早晨，太阳要出来的时候，树顶上的天鸡首先知道，它和太阳有心灵感应。古代人认为太阳和公鸡有感应，所以太阳出来时，公鸡要打鸣。只要树顶的天鸡一叫，天下所有的公鸡都开始啼叫。

专家所引用的虽然只是一个传说，但不可否认的是，三星堆青铜神树的造型和传说中的淘金树不谋而合。从神话中，我们似乎还能感受到关于神树另外的秘密，这个秘密究竟是什么？难道神树在当时除了祭祀之外，还有其他的功能吗？

■ 三星堆青铜鸟

古代氏族社会里，权力最大的是祭司，而且也是氏族里最博学多才的人。他们在氏族里所扮演的角色不仅仅是驱鬼念咒的人，也是沟通天地的代表。他们的身份也是多重的：氏族里有人生病时，他们充当医者给人治病；出现天灾人祸，需要祭祀时，他们代表的又是沟通天地的神；需要预测灾难时，他们又成了占卜师。给人治病，必须精通医理知识；沟通天地、预测灾难，又必须具备天文常识。当然，这一切在当时的人们眼中，理所当然地认为是神赋予了他们能量，因此祭司无疑成了氏族里最受尊敬、最有权力的人。

神树既然可沟通天地，那么祭司就成了唯一能够与之交流的人。从神树上取下的树枝，也就成了祭司手中观天测地的工具。

■ 三星堆青铜鸟

三星堆的神树可以说是这批青铜器中最为精美和壮观的祭祀神器。这种造型在许多国家和地区都有发现，但是与它相似之处最多的地方还是在中国。过去有人总是把它当作供奉的神器对待，我们这次的考察发现三星堆神树绝非这样简单。神树暗合了有关天上九个太阳的传说，尽管以后的传说提到后羿射日，射掉了其中的八个太阳，但是在神树上依然是九个不落的太阳。它们的造型又是九个金光闪闪的神鸟，如果看得够仔细，你会发现这九只神鸟和三星堆青铜器物上雕刻的鸟十分相像，或者说完全是一类。谜底就在这些鸟的身上，这些鸟在更久远的时候是某一个氏族的图腾。世界上用鸟做图腾的部落也很多，北美的印第安文化、玛雅文化，图腾标志也有许多是鸟。需要指出的是，无论是三星堆还是美洲土著器物上，鸟的造型都是宽大的或者是矩形的。有人说，这种鸟是鹦鹉。

难道在成都平原的远古时期也有鹦鹉吗？最早的记载为《山海经 · 西山经》：“黄山有鸟，其状如鸮，青羽赤喙，人舌能言，名曰鹦鹉。”鹦鹉的产地，就在甘肃、四川一带。三星堆神树上的鸟，说它是鹦鹉看来也能成

■ 三星青铜神树复原模型

立。不过无论是乌鸦还是鹦鹉，都是古人视为神圣的象征。它有翅膀能够在天上飞翔，因此它和天上的太阳、月亮、星辰都有了共同之处。有时候太阳化作乌鸦，有时候月亮化作鹦鹉，也是非常自然的事。

如果仅仅是这样的话，还是把古人看得太简单了。古代祭司观天象都在晚上，这个时候天上的星星最明亮。通过经年累月长时间的观察，他们发现所有的星星都在移动，特别是太阳系中的行星，它们的运动轨迹更加明显。如果把星星移动的轨迹按照时间连成一条条线路的话，就会发现这些纵横交错的线路宛如枝繁叶茂的大树。闪亮的星星就像树枝上结下的果子。当然如果仅仅是果子，就太缺乏诗意和神圣的感觉了，还是把它们看做是栖息在树间的神鸟更好。

根据这种观测绘制的天象图就是神树的原型，古人不仅仅用它们来观测天象，而且还把它们当成一种天人感应的征兆，用它来与神祇沟通，占卜吉凶。可以说具象的天象图就是神树，或者也可以把三星堆的神树视为最早的浑天仪。

除此以外，按照古人“借物托神”的惯例，他们总是把虚无的事物通过现实存在的东西加以形象化。三星堆的神树也不例外，它一定也有在现实中存在的树木原型。

古代典籍《山海经》中记载，扶桑、樟树、桃树等都是神树。那么三星堆的青铜神树更接近于哪一种树木呢?

成都金沙遗址博物馆陈列着一段直径约一米、高八米多的巨大乌木。在三星堆遗址发掘中，也出土了许多巨大的乌木，这些乌木的年代有的达八九千年，就是说在三星堆时期还生长着许多这样的大树。有专家认为，这种乌木就是三星堆青铜神树的原型。

蜀人将乌木称之为“阴沉木”，它的年代久远，距今至少已有几千年的历史，更久的达到了四万年。三星堆附近的古河床是乌木最集中的出产地之一。主要是由于古四川盆地曾遭受重大的地理、气候变化，致使许多名贵的千年古树被深埋于古河床中。一些埋入淤泥中的部分树木，在缺氧、高压状态下，经过了数千年甚至上万年的炭化，西方人称之为“东方神木”。

由于阴沉木具有耐潮、万年不朽、不怕虫蛀的特点，因此是制作家具和棺木的上等材料。许多达官显贵都把阴沉木家具及出自阴沉木雕刻的艺术品视为镇宅之宝、辟邪之物。在我国民间还流传着“纵有珠宝一箱，不如乌木一方”和“黄金万两送地府，换来乌木祭天灵”的民谚。这也充分说明了阴沉木的珍贵难求。清代帝王曾一度将阴沉木列为皇家专用的材料，民间不能私自采用。袁世凯为了显示自己的帝王身份，耗费大量家财寻找阴沉木，为自己拼了一副棺木。我国古籍中记载的阴沉木还具有药用价值。

从已经发现的乌木来看，乌木的种类很多，主要有柏木、杉木、楠木、椆木、野荔枝木、苦梓、绿楠、铁力等，因此乌木并不单指某一树种，所以也不大可能是三星堆所属的神树。

《山海经》中还有这样一段记载：“汤谷上有扶桑，十日所浴，在墨齿北。居水中，有大木，九日居下枝，一日居上枝。”意思就是说，在东海汤谷，生长着一棵名叫扶桑的神树，树上居住了十个太阳，每天由三足乌驮着轮流值日。每当一个太阳升起，其他九个就在神树上休息。这与三星堆青铜神树上九只神鸟的造型不谋而合，青铜神树很可能就是古书记载的扶桑。

如果说这种猜测成立，那么扶桑树到底是一种什么样的树木？我们在古蜀文明起源的考察中，在北川九黄山猿王洞景区，看到了当地人所供奉的神树。在山腰间，沿着一条小路的石阶向下行去，就来到了一个小平台。这个平台四周，郁郁葱葱长满了挺拔的树木，将整个平台包裹了起来。在平台的正中央有一棵高大而笔直的树，四周树木的遮掩使人很难看清它的真实面目，阳光艰难地从树隙中透出星星点点，整棵树都笼罩在雾气之中显得格外神秘。按照当地的习俗，到这里祭拜的人，只能从右向左逆时针，心里默想一个愿望，围树绕行三圈并且绝对不能回头看，只有这样才算是虔诚。这样

■ 三星堆青铜大鸟头

■ 三星堆人首青铜鸟

的一个规定使我们即便在树下走了好几圈，也没能看清这棵树究竟长得什么样。也许，这就是神树之所以神的地方。羌族人经常在这里祭拜，小到祈求全家平安，大到祈求风调雨顺。

据专家介绍，只有在这里还保留着羌族最原始的祭祀方式。难道这棵神树就是三星堆神树的原型?

为此我们拜访了当地专门研究羌族文化的专家。专家告诉我们：这棵神树，就是当地最常见的榕树。由于它生长的位置非常奇特，是在一个凸出的山崖上。而且比其他的树都挺拔高大，枝叶茂盛，加上四周众多树木环绕，有如众星捧月，使这棵树显得与众不同。

据说这棵树的树龄已达千年。但是榕树的木质不适合做成笔直的棍棒，也就是说，权杖不会采用榕树来做。

印度的菩提树，传说佛祖释迦牟尼当年在菩提树下得道，因此被佛教奉为圣树，同时也成了印度的神树。

中国所独有的银杏树，最早出现于3.45亿年前的石炭纪时代，是果树中寿命最长的树种，有活化石的称号，因此被誉为中国的神树。

由此可以看出，在人们的观念中，神树都是一些高大、树干笔直而且生存年代久远的树木。

3000年前的古蜀国，气候温暖，适合树木生长。从四川乌木的类型可以看出，古蜀地区以樟树、楠木、桑树居多。古书中讲到的扶桑究竟特指它们中的哪一种?

樟树、楠木、桑树的生存年代都比较久远，而且树干也具有高、直的特点，木质都比较坚硬，适合制作权杖。

专家根据古文献的记载以及这几种树木的特性，认为扶桑树是神话中的树木，不可能栽培。当时有神木崇拜的上古先民，便选定了一种树，来作为太阳神树扶桑的替代物，而这种替代物就是桑树。古代典籍中有很多将桑树奉为神树的例子，《吕氏春秋》中记载，汤灭夏后，曾遭遇大旱，五年内农田没有收成，于是汤王率领众臣在桑林中祷告求雨。古蜀国的第一代蜀王蚕

■ 乌木

■ 北川羌寨神树

从，自立为王后，开始教导大家养蚕。正是由于蜀国境内有大量桑树，才会有高超的养蚕技术，才会产生蜀锦，远销印度。

金杖里所包裹的木棍，如果从坚硬程度上来说，应该是神树的一根树枝，而这三种树木中只有桑树的树枝适合做权杖。因此，桑树最有可能成为古蜀地区的神树。

■ 文字之谜

三星堆出土的青铜器种类和造型都具有极为强烈的个性和本地特征。它们的出土，首次向世人展示了商代中晚期蜀国青铜文明的高度发达和独具一格的面貌。

三星堆的发现将古蜀国的历史推前到五千年前。一直以来，由于甲骨文的出现至今只有三千年，所以很多的外国学者把中国列为世界四大文明古国中的最后一名。

三星堆文物的发现不仅为中国的古文明增添了色彩，而且使中国的古文明在时间上也大大提前了。可是问题也随之而来，首先就是三星堆文化来自何方？这里数量庞大的青铜人像和动物，不归属于中原青铜器的任何一类。许多学者认为，青铜器上没有留下任何文字，让人不可思议。这里出土的青铜人像深目高鼻、颧骨凸出、阔嘴大耳，耳朵上还有穿孔，不像中国人倒像是“老外”。

四川省文物考古所三星堆工作站站长陈德安接受记者采访时认为，三星堆人有可能来自其他大陆，三星堆文明可能是“杂交文明”。不过，专家们的考证似乎有些心有余而力不足，因为无法根据文明的最基本要素——文字，来进行考察。难道三星堆文明真的没有文字吗？

三星堆先民拥有高大的城墙，密集的房屋建筑遗址，以及祭祀坑和其中出土的上千件文物。这些实物例证无可辩驳地说明了三星堆古国不仅存在，而且非常辉煌。

一个民族必备的文明要素，如城市，严明的等级差别等，三星堆都已具备。由此推测，三星堆先民完全具备了形成文字的条件。遗憾的是，从目前发现的大量三星堆文物中尚未发现有说服力的文字资料。

《蜀王本纪》认为古蜀人“不晓文字，未有礼乐”；《华阳国志》则说蜀人“多斑彩文章”。这次对古蜀文明起源的考察，我们发现在三星堆的青铜器和金杖上都刻有大量符号，这些符号到底是图案呢？还是文字？一些专家认为三星堆的刻画符号基本上单个存在，不代表是语言；而另一些专家则认为，如果单个的符号反复出现，而且代表的是同一个意思，那么它就是文字。

对有无文字的界定是一个非常重要的学术课题。如果能解读这些图案和符号，必将极大促进三星堆文明之谜的破解。

文字的诞生是人类告别蛮荒走向文明理性时代的重要标志，人类由于文字的发明及其应用，极大地推进了文明的进程。

关于汉字的起源，古代典籍中有各种不同的记载。《周易·系辞（下）》中说到，古代结绳记事，八卦为最早的标志符号。郑玄注：“结绳为约，事大，大结其绳；事小，小结其绳。”从文字发展史的立场来看，在甲骨文字体系产生之前尚存在一个漫长的前文字历史阶段，结绳、八卦是文字产生之前的一种替代性符号。但不论是结绳还是八卦，都没有办法完全行使文字的功能。结绳帮助记忆却无法表达思想；八卦虽然是内容非常丰富的象征性符号，但它更多的是表达一种概念，不像文字那样富有针对性。

如果某种图案或者符号能较明确地表达意义和思想，并且可以描述事件，那么这种符号在功能上就与文字很相近了。随着时间的发展，这种符号就可能演变为成熟的文字。

除此以外，专家们认为文字起源于图腾崇拜，即文字最早的原型就是图

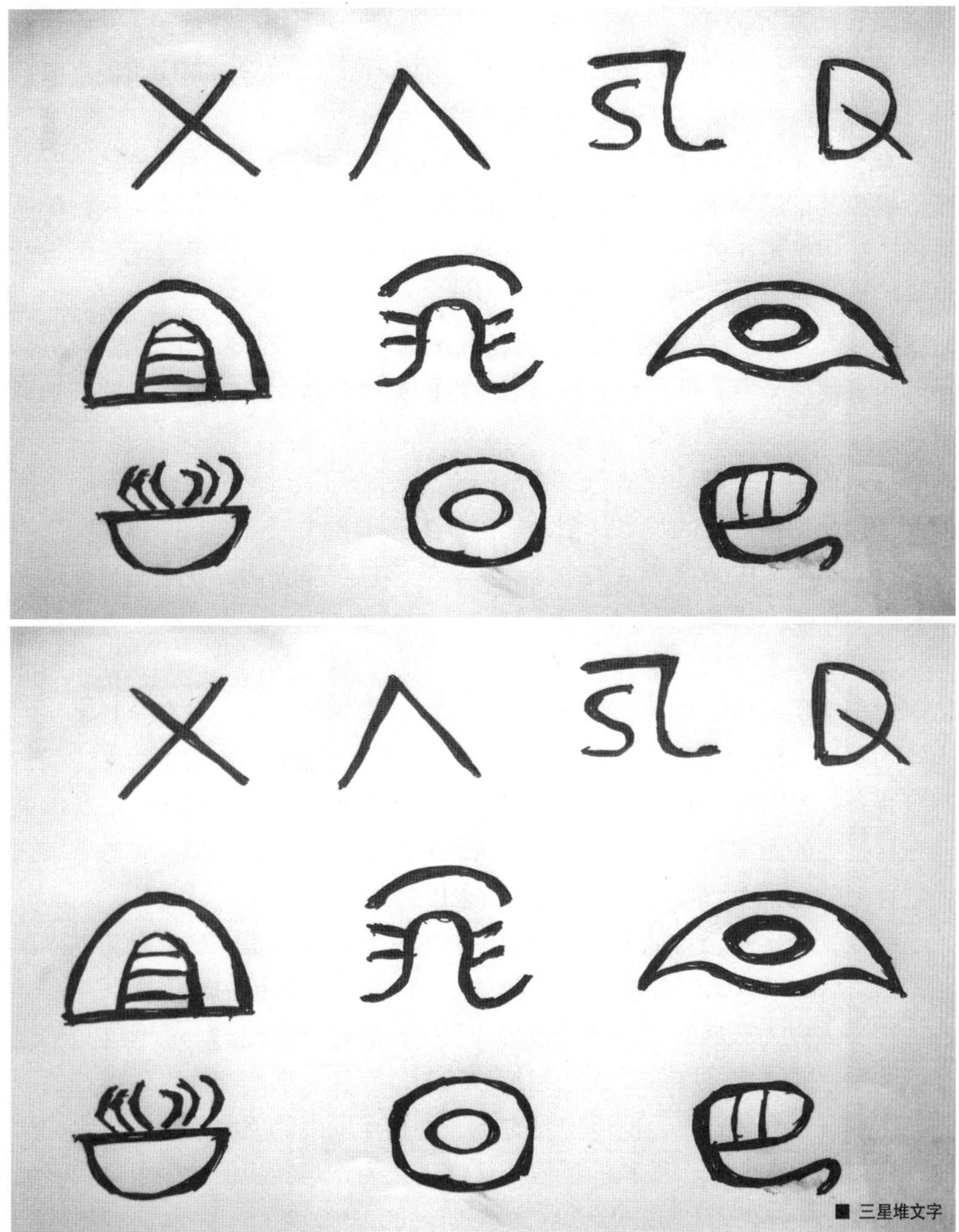

■ 三星堆文字

腾。图腾就像DNA一样，是各部族的标志和象征。因此它非常显著，以至于达到了与神同等的地位，所有的人都不可能忽略它。随着人类抽象思维的发展，图腾也逐渐简化，这就是最早的文字。

在三星堆出土的上千件文物当中，祭祀用的器物占了绝大部分。当时的统治者极其信奉巫术，经常举行祭祀仪式，这些都离不开语言文字进行沟通协调。很多祭祀用的器物的确都出现了刻划符号，这些符号是否记录了当时祭祀的情景？能否传达一些当时人们的思想？

很多专家认为这些符号还不能起到记录和表达思想的作用，因为从目前的研究情况来看，他们还无法从三星堆的刻画符号上来推测当时的祭祀情景。

在战国中晚期曾广泛流行“仓颉造字说”，并对后世产生极大影响。但是文字作为约定俗成的符号体系，它的产生源于人类社会群际间思想交流的需要，而不可能由一人所独创。仓颉造字的传说至多表明，仓颉作为黄帝史官对文字有搜集整理之功。

由于上古文字为大巫师和统治阶级所垄断，成为接地通天的媒介，因而造成对于文字符号的崇拜，并进而将文字的创造归结为某一具有神意禀赋的人物的创造。这在三星堆也不例外，在那里出土的用于祭祀的文物上，基本都刻有各种不同的图案符号，而这些器物在当时都归统治阶级所有，所以刻画在器物上的图案和符号也只有统治阶级中的少数人才能看懂。有些专家认为这种刻画在器物上的符号图案就是后来巴蜀文字的雏形。

其实，文字是语言的表象。任何民族的文字都和语言一样，是劳动人民在劳动生活中，从无到有，从少到多，从多头尝试到约定俗成。

很多人以为殷墟的甲骨文是最早的汉字，这是不正确的。甲骨文只不过是商代后期的文字，字的个数已经超过5000，而且从字的结构看，传统的所谓“六书”已经具备了。所以甲骨文是一种相当发展的文字系统，汉字的演变在它以前肯定有一个很长的过程。有学者认为，与其说殷墟甲骨文代表着中国文字的成熟，不如说其反映着文字载体的突然改变。

众所周知，殷商国王十分重视占卜、祭祀和记录，而从事这些工作的巫师习惯于将文字刻画在甲骨上。虽然刻画甲骨文，不如“笔”书文字方便，但“笔”书文字或经日月磨损而踪影全无，或因载体腐朽而荡然无存，唯甲骨耐蚀、刻画深刻，方使大批甲骨文得以重见天日。

由此可以联想到，是否三星堆先民们也有比较发达的文字，但是由于载体的不坚固，而使我们直到现在都没有看到比较成熟的文字？这个设想是有一定道理的，从目前的研究来看，当时三星堆的气候湿润，城镇周围都是大片大片的森林，木头肯定是居民们大量使用的材料。他们很有可能把大量文字刻在木头上，而在青铜器或玉器上刻字，在当时来看确是非常费事的。随着时间的推移，刻字的木头都已腐烂不存在了，以至于现在我们无法发掘出更多的文字资料。

文字的发展是一个十分缓慢的过程，中国文字的起源应远在殷墟甲骨文之前，这一点已被不断涌现的考古发掘资料所证实，并得到国内学术界的公认。至于具体起源时间，目前尚有不同认识，几乎所有的专家都认为，良渚文化的多字陶文和龙山文化的丁公陶文已是文字，甚至是相当成熟的文字，只是对它们与古汉字的渊源关系等方面有些不同看法。距今6000年前的半坡

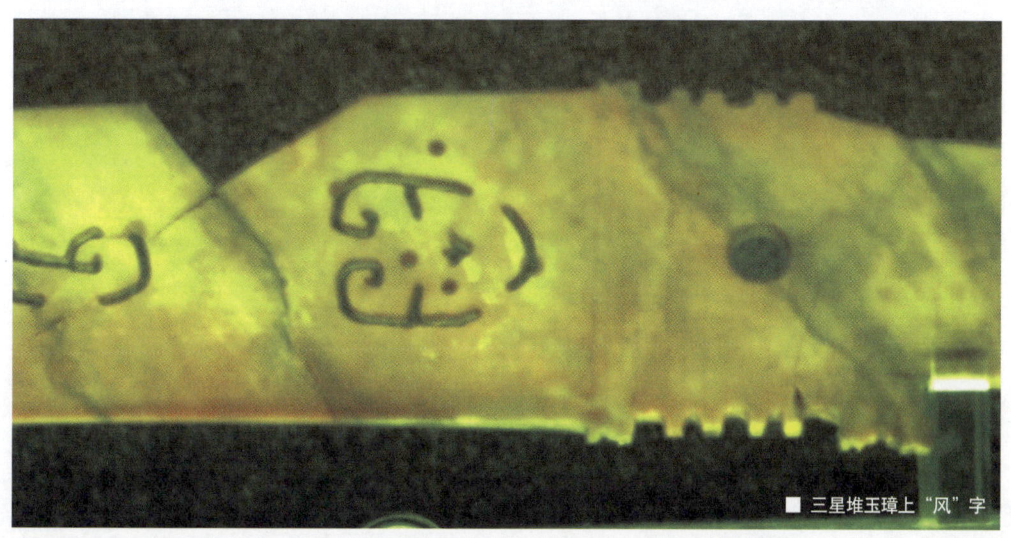
■ 三星堆玉璋上“风”字

陶文或距今约4500年前的大汶口陶文即为中国文字的源头。

而距今八九千年的河南舞阳贾湖遗址也出土了很多刻划符号，比如龟壳上有一符号，犹如右手持着叉形器的人。贾湖遗址出土有18个类似的叉形器，考古学家虽不能明确其具体用途，但推断它确为原始宗教或祭祀用具无疑。有趣的是，除去右手的叉形器，上述符号的剩余部分与甲骨文中某些表述人的符号十分相近，由此可见，这一符号应表示与原始宗教或祭祀相关的特定含义。倘若如此，它应该就是文字，而且是一个会意文字。除这一符号外，贾湖遗址还有若干具有文字性质的符号。

很多学者不能接受贾湖遗址的刻划符号为中国文字的源头，因为他们认为，文字规范化持续发展的时间，不应长达5000年。安徽省蚌埠市双墩遗址距今约7000多年，那里出土的很多陶器上刻划着符号。甚至有的符号和甲骨文的部分文字非常相像，有些学者认为这些刻划符号有可能就是古文字的源头。还有一种陶器符号，大多数学者认为可能是原始文字，这就是大汶口文化的陶器符号，因为那些符号用古文字学的方法分析，大多能够释读。

大汶口文化和良渚文化是两种颇不相同的文化，但互相有密切的关系。1987年在江苏新沂花厅发掘了一大批大汶口文化墓葬，其中出土不少良渚文化玉器，说明两种文化的人民存在着交往。大汶口与良渚使用符号的相似，很可能标志着这些符号是原始文字。文化的交往，必然存在文字之间的交往。三星堆文化并不是一个闭塞的文化，它也存在着与其他文化相互交流的情况。通过沟通、交流而保留下来的符号必定有记录事件甚至思想的功能，那么三星堆的刻画符号究竟算不算是一种文字呢?

三星堆真的没有文字吗?

我们在古蜀文明起源的考察中，很多地方都发现了古老的彝族文字，这些字形和字义与三星堆器物上刻画的图案及符号非常相近。

专门从事古文字研究的专家王大有坚定地认为，三星堆不仅有文字，而且是非常成熟的文字。王大有在三星堆出土的器物上认出了很多古蜀文字，如“风”字，代表了当时的风族。为什么“风”字是这样写的呢？据王大有所说，这与风族的图腾有关。“风”字，上面是个“山”，念“风”，中华大字典里有一个几字里面一横一个日字。现在道士头上戴的是一个山形的帽子，说明道教和风族的某种联系。所有三星堆器物上几乎都可以看到山形的符号。按照王大有的说法，这个符号是风族的特有标志，风族的祭司一般都是女性。女祭司祭奠祖先，她们戴的耳环又称为“玄”，所以是“玄女”。在三星堆标志上除了有山的图案以外，还有玄女的图案，在这种图案上面还有两个S纹，是鱼凫氏的“凫”字的简写。所以“风”字的图案和玄女的图案有两个字，包含着三种意思：第一个意思是风族的大祭司在祭奠祖先。第二个意思是风族的祭司是女性。第三个意思就是这个祭奠的时间是鱼凫时代。

在三星堆青铜器上刻的“风”字图案和甲骨文里的“风”字一样，字义也相同。它是一种典型的甲骨文体。这个“风”字不仅和甲骨文一样，也和彝族文字中的“风”字一样。

有意思的是，当年王大有在北美的印第安部落考察时，发现当地有很多文化现象和中国文化很相像。比如大巫师衣服上的装饰和图腾上的一些图案，都和中国的许多符号图案相似。这些符号由于年代久远，不仅外国人不认识，就连当地的土著也都不认识。他们只是照葫芦画瓢，把祖先的图案复制到他们的旗帜、器物上。当时印第安部落的一个大酋长说，如果谁能认出这些符号和图案是什么意思，就给他100万美元。结果王大有全部都认出来了，尤其是上文中所提到的“风”字，在很多图腾柱上都看到了这个字。印第安器物上的符号和图案在中国的甲骨文中都可以找到相对应的字体，这真是一个非常有意思的事。

按照王大有的说法，最开始“风”的字形是燧人氏的图腾，后来才演变成“风”字。为什么在遥远的、相隔万里的地方都发现了“风”字呢？这个问题还有待进一步考证。王大有说，在古代只有部落里的最高统治者才有权利使用这个字，也就是说“风”字代表着最高统治者。在三星堆出土的器物里，比如玉璋等，也都发现了这个“风”字。在三星堆和北美印第安部落发

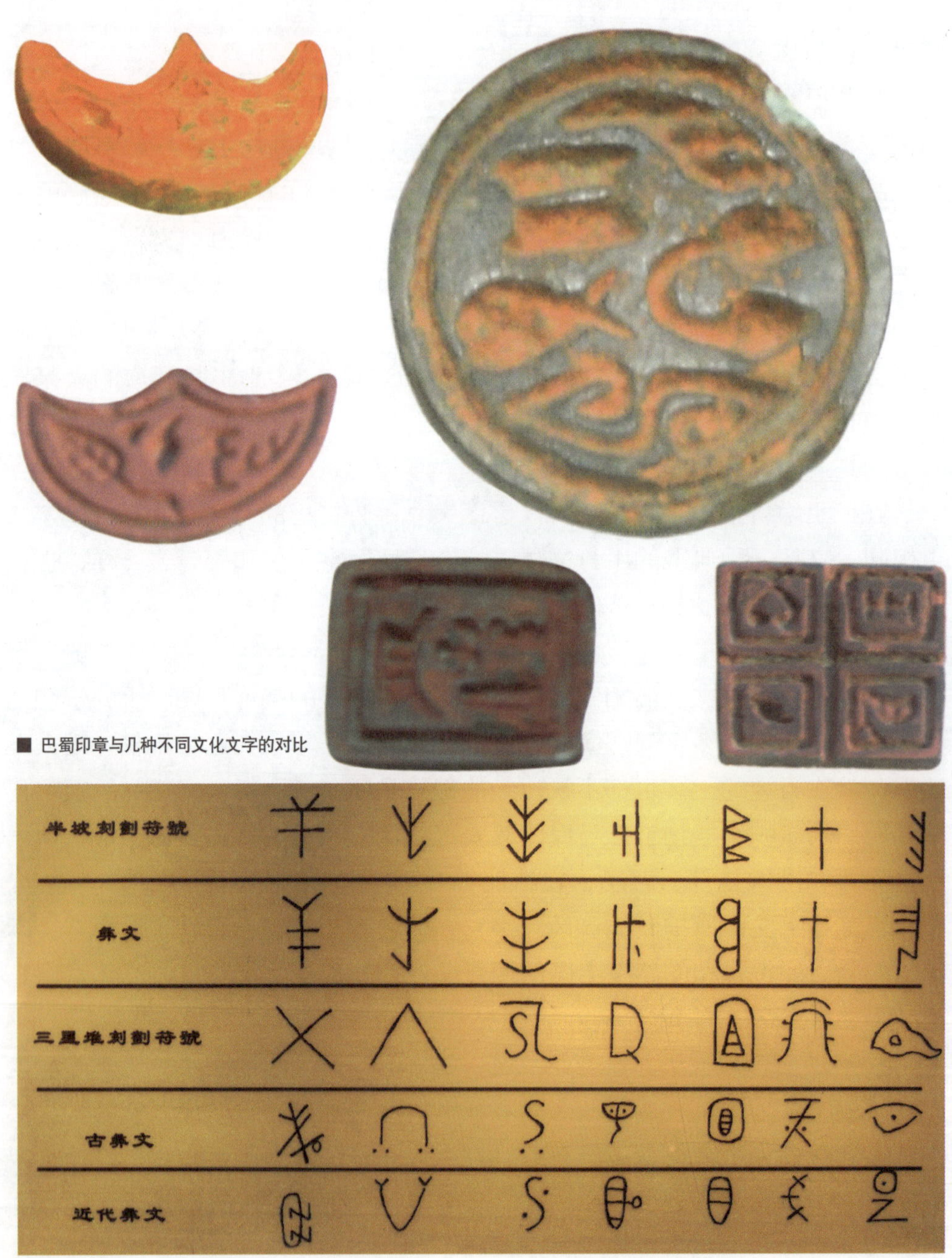

■ 巴蜀印章与几种不同文化文字的对比

■ 巴蜀印章

现的“风”字，其年代也基本差不太多。

王大有在三星堆出土的器物上还辨认出了“蜀”字，当时的意思是蚕；还有金杖上鱼凫的“凫”字、“戈”字和代表开明王的“虎”字。

王大有说这些文字最早都是图腾的标志，因此这些文字本身就被赋予了神力，在举行大型祭祀活动的时候，这些文字都代表神的旨意，供人们来膜拜祭祀。

在文字的演变过程当中，很多字体不仅仅变化多端，也有一些字体又演变回了图案。比如三星堆出土的青铜面具鼻子上的造型又称量天尺，就是由“风”字又转化为图案的造型。其实文字与生物的进化很相像，陆地生物由水生生物演化而来，而有一些动物的四肢又变回鳍。篆刻就是由文字演变为符号的一种艺术，道教里的画符也是由文字演变而来的。在文字的演化过程中也有返祖现象。

还有的学者认为，汉字体系的正式形成应该是在中原地区。但它的起源不是单一的，经过了多元的、长期的磨合。大概在进入夏纪年之际，先民们在广泛吸收、运用早期符号的经验基础上，创造性地发明了用来记录语言的文字符号系统，从此，汉字体系较快地成熟起来。

如果三星堆的符号可以视作文字的话，它也是汉字形成的早期来源之一。至于这种符号是否发展成了一种完整的体系，这是目前有待研究的课题。有专家认为，巴蜀文字最后被中原文字同化了。

三星堆不仅有文字，而且这些文字是相对比较成熟的。之所以到目前为止还没有发现大量的文字，可能是因为当时文字的载体是木头，很难保存；也可能是由于外来文化的侵入，使得本土文字最终被同化，比如四川著名的“巴蜀印章”，就是一种介乎于三星堆文化、彝文、甲骨文和一些图腾符号混合的字体。

■ 三星堆兵器之谜

孙子在《孙子兵法》开篇第一段有过这样的描述："兵者，国之大事，死生之地，存亡之道，不可不察也。"意思就是说，战争是国家的大事，关系军民的生死、国家的存亡，不可以不认真对待。

这本形成于春秋末年的中国古典军事文化书籍，一直流传至今，并为世界读者所喜爱的《孙子兵法》在开篇就提出了战争在一个国家中的重要性，这也充分说明从3000多年前，我们的先人就已经认识到了战争与国家之间的紧密联系。

成都三星堆遗址的发现，似乎与这一理论相悖。三星堆发掘至今，仍没有发现任何兵器。拥有如此精美、数量众多的青铜器，说明了当时以三星堆为中心的部落组织已经发展成为一个强盛的国家。

在这片物产丰富、土地肥沃的地方肯定存在着许多觊觎它的强势部落。自卫、反击、扩张肯定是作为一个国家必不可少的手段，这就需要有一支强大的军队。像三星堆这样的地方，竟然找不到军队使用的武器，实在是难以理解。

很多学者认为三星堆之所以没有兵器，是因为它地处群山环抱的盆地，由于周围山势险峻，形成了易守难攻的天然屏障，正如李白所说"蜀道难，难于上青天"，中原的强大势力的确很难到达四川盆地。另外当时的三星堆属于神权和王权统一的国家，神权又高于王权，解决很多重大问题不靠人，而是靠神，神是不需要拥有众多军队和兵器的。

长期稳定而又安逸的生活，让三星堆的臣民失去了对外界的防范能力，整天沉迷于各种各样的祭祀求神活动。此时的三星堆被一些学者描述为"民风淳厚、物产丰富、五谷丰登、天下太平"的人间乐园。他们说，《山海经》里描述的后经《镜花园》渲染的君子国，就是四川平原，东方的伊甸园。

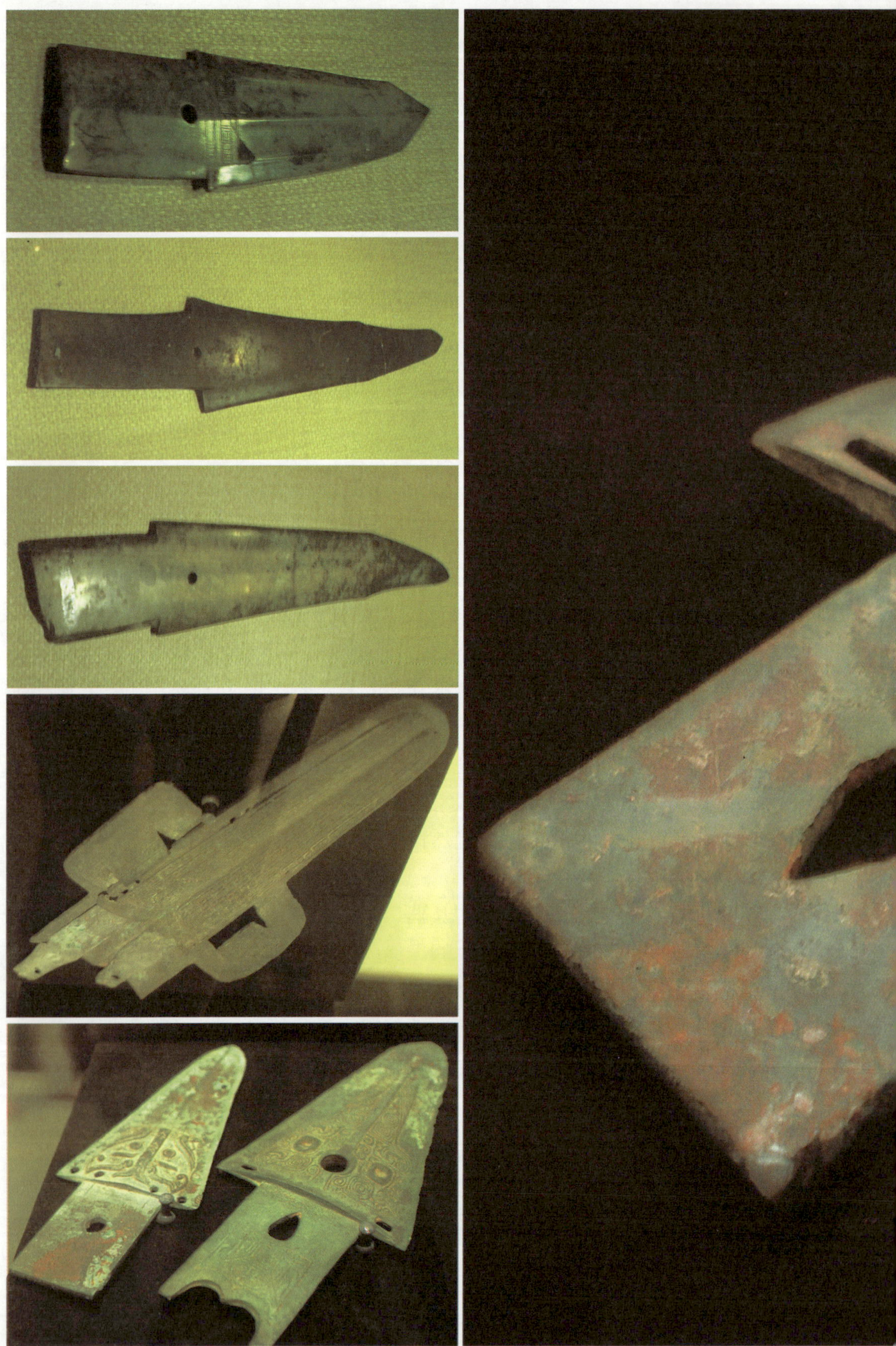

■ 三星堆兵器

常识告诉我们，文明的发展，从来没有离开过暴力和战争，在某种意义上讲，暴力和战争还是文明发展的动力。那么对于这处3000多年前文明高度发达的国家来说，没有兵器似乎是一件匪夷所思的事情。三星堆真如大家所猜测的那样，是一处世外桃源吗？

三星堆遗址的一号祭祀坑和二号祭祀坑曾经出土过一些青铜像，被有些专家认为是“武士像”和“将军头像”，另外三星堆还出土了大量的玉斧、玉戈、玉剑之类的仿兵器造型的祭祀礼器。如果说三星堆没有兵器，那么古蜀人为何要铸造这些青铜将士头像呢？

在史料中，也曾有“征蜀”、“至蜀有事”、“蜀御”、“蜀射”、“在蜀”、“示蜀”等记载，正是由于商王朝和蜀国之间的不断纷争，故在周武王伐纣之时，蜀为报仇踊跃地参加了武王伐纣的行列，并冲锋在前，使殷人倒戈，故《尚书》说：“武王伐纣实得巴蜀之师。”这些三星堆出土的仿兵器造型的礼器，足以说明当时的蜀人已有一支强悍的军队，而且独霸一方。可为何这么一个势力强大的国家却独独没有见到真正的兵器出土呢？这似乎是不可能的事情。

翻开史料，一幕幕血泪交融、金戈铁马、横扫千里的战争场面汇成了现在我们看到的历史长河。无论是中国，还是世界上任何一个国家，国家的发展，朝代的更替，都离不开战争。一个国家和文明的发展史在某种意义上是一部可歌可泣的战争史。

中国自商以降3000多年时间，战争和纷乱竟长达2000多年。上下5000年的中国历史，战争同样扮演着极其重要的角色。从最初的黄帝大战蚩尤，到秦始皇统一六国，到汉武帝统一西域，到成吉思汗的金戈铁马横扫整个欧亚大陆，剑与火远远超过了温文尔雅的和平场面。

我们的先祖们早就知道，具有雄厚的军事力量，是一个国家存在的必要条件。如果在国家的背后，没有强大的军队做后盾，那么这个国家很快就会被别的国家所吞并。因此从现在很多古代大型墓葬中，我们都能看到各种武器作为陪葬。河南安阳妇好（商王武丁的夫人）墓中出土的兵器就达130多件，秦始皇嬴政的兵马俑坑中也出土了数以万计的各类兵器。

《周易》称：“国之大事，唯祀与戎。”“戎”是一种古代的兵器，泛指军队和战争。作为一个国家最重要的两件大事，就是祭神和应对战争。三星堆既然是一个国家，那么这两者肯定都不会偏废。问题是用什么来证明三星堆确有军队呢?

武器作为战争的必备工具，从古至今都在社会发展进程中扮演着不可或缺的角色。文明与战争相辅相成，而武器则是文明在暴力方面的发展形式。可以说，没有兵器，就没有我们今天这个现代化社会。通过战争，人类开始学会制作各类兵器；通过战争，人类开始研究什么样的兵器才能更有效地打击敌人；通过战争，先进武器的使用又促进了科技的发展。

中国历史上最早的战争可能就是传说中的黄帝战蚩尤了。那个时候的人们，还是属于氏族社会时期，在与邻近氏族的战争中，他们用石斧、石矛作为攻击敌人的武器。因为是短距离、面对面的近身搏斗，这种战争对双方的伤害都非常大，死伤无数，而且也没有什么战术可言，人数的多少似乎成了决定战争成败的关键。需要指出的是，当时的兵器除了石头就是木头，木头使用不了很长时间，现在也更谈不上发现当时的木质兵器了。如果仅仅因此就断定黄帝和蚩尤的那场战争是不存在的，或者也因找不到当时的兵器，也把以后的黄帝与炎帝之战予以否认，甚至由此否认炎帝和黄帝的存在，严格地说，似乎也未尝不可。但是在5000年以前，在中国历史上有过大规模部族之间的战争，而这场战争也绝不会因为后人没有发现当时的兵器，就不存在。更没有人会说那个年代是一个充满了和平友好的年代。

中国第一个奴隶制夏王朝建立，军队开始形成，弓箭成为人们作战的主要工具。

到了商朝时，奴隶制国家进一步得到巩固和发展，青铜工艺发展到了炉火纯青的地步，正是因为青铜铸造技术的完善与发展，青铜兵器开始出现。

秦始皇嬴政是一个嗜血好战的皇帝，他在位期间，除了统一六国，还将南下的北方游牧民族赶回了老家。这期间所经历的大大小小战争就有无数次。在兵马俑坑中，出土了一种叫“弩”的远射兵器。专家估计，这种秦弩的射程应该能够达到300米，有效杀伤距离在150米之内，秦弩的杀伤力远远高于当时任何一种弓。兵马俑坑中还出土了许多三棱形的青铜箭头，箭头的三个弧面几乎完全相同。这种和子弹外形完全相同的箭头以及秦弩，在当时来说是技术含量很高的武器。大量“高科技”的武器，使得秦军仅在一年的时间内，就将30万匈奴骑兵彻底击溃，黄河以南大部分地区重新回归秦国。

西汉时期，钢铁武器得到全面发展。

北宋，火药箭、火球类火器发明，并且得到广泛应用。

南宋，开始使用火枪……

一直到清朝末年帝国主义列强侵入中国，10万清军面对掌握先进武器的侵略者溃不成军。

战争成了推动社会进步的动力，先进的武器是决定战争胜负的重要因素。谁拥有了先进的武器装备，谁就有可能成为称霸天下的枭雄。正是因为明白这一道理，中华大地上的所有君主，无不将大部分精力集中在武器的改良和设计上。反过来说，一个强势的国家要想立于不败之地，同样必须拥有强大的军队和精良的武器，这些是捍卫国土不可或缺的因素。

而作为当时国力强大的古蜀王国来说，又怎么可能缺少武器呢？即使是他们不侵略别人，也必须防患于未然。

古蜀国自出现一直到被秦朝所灭，共经历了蚕丛、柏鹳、鱼凫、望帝、开明等五世帝王的统治。如果说这几位帝王都是成都平原的土著，在没有战争的情况下，这些氏族之间是如何更替的呢？

有人推测，历代古蜀国的灭亡很可能和洪水有关。古蜀国自古就是一个洪水泛滥之地，也正是因为洪水频繁，才出现了大禹、李冰等治水英雄。我们是否可以想象一下，当年洪水来袭，三星堆大部分地方都被洪水淹没，无处可去的古蜀王只好带着自己氏族的人们远离家乡，开始寻找另外一处地方落脚。等到洪水退去的时候，三星堆已经成了一座无人之城。后来又有人来到这里，见此地气候宜人，适合居住，于是又在此筑城，建立王都。这样的说法也无不可。

然而问题又来了，古蜀国最后一任国王开明王，是来自湖广两地的巴人。据记载，开明族熟悉水性，善于治水，他们最初到达四川时，定居在乐雅一带，后来逐渐进入成都平原，随着开明族势力的壮大，不断与蜀王杜宇族发生矛盾，经过长达数年的激烈斗争，终于消灭了杜宇族，统治了蜀国。

也就是说，杜宇族并不是在洪水的袭击下自动退却，而是开明族的入侵造成的灭亡。没有武器，杜宇族如何与开明族进行战争，而且时间长达数年。

在三星堆祭祀坑出土了许多玉斧、玉戈等器物，但由于玉制品易碎，没有杀伤力，所以不具备成为武器的条件。专家考证这些类似兵器的礼器有一些是可以敲击的，祭祀的时候手持玉斧、玉戈的仪仗队列队环绕祭坛，在祭司的指挥下，轻轻敲击，烘托气氛。与其说玉戈、玉斧是兵器，倒不如说是一种打击乐器。

其实如果我们将三星堆出土的玉戈、玉斧等器物与许多青铜兵器作个比较，不难发现，这些玉戈、玉斧其实就是按照兵器的原型制作的。当时所使用的兵器戈和斧是青铜制作的，但是由于青铜器在当时还属于贵重的金属，制作工艺较高，数量稀少，只被贵族和高阶层拥有，不可能配备给众多的士兵。之所以没有在三星堆祭祀遗址发现这种青铜兵器，只能说明在祭祀台的范围内，不需要手持武器的士兵把守。即便是贵族和高阶层人士来到祭祀台前，也不能携带武器。他们必须赤手空拳，一心向善，向上苍表明自己的虔诚。

这种规矩不仅仅是在三星堆，就是在现在所有宗教活动中都是如此。向神灵祈求和祷告的人们，当他们走进无论是庙宇、清真寺，还是教堂，绝对不允许携带兵器入内。在中国只有少林寺有些例外，靠武术打出了名头，即便是这样，他们使用的所谓兵器更多的是平时挑水做饭、打扫庙宇的工具。作为手持兵器的军队，只能把守在边境或距祭台较远的地方。这就是三星堆祭祀坑及周边没有发现兵器的原因。

■ 三星堆青铜罍

■ 三星堆青铜圆尊

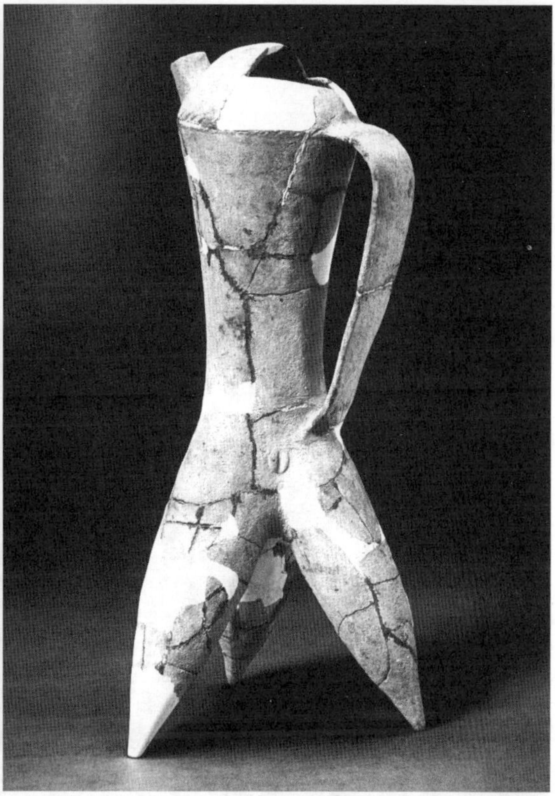

■ 三星堆陶盉

■ 三星堆青铜圆罍

■ 三星堆青铜圆罍盖钮

■ 三星堆青铜跪坐人像

■ 三星堆青铜兽首冠人像

■ 三星堆青铜挂璋人像（铜神坛局部）

■ 三星堆青铜大立人像

■ 三星堆青铜跪坐人像

■ 三星堆青铜挂璋小人像

■ 三星堆青铜喇叭座顶尊跪坐人像

■ 三星堆青铜人身鸟爪形足人像

■ 三星堆青铜跪坐人像

■ 三星堆青铜太阳形器

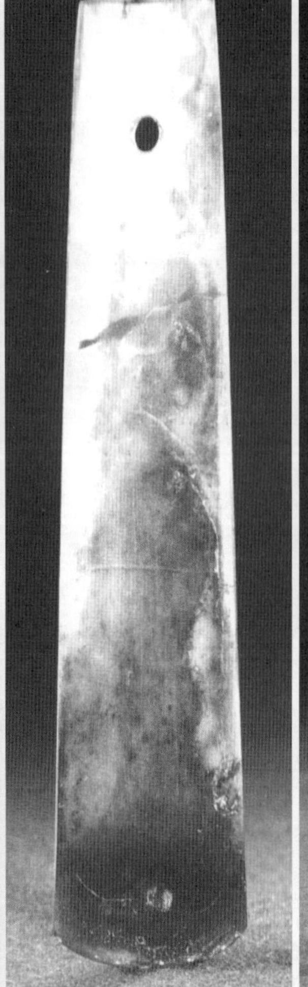

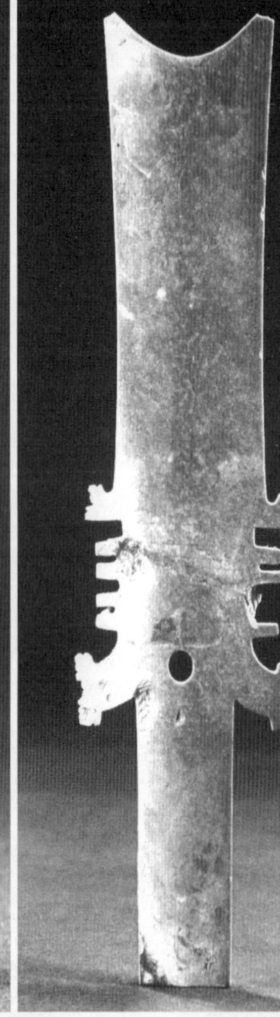

■ 三星堆玉璋

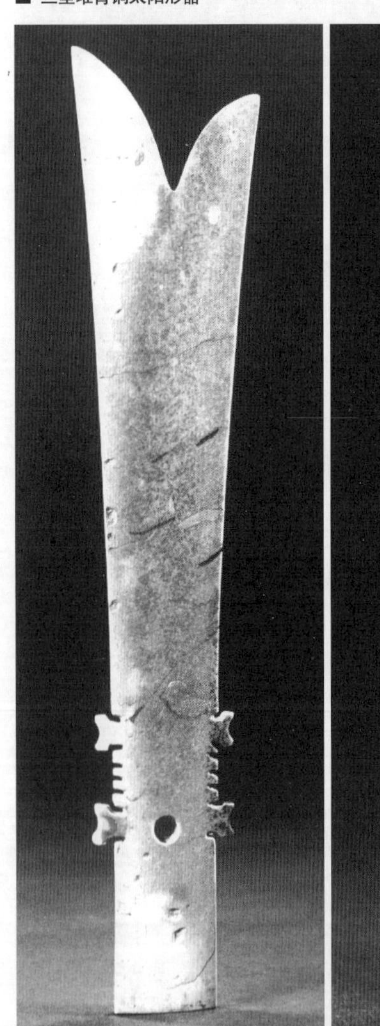

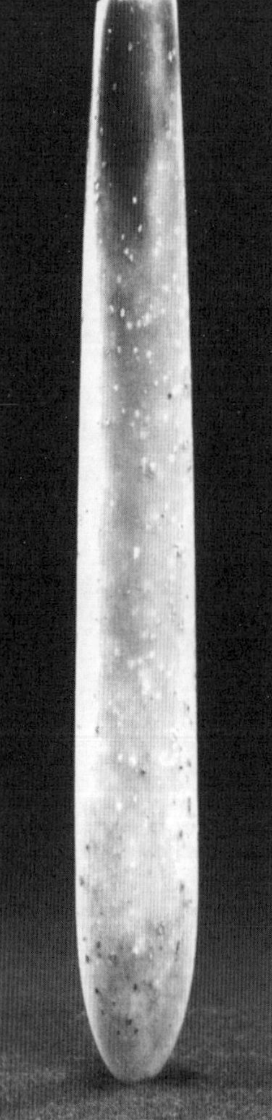

■ 三星堆玉璋

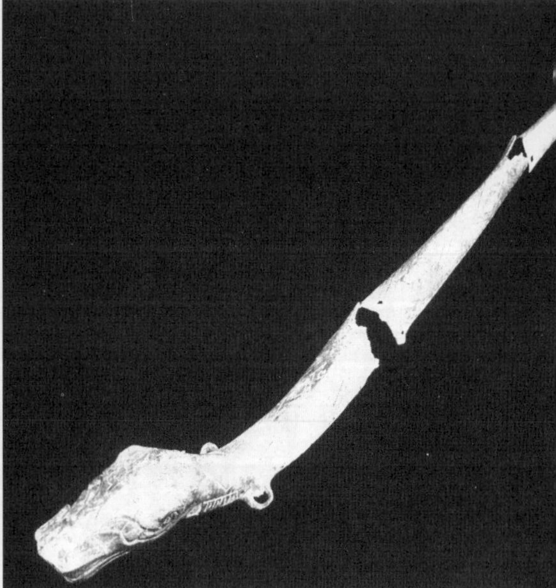

■ 三星堆青铜蛇

■ 三星堆青铜鸟

■ 三星堆大型青铜神树

■ 三星堆青铜戈

■ 三星堆玉璋

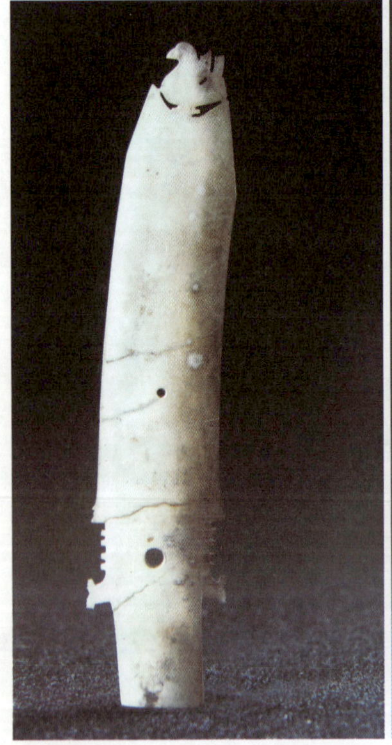

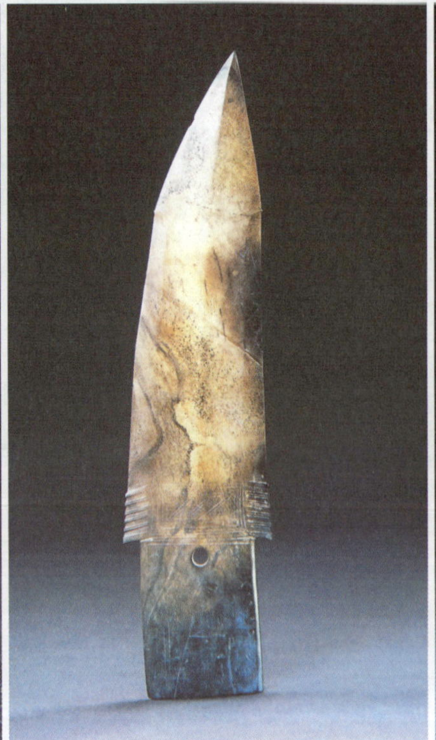

■ 三星堆玉璋

■ 三星堆玉琮

■ 三星堆青铜面具

■ 三星堆青铜头像

■ 三星堆青铜头像

■ 三星堆青铜头像

■ 三星堆青铜人首鸟身像

■ 三星堆青铜鸟

■ 三星堆青铜鸟

■ 三星堆青铜龙柱形器

■ 三星堆青铜鸟

■ 三星堆青铜鸟

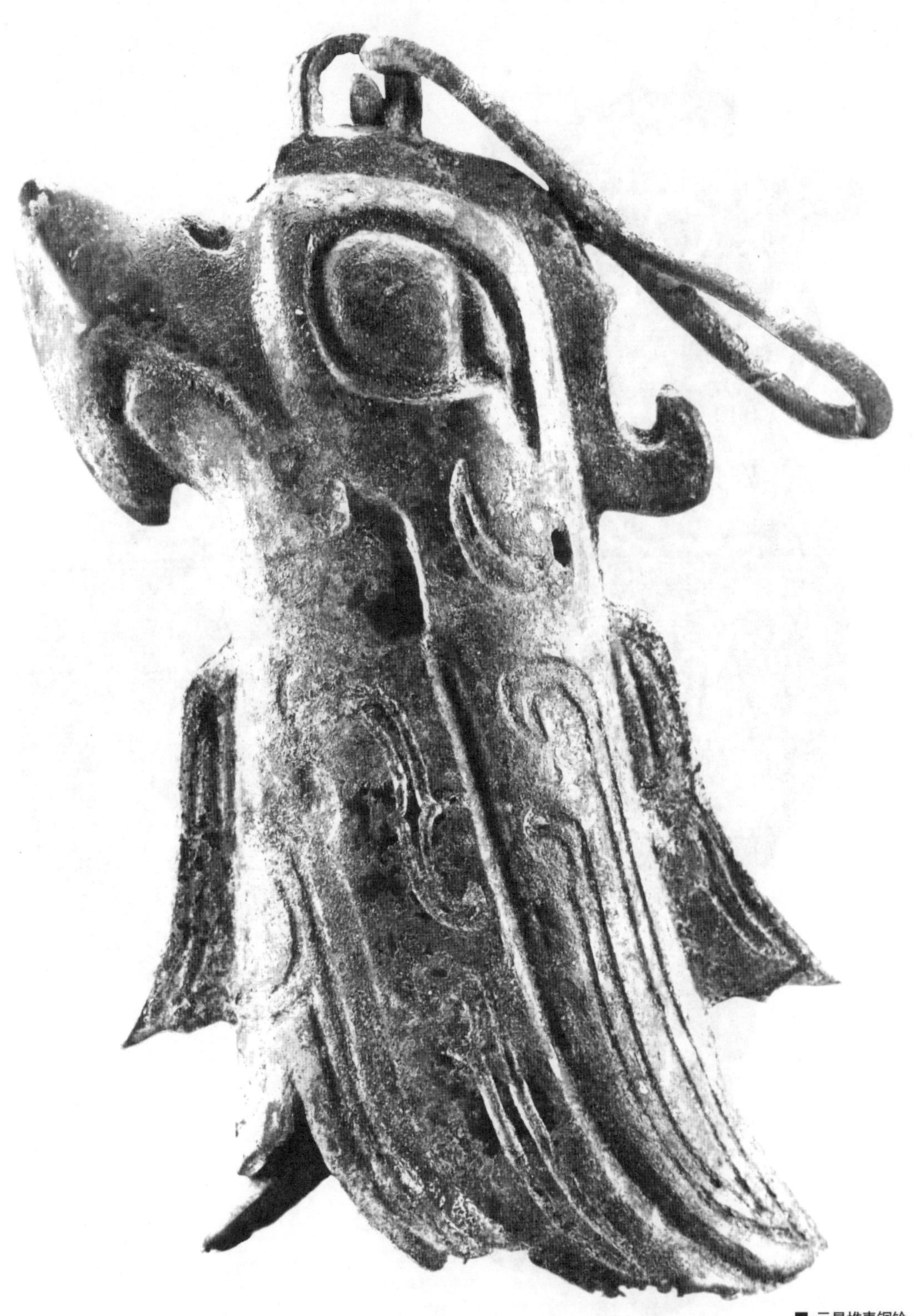

■ 三星堆青铜铃

■ 三星堆青铜鸡

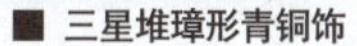

■ 三星堆璋形青铜饰

■ 三星堆龙形青铜饰

■ 三星堆圆形青铜挂饰

■ 三星堆带挂架青铜铃

■ 三星堆青铜虎

■ 三星堆青铜怪兽

■ 三星堆青铜铃

■ 三星堆青铜牌饰

■ 三星堆人身形青铜牌饰

■ 三星堆扇贝形青铜挂饰

■ 三星堆青铜铃

■ 三星堆青铜眼泡形器

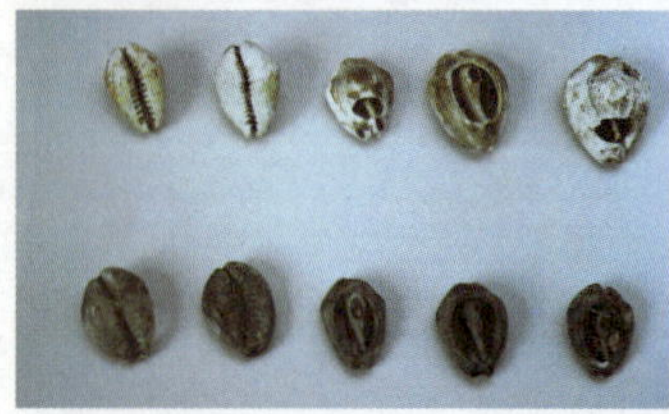

■ 三星堆青铜眼睛形器

■ 三星堆海贝

■ 三星堆金箔鱼形饰

■ 三星堆玉饰

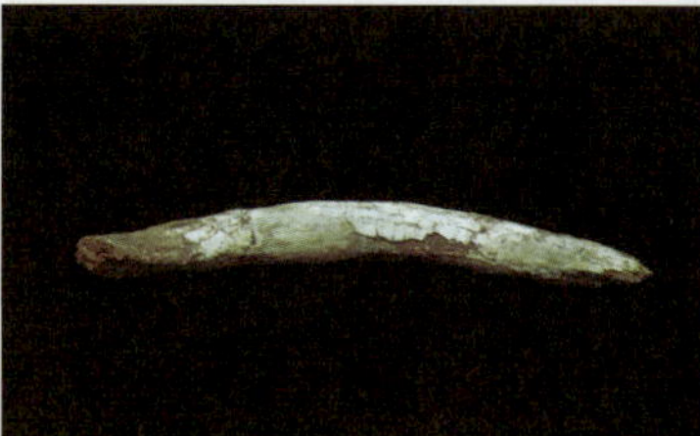

■ 三星堆象牙、虎牙

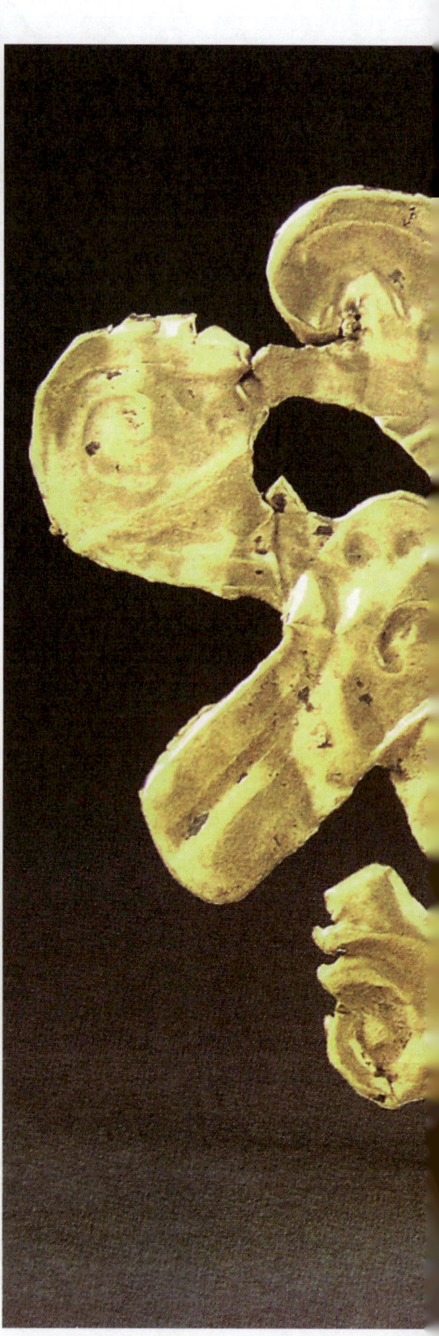

■ 三星堆金箔虎形饰

有些持“三星堆没有兵器”观点的专家还有一个很有力的证据，就是三星堆没有防御性的城墙。一般来说，城墙的主要功能在于防御。这种城墙必须是直而陡的。但三星堆城墙却不是这样，它的城墙内外两面都是斜坡，易攻难守，敌人很容易顺着斜坡冲上来，这种坡度根本起不到防御的作用，如果说是作为防洪河堤，可在至关重要的一侧——鸭子河畔，却没有筑起堤坝。这又是为什么？

美国的建筑学家芒福德在他的《城市发展史》中认为，印加文明的代表——马丘比丘城堡和城墙具有祭祀的功能。那座城堡属于印第安人的祭司，祭司的祭祀仪式，都是在城堡和城墙上进行的。

有专家因此认定，三星堆城墙是一个神圣的宗教场所，古蜀国的大型宗教祭祀活动，都是在宽阔的城墙顶上进行的。而在三星堆旁边的鸭子河其实就是天然的屏障，不建城墙也是很自然的事。

从三星堆出土的众多祭祀品中，可以看出，当时的三星堆，神权凌驾于王权之上。三星堆作为一个神权的宗教集中地，没有出土兵器是理所当然的事情。

当时的三星堆王朝不是没有兵器，兵器都集中在非祭祀区，这已是不争的事实。我们在对三星堆遗址及其周边的遗址群进行考察后发现，在三星堆周边的宝墩、金沙等遗址群中，均有兵器出土，这些与三星堆相连，又被城墙隔开的乡村群落，在当时都归三星堆部族统治，距离三星堆不过百里。这说明三星堆作为一个国家来说是存在军队和兵器的。

三星堆祭祀坑周边没有发现兵器说明，在很长的一段时间内，三星堆的政治局面比较稳定，没有战争，因此人们才将主要精力集中在神权的宗教观念中。也正是因为如此，三星堆频繁的宗教仪式占据了上层阶级大部分的时间，而在民间俗世又疏于防范，从长江中游地区发展壮大的部族——开明王乘虚而入，导致了三星堆古蜀王朝的灭亡。

古蜀文明追踪

三星堆文物的发现令人惊奇，主要是因为它的突然出现和与众不同的造型。三星堆文明的消失同样令人迷惑，因为在三星堆之后，这种奇特造型的文物也好像都消失了。

三星堆博物馆会同有关专家，展开了大规模的探索三星堆消失之谜的考察活动。作为中央电视台的记者，我们有幸参加了考察。

每年的三月，金黄色的油菜花在成都平原竞相开放，空气中弥漫着淡淡的香气，《国家地理杂志》曾用“那是大地最美的时刻，是美的巅峰与极致”的词句来描述这座被油菜花包裹着的城市。

成都平原由于其特殊的地理位置和优越的自然环境，自古以来就是人类居住的理想之所。根据四川地区出土的文物推断，早在四千年前，蜀人就在这里建立了自己的国家，并创造了灿烂的蜀文化。

公元前316年，秦国派大将司马错率军南下，一举灭掉蜀国和巴国，使四川地区统一于中国的版图之内，古蜀历史就此画上句号。

位于四川省广汉市的三星堆遗址，存在于三千多年前一个与中原商代并存的时期，从出土的大量青铜器物来看，不难发现，当时的三星堆文明与中原王朝除了存在着明显差异，又有着某些相似性。翻遍史书，没有任何关于三星堆古蜀国的记载，那些鼻子高挺、凸目的青铜面具表现的是当时的三星堆人吗？他们究竟是何方神圣？他们来也匆匆，去也匆匆。

■ 三星堆博物馆外柱子上的纹饰

■ 孩子们心目中的三星堆

■ 三星堆人消失了吗？

所谓三星堆文明的突然消失，主要是指三星堆这种样式的文化，包括它的文物，自三星堆以后就再也没有成规模的出现。能够称得上成规模的三星堆文化，主要就是它的青铜器。三星堆祭祀坑里青铜器都是三星堆人自己打碎的，从那一刻起，三星堆人不仅抛弃了自己崇尚的神灵，也抛弃了生养他们的土地、城镇、乡村；他们的文明也从此不见踪影。

有人说，他们与青铜器一起结束了自己的生命，但这并不合情理，因为我们在祭祀坑周围并没有发现人的遗骨。

还有人说，三星堆人经受了一场灭顶之灾以后，特别是具有三星堆文化标志的上层遭受了灭绝性的打击，从此作为这种标志性的文化也就消失了。这种推测有一定的道理，但是从他们处理自己神器的情况来看，非常的有条不紊，在祭祀坑里的分类和埋葬也是比较有趣的，说明当时这些高层人士并没有和神器一同遭受毁灭性的打击。

第三种说法就是三星堆人在遭受灾害的时候，叫天天不应，叫地地不灵，他们最崇高的精神寄托也没有为此作出反应。最后三星堆人愤而毁灭了自己信仰的神灵，随同城里其他的人一起逃命去了。

令人费解的是，从世界地图上，可以明显看出，三星堆文明、玛雅文明、古埃及文明同处在北纬30度回归线附近，从三星堆出土的器物上看，三星堆与玛雅、古埃及之间有着惊人的相似，这中间隐藏着什么秘密吗？难道古三星堆先民越过崇山峻岭、漂洋过海到达了千里之外的玛雅吗？

更有甚者认为，三星堆文明根本就不是地球上的文明，他们来自外层空间的某一个星球，他们看中了成都平原这块风水宝地，但是他们同样也存在着某种不适应，以至于最后，他们不得不抛弃了与地球有关的一切器物，登上了来接他们的飞船，离开了地球。

在世人的眼中，三星堆消失之谜有无数种解释；但是在考古工作者那里，却只有一种解释或一种结果是真实的、是科学的。通过这几年的艰苦发掘研究，他们认为，尽管三星堆在当时确实发生了意想不到的灾难，但是三星堆的文明并没有消失。专家们非常明确地告诉我们，三星堆文明不仅有来头，也有去向。这种文明形式自三星堆之后，一直又延续了上千年，并在它的周边形成了很大影响。直到东汉时期，作为三星堆的后裔，才在中原强势文化和军事的不断挤压下，逐渐走向消亡。

我们这次考察，就是要理清这样一条迁徙的路线。

这里有三个问题需要解决：

第一，是集体大迁徙？还是分散、零星的移动？

第二，到底是什么原因导致了三星堆后裔非要背井离乡？

第三，他们究竟是沿着一条什么样的路线迁徙？

其实早在殷周，南丝绸之路已经凿通，杜宇王沿南丝绸之路从现在的云南昭通北上入蜀，立为蜀王。据有关史料记载，秦灭蜀后，开明氏后代安阳（开明）王率部分蜀人沿南方丝绸之路的西线，进入交趾国，也就是现在的越南，并在那称雄数代，长达百余年之久。

南方丝绸之路的起点是以“三星堆”为代表的巴蜀文化区中心——成都平原，共有三条主线，一条是从四川经云南而通往缅甸、印度、中亚、西亚以至欧洲，一条是从四川经云南而通至越南、中南半岛，另一条是从四川经贵州、广西、广东以达南海。

为了揭开三星堆人的消失之谜，我们科考队沿着历史上著名的“蜀身毒道”，即南丝绸之路西线，从成都平原出发，顺道南下，经邛崃、雅安等地直至缅甸边境。

■ 秦汉驿道——最早的高速路

■ 最早的高速公路

平乐古镇位于四川邛崃西南，古称“平落”，迄今已有两千多年的历史。平乐古镇就是古代川南蜀道、南方丝绸之路的第一驿站。我们之所以选择它为起点，是因为这里有一条自秦汉以来，通往南方的古道。

汉朝时，从四川到云南，人们所熟知的道路只有两条，张骞到达西域以后，也就是今天的阿富汗地区，发现当地的很多人都在使用一种竹子做的手杖，这种手杖很珍贵，一般都是有钱人和有权势的人才有，他们称这种手杖为“邛杖”，这个发音居然和四川某地生产的手杖名称一样。

张骞发现这种手杖的确来自于四川邛崃。他由此推测，四川很可能也有一条通往西域的道路。汉武帝曾经委派他率领三支队伍到四川去寻找、落实这条路，由于山势险峻，结果这三队人马到四川以后，都无果而返。

张骞在给汉武帝的奏文中说，这里的山势险恶，加上途中有许多野蛮部落的阻挠，稍微大一点的队伍根本不可能通过。张骞所说的“野蛮”部落其实就是当地的土著。他们的文化其实和三星堆非常相近。张骞不知道是因为在南方水土不服，还是他的三支队伍真的遭到了当地土著人的阻挠。从张骞的性格来看，这并不符合他的一贯宗旨。从长安到西域的那条道路，同样很艰难，路上同样会遇到许多部族的阻挠，但是都被张骞克服了。怎么到了四川，却行不通了呢?

很可能是他的身体已经不适合长途跋涉，加上南方的气候湿热多瘴，从北方去的人，非常不适应，结果根本没有认真地去寻找，就匆匆而归。这也许是张骞最后的一次长途探险，而这次探险是以失败告终。其实这条道路早在秦朝时期就已经凿通了。从四川成都出发，经缅甸到达当时名为“身毒”的古印度，又被称为“蜀身毒道”，比河西走廊的“丝绸之路”要早二百多年。

我们来到这条“秦之道”，周围大片的竹林，将这条古道包裹得严严实实。最让人感到奇怪的是，我们每走五十米就能看到一个高一米左右的小石房子，仔细一看就会发现这个小石房子里供奉着土地公婆。走了短短的五百米，就发现了五个土地公婆的“办公所在地”，没想到古代也有如此冗员膨胀、人浮于事的时候。土地爷相当于现在的村干部，属于最基层的领导。基层领导都冗员臃肿，高层就更不可想象了。经了解，这些土地神龛大部分都建于清朝，还有一种说法就是由于这条路属于交通要道，来往的车马繁多，因此要多设几个收费处，这是个肥缺啊！和现在的高速公路收费处有着同样效果。

“秦之道”从现存的遗迹上，可以清晰地看到汉、唐、宋，直至明清时期的修缮情况，也就是说，这条道路在古时已经被作为官道在使用，并且有专人对它进行维护。

至今保存下来的古道长度大概为二三公里，古道的中间用大型鹅卵石修成一条笔直的中心线，两旁用小鹅卵石铺成，并筑有半人高的墙垣。让人惊奇的是，这一秦汉时期修筑的古道竟然具有现代化交通的许多特征。驿道每隔一段距离都设计有宽敞的交汇处，供人们在这里休息、饮食和避让，这样的设计和现代高速公路的错车道和停靠点有异曲同工之妙。此外，在许多拐弯处都设计有入口、出口，其作用相当于现代高速公路的引道，因此也被誉为现代高速公路的雏形。如此完美的交通设计，这在我国现存的古代驿道中是从来没有发现过的，证明早在2300年前，中国对外贸易就已达到了相当发达的水平。

令人不解的是，这段现存的古道全部都是用鹅卵石铺成，但是在考察中，科考队发现，古道所处的整个骑龙山脉并不产鹅卵石，如此大量的鹅卵石，竟然都是来自于一公里以外的白沫江。古代先民为何要耗费如此大的人力，从一公里之外的地方挑取鹅卵石铺路呢?

古代的驿道，一般都是沿水而建，而这段秦汉驿道，却是沿山脊修筑。同行的专家告诉记者，这条古道是驮运重要物资的商道，只有在山脊上行走，才能站得高、看得远，才不会中伏击。此外，在山脊上修路，还可以减少过河建桥的成本。

■ 秦汉驿道——最早的高速路

■ 秦汉驿道边的土地公婆

■ 秦汉驿道

减少成本的说法似乎不太合理，难道从一公里之外的河谷挑取鹅卵石所花费的成本要比过河建桥低廉吗？而且作为一条商道，最重要的一点就是要保证地面的平稳性，用鹅卵石铺路，地面高低不平，他们又是如何解决地面不平整的问题呢？

秦朝是一个强权政治的时代，统治者动用大量人力建造宫殿、陵墓。对于不服从命令的百姓不是施以酷刑，就是全家罚没，以充苦役。也许廉价劳动力的使用，是官府不惜从一公里以外的地方挑取鹅卵石修路的主要原因吧，而且用鹅卵石铺路比较坚固，不用花太多时间和金钱维护。

从这段道路的设计来看，建设者考虑得十分周到，不可能忽略掉如何解决道路平整性的问题，最有可能的是他们在铺完鹅卵石后，应该还用了石灰之类的将道路抹平，只不过由于时间久远，这层平面已经被磨光了。

秦汉驿道，因商而建，因商而盛，也因商而得以流传。除了商贸以外，这条古道在漫长的历史岁月里也屡屡被用于军事。据说，三国时期诸葛亮几次南征，经过的就是这条驿道。

如今的古道，经过两千多年岁月的洗礼，早已不复当年那种繁华的景象，除了上山砍伐竹子的当地人偶尔经过，已经没有人从这里走过了，山上的竹子就是在古代享誉中外的邛竹。由于这条路在当时是最好的一条路，当年蜀国，也就是三星堆最后一任开明王的后人，率领他的部族和军队就是通过这条路向南迁徙的。

■ 带翅膀的神兽

四川的芦山县，位于四川西部的雅安地区，史载“青衣羌国”。关于青衣羌的来历，有专家进行过考证。据说在春秋时期，一支羌族的游牧民族因

■ 东汉樊敏墓石碑

战争纷乱顺河谷迁徙，翻越夹金山进入青衣江上游，发现这个地方气候润湿，土地肥沃，于是就沿青衣江河谷分布居住，形成了一个部落邦国，即古代的青衣羌国。由于青衣羌国日益强盛，逐渐威胁到与它接壤的蜀国安危。

经考证，当时的古蜀国正好是三星堆文明强盛的时期，古蜀王国打败了青衣羌国，并把它纳为附属国。

青衣羌这个地方是与藏、羌、苗等少数民族相邻的边陲地区，是古蜀国的西部屏障，地理位置十分重要，所以不管是古蜀国，还是后来的汉王朝，都把这作为军事要塞严加把守，并派专人进行管理。

距离四川芦山县城3公里的地方，有一座汉代的墓葬，墓葬的主人是曾任巴郡太守的樊敏。

据有关史料记载，樊敏是伏羲氏的后代，其家族早在秦代就已从中原定居至此，是土生土长的青衣国人。早年时，樊敏在青衣羌国任国丞十年，深受民众的爱戴，也算是雄霸一方的霸主。樊敏69岁时，凉州军阀马相想入蜀称霸，樊敏调动当地的青衣羌军帮助当时蜀地的统治者刘焉攻打马相。事情平定之后，刘焉将樊敏的事迹禀告了汉王朝，汉王朝封他为巴郡太守。巴郡太守所辖面积非常大，包括了四川和云南大部分地区。

由于樊敏具有羌族和汉族双重身份，因此他的墓也融合了各民族的风格。樊敏墓前有一座保存相对完整的石阙，石阙是中原文化的代表，一般只有皇室、达官贵人的墓前才有，是身份的象征。这座完整的石阙，分母阙和子阙两部分，由条石和板石堆砌而成。

因为樊敏曾任永昌郡（也就是古代的哀牢夷地

■ 四川芦山沿途风光

■ 樊敏墓有翼神兽

■ 樊敏墓石阙

区，今天的云南保山）长史，所以在他墓碑的主阙檐下正面雕有取材自云南古哀牢夷族的“龙生十子”神话故事图像，石棺两面分别刻有“西王母”、“玉兔”等神话题材图像。

特别引人注目的是，在樊敏墓旁立有七尊汉代石兽。其中三尊是在樊敏墓前发现的，其他四尊是从芦山其他地方运过来的。汉代石兽是我国现存不多的石刻精品，具有很高的历史、艺术和学术价值。据有关资料统计，目前我国流散国外的汉代石兽有十一尊，国内仅存的只有十八尊，而在芦山地区就能看见七尊汉代石兽。

这七尊石兽，有一人多高，造型各异，有的像老虎、有的像狮子，不管是神态、还是动作都刻画得十分形象生动，而且每尊石兽雕刻工艺都特别精细到位，体现出了汉代工匠们高超的雕刻技术。虽然历经千年的风雨剥蚀，石兽身上也已长满青苔，但丝毫没有掩盖它们威严凶猛的气势。经考证，这些石兽的原始范本就是老虎。当时在巴蜀地区，除了有成群的野象之外，也是老虎出没的地方。

蜀国典型的图腾就是老虎。对虎的崇拜，不管是中原，还是蜀地，早就已经存在。《山海经》中记载，西王母就是一只人面的白色神虎。蜀国最后一代王朝开明氏的图腾也是老虎。

在古人的心目中，老虎既可怕，又可敬。古人之所以崇敬老虎，因为它是山神，执掌当地生灵的生杀大权。因此以它为形象的符号或图案，也是可以避邪的。

在一些古代典籍中，就有关于虎作为瑞兽的记载：“画虎于门，鬼不敢入”，“虎者，阳物，百兽之长也。能执抟挫锐，噬食鬼魅。今人卒得恶遇，烧虎皮饮之。击其爪，亦能辟恶”。所以，汉代很多达官贵人的墓葬前都有虎形石刻，用来避邪，以保佑墓主人在死后不被恶鬼吞噬。

以樊敏的身份和地位，在墓前立几尊虎形石兽本不足为奇。但奇怪的是，这些用于镇墓的虎形石兽身上居然长有一对展开的翅膀，这在我国中原地区很少见，而这种造型风格的神兽与西方的雕塑却非常相像。说到石雕，

樊敏墓带翼神兽

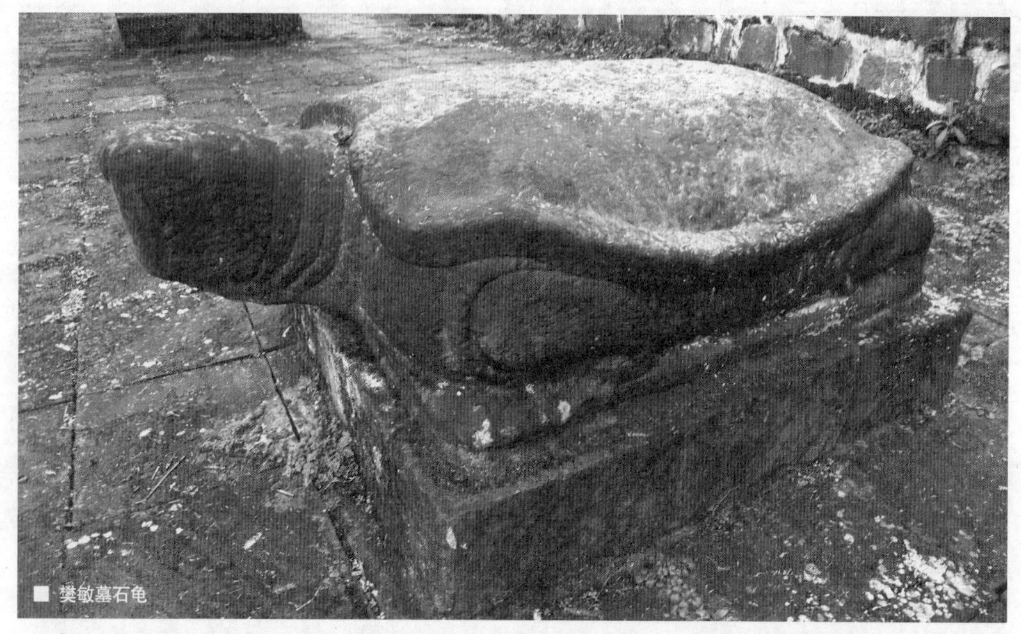
■ 樊敏墓石龟

很容易让人想到埃及的狮身人面像，这种凶猛的石雕像也是用来把守法老的墓穴——金字塔的。在古希腊和古罗马以及更古老的巴比伦，都有许多巨型的猛兽石雕。这些石雕几乎都长着一对翅膀。樊敏墓前石兽身上所刻的翅膀，从雕刻的技法和造型来说，与欧洲的石雕像几乎一样。老虎本来就已经是天下无敌了，再加上一对翅膀，可以在天空自由地飞翔，正所谓如虎添翼，威猛无比。

值得一提的是，在距离芦山县城不到一公里的地方，还保存着一具用红砂岩石凿就而成的汉代石棺。据估算，石棺的制造费用相当于木棺的几十倍，这是有钱人才能享受的待遇。石棺的主人曾是任汉嘉郡上计史的王晖，主要管理郡国钱米、户口、人丁、文牍等事项，相当于现在统计厅厅长一职。

王晖石棺的棺盖和四周都刻有代表一定含义的画像，这种刻有图像的画像石在东汉最为流行，而且内容丰富，涉及当时的政治经济、思想信仰、科学技术、社会生活等领域。

汉朝时，人们相信灵魂不灭，要求“事死如事生”。为了在阴间生活安逸，厚葬之风兴起，一些仿效阳宅建筑的石室墓、砖石混筑墓大量出现，而具有特定丧葬功能的画像石、画像砖也盛行起来。

石棺的四周分别刻有青龙、白虎、玄武、朱雀的图像，这是被郭沫若誉为中国最早、最具有艺术气质的四神兽石刻。石棺周围的青龙和白虎造型与樊敏墓前带翅虎形石兽一致，都带有翅膀。令人困惑的是，棺身刻画的青龙、白虎、玄武画像都清晰可辨，而代表朱雀方位的南方却独辟蹊径，刻画的并不是朱雀的形象，而是一位仙女掩门而立的样子。

按照汉代人们的思想观念，“青龙、白虎、玄武、朱雀”是四方之神，把它们雕刻在墓的四周，主要用来守护墓主人灵魂的。其他三方都有相对应的守护神，为何独独不见朱雀的踪影呢？这位掩门而立的仙女是朱雀的演化吗？如果不是，那她又是谁呢？

有专家认为，墓上刻的仙女像是王晖的妻子，掩门而立表示她正在迎接逝世后的王晖升天与她团聚。

王晖石棺的棺盖上刻有“饕餮衔环”。饕餮是古代传说中的神兽，凶狠残暴，最大的特点就是贪吃，只要是靠近它的动物，没有一个能逃脱被吞噬的命运。可正是由于它的凶残，因此从早期的周朝开始，人们就把饕餮图纹刻在器皿上，认为这样就可以借助饕餮强大的力量，不被其他猛兽所吞噬。

将饕餮的图像刻在棺盖上，用来代表一方之神守护墓主人，但为何放弃朱雀的守护呢？

有专家认为，汉代的四方守护观念浓厚，连棺盖都要刻上饕餮来守护，不可能独缺朱雀。郭沫若在《题王晖棺右侧白虎图拓片》一诗中，用“魂随朱雀已高飞，未与龙蛇同一窟”的佳句，解释了为何石棺头部没有“朱雀”图案的疑问。当然，这只是诗人浪漫气质的表现，并不能说明真实史实，但至少可以给我们启示，也许当时朱雀就是以这种美妇掩门的形式存在于石棺上。

■ 王晖石棺上的饕餮

王晖石棺上的青龙

■ “农耕狩猎图”摹本

古人造墓，总是会留一个“虚位”，也就是供灵魂出入的地方。盗墓者往往利用这个“虚位”入墓行窃，因为这个地方设置的障碍最少。设置“虚位”的做法也许就是从王晖墓上那个女子“柴门半掩”的石雕发展来的。

青龙、白虎、朱雀、玄武都是早期人类文明中的图腾形象。在三星堆出土的文物上，就刻有不少虎和雀的造型。虽然四方神是后来汉文化的典型代表，但是它也含有强烈的巴蜀文化特质。早期中原地区图腾造型比较多的是由猪、羊、鹿、蛇、熊等动物形象和组合起来的龙。

在南方，则是以虎、鸟的图腾造型较多，由此也说明，三星堆文明绝非是一种孤立的、突然出现的文明，它是来有影，去有踪的。

■ 芦山县姜维城

四川芦山地区，曾是古蜀国的附属国——“青衣羌国”的统治区域。后来汉朝在这里设立郡县，归属于汉王朝管辖。

青衣羌是古羌人的一支，起源于青海河湟地区，渭水上游草原一带的游牧民族，后来一部分迁移至四川青衣江附近。王晖墓前有一幅农耕狩猎图，有人举弓射雁，有人荷锄下田，有人撒网捕鱼，真实地再现了青衣羌人从游牧民族向农耕民族演变的过程。

我们从王晖墓返回县城——芦山县。城内有一座姜维城，姜维是三国时期的一位蜀汉大将军，羌族人。他曾随诸葛亮南征北战多年，备受诸葛亮赏识，诸葛亮死后，他为了完成诸葛亮统一天下的心愿，继续为蜀汉西征北

■ 芦山青衣羌表演

■ 芦山青衣羌表演

伐，传说姜维城是他驻兵在芦山时的元帅府邸。姜维共为蜀汉征战了35年，由于战功显赫，深受士兵百姓的爱戴。据说，当地“庆坛”酬神的傩戏，就是为了纪念姜维而形成的。

青衣羌的这种“庆坛”仪式，和中原地区的“跳端公”有点类似，是一种古老的祭祀仪式。青衣羌的傩戏保留了最原生态的脸谱形式。

三星堆出土青铜器最多的就是面具，傩戏的脸谱可以视为是从这些面具演变来的。

■ 芦山出土跪坐石俑

专家认为，中国的脸谱艺术，最早起源于原始的宗教信仰，巫师戴着刻有图腾的面具将自己装扮成神，巫师一旦戴上面具，普通人就变成了“神”。面具在这里起到了人向神的转化作用，是行巫术时必不可少的道具。

傩戏表演一直和巫师的请神祭祀有关，为了让科考队对青衣羌的“庆坛”仪式有更为详细的了解，当地文物部门特地组织了一场表演。青衣羌的“庆坛”分为“五谷坛”、“子孙坛”等几类，老人们为科考队表演了“五谷坛”。完整的“庆坛”演出程序有九个步骤，分别是“开坛”、“放兵”、“出土地”、“请神”、“出倮倮”、“童子请仙娘”、“出二郎”、“踩九州”、“收兵札坛”。演员穿着色彩艳丽的服装，戴着面具，又唱又敲又打，好不热闹。他们的表演让我们仿佛看到了古老的三星堆祭祀仪式。

傩戏的脸谱和现在的京剧脸谱不一样，它的造型夸大，而且戴上它使表演者的头和脸都显得非常大，有点像秧歌戏里小孩戴的大头娃娃面具。

表演傩戏的是几个上了岁数的老人，一位82岁的老人是目前芦山地区唯一的一位坛师。据了解，目前在整个芦山地区，会唱傩戏的人少之又少，而且大部分傩戏爱好者都是上了年纪的老人，青衣羌傩戏面临着后继无人的危险。看来如何继承这种非物质文化遗产，是当地政府部门亟须考虑的问题。

位于姜维城内的芦山县博物馆，收藏了许多鲜为人知的文物，尤其以一尊西汉时期的青铜人像最为引人注目，一位赤身裸体的男子跪坐在四条带翅的青铜蛇身上。青铜人为何跪坐在蛇的身上？青铜人为何全身赤裸呢？难道正在接受某种刑罚吗？

在三星堆也同样出土了带翼的青铜蛇，身上饰菱形纹和鳞甲，头顶和背部有镂空的刀状羽翅，可能是表意其飞行功能。从蛇颈下和腹部的环钮看，估计是挂在某种物体上作为神物膜拜的。而且许多器物上都雕有蛇纹图案，蛇对当时的三星堆来说，意味着什么？

专家认为，古蜀国的“蜀”，意思其实是民间的一句俗语：“出门见大虫。”而他们所说的大虫就是蛇。以出门见大虫为含义的“蜀”字，反映了蜀国境内的蛇很多。于是人们从与蛇作斗争，到后来与蛇为友，甚至将蛇作为图腾来崇拜。

如果说蛇崇拜的观念来自于三星堆地区，那么青铜跪人的造型与三星堆出土的青铜小跪人是否也存在某种联系呢？

芦山出土的跪坐青铜人像，赤身裸体，整个造型更接近于西藏密宗的修炼形象。据史料记载，西藏密宗是唐朝时从印度传入的。据考证，南丝绸之路的凿通最早应该是在秦代，那么也就是说，四川地区与印度、缅甸之间的商贸交流早在秦代就已经开始。四川芦山地处南丝绸之路沿线，东西方文化在这里互汇交流，于是一些融合了东西方文化的产物应运而生。

从樊敏墓前的带翅虎形石兽，王晖石棺上带翅的青龙、白虎图像，到馆藏的青铜人像底座上带翅的青铜蛇，与三星堆出土的带翼青铜蛇，在造型上可以说是一脉相承。古人相信死后能升天的说法，有翼神兽恰好是最理想的

■ 芦山出土青铜小跪人

■ 芦山出土青铜缶和石虎

升天工具，他们期望通过带翅膀的神兽，将自己的灵魂带入天堂。

中国远古人民的带翼神兽崇拜观念，竟然与远在西亚的埃及、希腊等地的神兽崇拜观有着惊人的相似。最早的带翼神兽出现在古埃及，年代大约在公元前3400年至公元前3300年之间，比三星堆出土的带翼神兽时间早了1000多年，难道说三星堆的先民真的是来自于遥远的西方吗？还是东西方之间的文化交流，存在着一条比南丝绸之路更为久远的途径吗？

■ 古羌山寨

宝兴县的硗迹藏乡，位于青衣江上游，目前生活在那里的人都属藏族。据史料记载，藏族也是古羌族的一支，这是一个古老的民族。古羌族的迁徙和气候变化有着紧密的联系，公元前3000年到公元前1000年之间，生活在岷山的古羌族先民们一支西进，另一支东征。同时，也有一部分人随畜逐水草而居，逆流而上，到达青藏高原；一部分古羌人沿青衣江繁衍生息，也就是说，现在生活在硗迹藏乡的藏民都是古羌族的后裔。那些生活在大山深处的人们还能保留着原始的生活方式吗？科考队决定去看看。

青衣江古称“若水”，又称“平羌江”，李白在《峨嵋山月歌》里对青衣江有过这样的描述：“影入平羌江水流”。青衣江全长约290公里，起源于四川省宝兴县的夹金山。夹金山又叫“甲金山”，当地人称为“甲几”。山脚有一座为了纪念红军长征翻越夹金山而建的红军公园，当年中国工农红军一方面军与四方面军曾在这里胜利会师，这是红军翻越的第一座大雪山，具有极高的历史底蕴和人文内涵。

沿着夹金山的盘山公路，顺着青衣江逆流而上，一路上都能领略到雄伟壮观的景色。虽然时值隆冬季节，但在这里依然能看到大片的绿色植被，金黄色的树叶、浅黄色小花偶尔夹杂其中，让满眼的绿色显得不再那么单调，充满了生机。陡峭的崖壁，仿佛经过人工雕琢一般，层次分明，线条流畅。被夹金山包裹的海子就像一颗颗硕大的绿宝石，镶嵌在奇峰峻岭之间，云雾环绕的山峰，若隐若现，让人流连忘返。

正当大家沉浸在美景中的时候，远处传来了机器的轰鸣声，仔细一看，是几辆大型推土机正在江边作业，巨大的载重卡车从身旁驶过，扬起满天的烟尘。原来这里正在修建水电站，随着宝兴河梯级电站的配套建设，西部开发的洪流也冲击到了这里。修建水电站固然是好事，但随着水电站的建成，这片掩映在青山绿水间的世外桃源也会随之消失。如何平衡经济发展和环境保护两者之间的关系，是我们现在迫切需要解决的问题。

科考队到达硗迹藏乡，已经是晚上7点了。藏乡的海拔在2080米左右，气

■ 硗迹藏乡

■ 藏乡沿途

候寒冷，晚上的温度大概在零度以下，藏乡招待所的住宿条件还不错，全木质结构的房间，有点类似于度假村的感觉，电热水器、电热毯一应俱全。

晚餐过后，藏族老乡们在院子中间点燃了篝火，熊熊燃烧的火焰为我们带来不少温暖。聚集在篝火旁的藏族老乡开始唱歌了，歌声响彻了整个山谷。随着歌声，他们跳起了节奏感极强的如同“恰恰”的舞蹈，想不到古老的藏族舞步也能踏出现代舞曲的节拍。我们不得不佩服现代文明的传播能力。

羌族古声部又称羌族多声部，是我国民族音乐史上最古老的一种唱腔，至今已有数千年的历史，是中华民族的宝贵文化遗产。在2004年首届“CCTV西部民歌电视大赛”上，来自四川阿坝羌族藏族自治州代表队的6位老人，以激昂悲怆的羌族古声部演唱打动了在场所有人的心。山里的生活是艰苦的，但是生活的艰辛并没有让这里的人们失去对生活的热爱，失去对本民族文化的传承。羌族的老人们用歌声记录着这个古老民族的辉煌历史和文化，用坚

忍和执著继承和发展了中国民族民间音乐中历史最为悠久的华章。

羌族古声部唱法，是一种原汁原味的原生态唱腔。歌唱时，先由一人起调，随之有人和音、补音，少则几十人，多则成百上千人，气势恢弘。古歌主旋律不变，随着人的情绪高低，补音与和音的旋律此起彼伏，是一种酣畅淋漓的即兴之作。羌族的古声部有放牛歌、山歌、酒歌、喜庆歌和迎接远客歌等几百种，一句歌词多由四或七个音节组成，类似于汉文中的四言诗与七言诗。

在熊熊的篝火旁，伴着悠扬又有一些悲凉的古老民歌，品尝着香味四溢的烤全羊，当地的文物工作者告诉我们这里很多藏民早先来自川藏一带的平原。经考证，当年开明王率部众一路南下，也曾在这些山寨驻扎过。但是这里的生存条件和资源无法承载过多的人马消耗，所以这一地区仅仅是大部队歇脚的地方，没有办法在这里建立新的政权和王国；而留下的一些老弱伤员，就成了最早的山寨原住民。

■“跳锅桩”篝火晚会

■ 藏乡沿途

■ 难解的“巴蜀印章”

荥经位于四川盆地西部边缘，在雅安地区中部，108国道横贯全县。是古代南丝绸之路上的重要驿站之一。

荥经县古为氐羌地，是羌彝等民族共居之处，春秋战国时期属于蜀国，公元前316年秦灭蜀国，公元前223年秦始皇嬴政灭楚，楚王严道在此设县，故称严道县。

进入荥经的路上，随行的司机何师傅告诉我们，荥经特产是天麻。

天麻为我国名贵中药，是治疗头晕目眩的特效药。荥经天麻质量好，疗效奇特，是四川天麻生产基地之一。四川天麻为什么这样出名，这里还有个传说故事。

在很古的时候，四川大宁河的深处有一个村子，住着几十户人家，过着安居乐业的生活。有一年，村子里突然流行起一种奇怪的疾病。这种病一旦

■ 荥经严道古城城墙

缠身，头痛得像裂开来，严重时就会四肢抽搐，半身瘫痪。村里的乡亲到处求医吃药，但都不见效果。

村里有个小伙子名叫天生，他平时弄点草药给乡亲们治治头痛脑热。他见乡亲们被病疫折磨而自己又束手无策，心中十分难受，就决心出门访求名医，寻找治疗这种病的药物和方法。

天生听说滴翠峡有一个神医能治疗这种病，于是带了干粮，日夜兼程，向滴翠峡进发。滴翠峡是山中一个大峡谷，四周崇山峻岭环绕，人迹稀少，到哪里去寻找神医呢？天生并不灰心，走遍每一道山坡，终于在一片树林中遇到一位砍柴的老汉。天生向老人打听神医住在什么地方，老汉打量了天生一下，说神医这几天到铁棺峡去了，让天生到那里去寻找。

天生拜别了老汉，又急急忙忙地向铁棺峡赶去。天生历尽千辛万苦，终于来到了铁棺峡。没想到刚登上山顶，天生就感到头晕目眩，一头栽到地上，四肢抽搐，什么也不知道了。

天生醒来时，发现自己睡在一间茅屋中，头也不痛了，四肢也不再抽搐。他起身打量茅屋里的东西，发现桌子上堆着一些像马铃薯一样的植物块茎。正在这时，屋外走进来一位老人，手中端着一碗药，让天生喝下。天生一看，这位老人正是在滴翠峡遇到的那位打柴老人。他刚想开口说话，老人笑哈哈地拦住他，告诉天生，他生的病和村里百姓的病一样，要靠一种药材医治。药材已准备好，就放在桌子上，让天生病好后带回村子。

老人接着告诉天生，药如果吃不完，就藏在烂树叶里，它就会永远用不

■ 南丝路沿途出土的青铜戈、青铜刀

■ 青铜“成都”矛

■ 南丝路沿途出土的陶罐

完。说罢这些，老人转身就不见了。

天生知道遇到的老人就是神医，他的药材是天赐之物。天生把药材放在口袋里，背在肩上就回村里去了。

回到村里，天生用药材熬了一大锅药汤，让生病的乡亲们喝下，乡亲们的病逐渐好了。天生把剩下的药藏在背阴处的烂树叶中，从此，这药材就一年年地繁殖下来。为了纪念神医送的药材，乡亲们说这是天赐之物，又专治头晕目眩、半身麻痹瘫痪，就把这种药材叫做“天麻”了。

■ 荥经出土的石斧

科考队来到了荥经县博物馆，据当地的黄馆长介绍，荥经境内出土了大批珍贵文物，上起新石器时代晚期，下至明清时代，尤以春秋、战国、秦汉时期的文物种类众多。其中最具特色的就是一件带有“成都”铭文的青铜矛。矛本是在战争中用来作战刺杀的青铜兵器，但这件矛却因“成都”二字而不同于其他。这件战国时期的青铜“成都”矛，把成都历史提前200多年，所以成为荥经博物馆的镇馆之宝。

最有意思的是，在荥经地区发现60余枚“巴蜀印章”，数量超过全省总数的一半。

在荥经博物馆，科考队见到了这些神秘的小印章。它们均寸许大小，以铜质制成，多数为圆形，少数是方形、矩形、半圆形、椭圆形、月牙形或山形。

整个印大约几克重，印背有用于穿线的钮，其小巧的形状非常便于携带。而印面有别于其他的印章，没有常见的文字，仅以阳文手法刻着神秘图案和符号。在

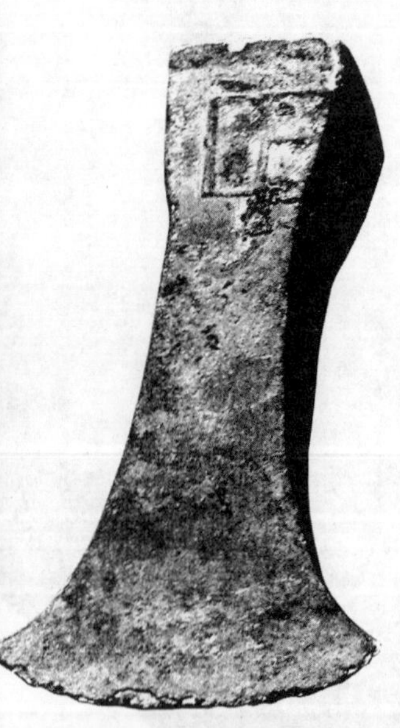
■ 荥经出土的青铜斧

■ 青铜“成都”矛

■ 陶豆

三星堆遗址中，就曾发现了一些类似文字的神秘符号，“南方丝绸之路”沿途也发现过这样的符号。由于这些图形至今无法解读，且区别于中原地区文字，因而被称为“巴蜀图语”。有人推测可能属于四川远古时代遗留下来的象形文字，但无人可以解读。

典型的巴蜀图语是虎纹、手形纹和花蒂纹等，由于其形状非常像装饰性的符号，所以一开始并没有把它看作文字。也有专家认为“巴蜀印章”是有象征意义的族徽或者宗教符号。

在三星堆遗址发现的不少手形纹、心形纹等图案符号，同样也无法解读，也被称为“巴蜀图语”。从图案组合方式、象征意义上来说，“巴蜀印章”与三星堆青铜器上的“巴蜀图语”之间应该是有联系的。

一些学者认为，秦国灭蜀之前，蜀国曾经退守至严道，“巴蜀印章”具有军事用途，而“巴蜀图语”的意义可能与军事有关。

还有一种说法就是“巴蜀印章”可能是一种边关使用凭证。“巴蜀图章”上如此奇妙的图形，或许是当时通关时的一种特殊暗号。或许图章上还有暗号，通关或传递机密文件时，只有图章上的图案配套对应才能通关。

从三星堆遗址沿“南丝绸之路”行来，之前在邛崃、雅安、芦山都有巴蜀印章的发现。这样说来我们是否可以认为，“巴蜀印章”或许有着如同今天的“印章”一样的作用。

在过去繁华的“南丝路”上，类似于海关的关口都备有这种印章，所有贸易流通的货物，出关入关包括“安检”都需盖有封印章才算“合法”。

严道古城地处“南方丝绸之路”要道。而荥经出土的印章如此之多，可以说明它曾是“南方丝绸之路”上的边贸重镇。这样说来，“巴蜀印章”是一种通关凭证也不无道理。

■ 千年一吻

中国进入封建社会以后，礼教制度越来越严格，男女之间表达爱意的方式也变得非常内敛含蓄。“男女授受不亲”成为必须遵守的准则。中国历史上不乏浪漫的爱情故事，但是我们却很少看到有关相拥接吻的文字，好像中国人是到了改革开放以后才学会接吻。

在荥经博物馆，有一块石棺浮雕，却刻着一对男女接吻的图案，让我们大为惊叹。这块浮雕大约琢于汉代，距今已有两千年。在那个时代，人们已把浪漫雕刻在了石棺之上。这说明中国人不仅懂得接吻，而且深谙此道。自那以后却再难见到这样浪漫的图案，因此这块浮雕被后人冠以“千年一吻”的美名。把一个浪漫的画面雕刻在石棺之上，意义非同寻常。就是在所谓开放的西方，也很少有把接吻的“镜头”镶在棺木之上。因此，两千年以前的这幅图画，浪漫之余又平添了许多悲壮的色彩。

浮雕上，左边是一男一女接吻的图案，中间接着的画面是朱雀半开门，右边是一位抚琴的男子，整幅浮雕很具意境。

这样接吻的造型，在以前的石棺雕刻上是没有发现过的。就是之前在

■ 荥经石棺拓本

■ 荥经石棺上的“千年一吻”

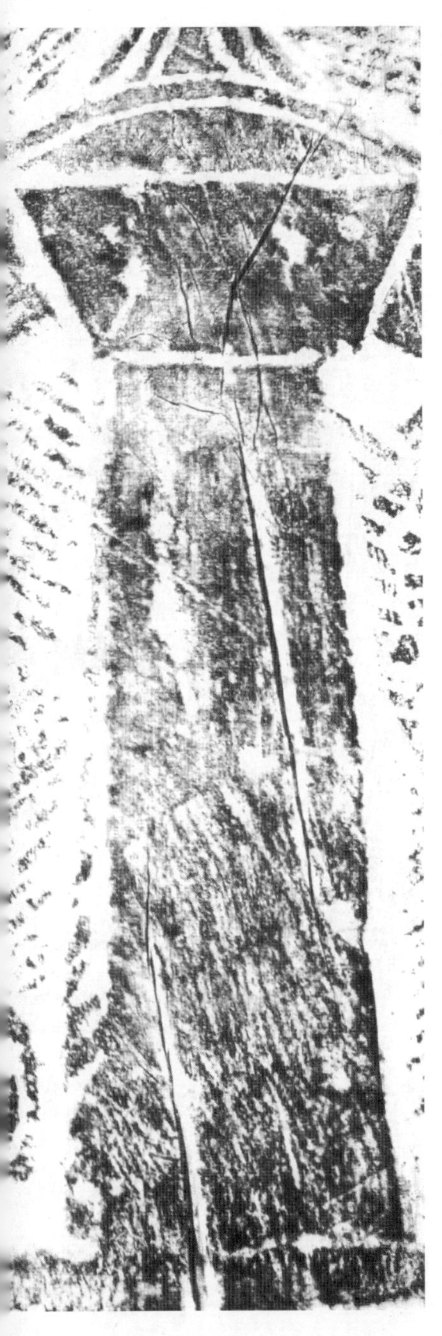

芦山王晖石棺上的雕刻，也只是代表天象的四大神兽：青龙、白虎、玄武、朱雀。荥经石棺上的接吻石刻确实很罕见，而且至今看来都是很令人费解的。因为刻在棺椁上的东西并不是任人参观的，所以墓主人应该是想要把一段浪漫美丽的爱情故事，带到天国去。

在古代封建社会，这种造型应该算得上是很前卫了，这一吻又代表着什么呢?

我们可以想象，石棺在南方也被视为通往阴间的船。敢于刻这样前卫的造型，说明墓主人是一位有权势的文人，或许还是一位风流才子，而这个吻对他而言可能是非常珍贵的，应该是他一生中最难忘的事。所以，死后还要把这段难以忘掉的记忆带到墓里去，跨越时空、跨越阴阳两界的“千年一吻”。

当地关于浮雕中的人物有一段美丽的传说，认为所雕的人物是司马相如与他的爱妻卓文君。

相传景帝中元六年（前144年），司马相如回到蜀地，恰巧那里的富豪卓王孙，备了宴席请客。县令王吉和司马相如一起参加了宴会，众人被司马相如的堂堂仪表和潇洒的风度所吸引。正当酒酣耳热的时候，王吉请司马相如弹一曲助兴。司马精湛的琴艺，博得众人的好感，更使那隔帘听曲的卓文君倾倒。卓文君是富豪卓王孙的女儿，因丈夫刚死，才回到娘家守寡。她听到司马相如的琴声，如痴如醉，又见他的相貌堂堂，有了好感。此后，他们两人经常来往，便产生了爱慕之情。一天夜里，卓文君没有告诉父亲，就私自去找司马相如。他们一起回到成都，结了婚。这就是有名的“文君夜奔”的故事。

如此看来，司马相如和卓文君的爱情故事，还是比较符合“千年一吻”浮雕的典故。而这又到底是不是司马相如的棺？如果有好事之人，去做一些DNA等的考证，能证明这是司马相如的棺的话，那肯定是一个惊天的大发现。传说终归传说，浮雕中的人究竟是谁还有待考察。

在古代，把一种事物雕刻在石头上或是青铜器上，都具有特别强烈的指向和象征意义。这种男欢女爱的图案在人类文明的早期并不鲜见，从古人对生殖的崇拜到对女性的崇拜，以至于后来富有象征意义的各种生殖崇拜造型，按现在的话说，就是非常人性化。只是这些在统治者手中才变了味道。

人们对爱情的赞美是人类文明史上的精华，这一点就是在三星堆文物中也能够感觉到。三星堆青铜器中雕刻的诸多巫师神像，其中有很多就是女性。三星堆是一种神权至上的政治体制，而女性在这里起着举足轻重的作用，她们的好恶常常决定了整个国家的命运。在古代，女性大多是神权的忠实“拥趸”，然而她们往往又是浪漫多情的代表。三星堆文物上大量优美的云纹线条，似乎也在说明着这一点。有专家认为，三星堆文化受到西方文化的影响，在三星堆处于强盛时期，也正是印度王朝的吠陀时期，石刻浮雕艺术

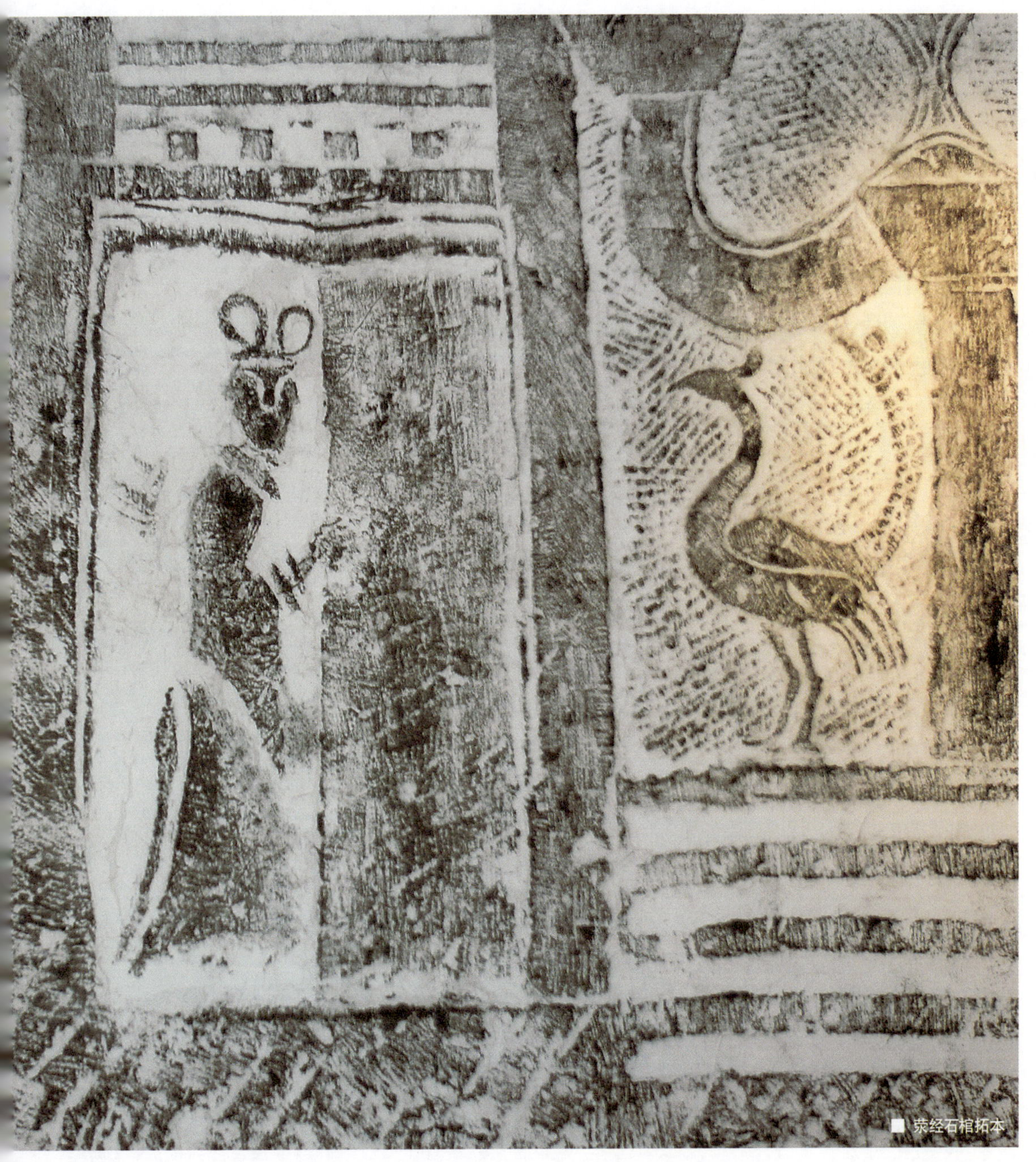

■ 荥经石棺拓本

极其辉煌。这时印度的浮雕大量的表现为男欢女爱，这种浮雕艺术肯定对东方的三星堆及以后的文化产生了影响。

到了汉代，古蜀文明虽然已是强弩之末，但是对周边的影响仍然是不可估量的。专家指出，石棺上的浮雕显然带有某种古印度吠陀时期文化的影子，同时也与三星堆早期大石文化有着许多内在的关联。

还有人说，所谓的“千年一吻”，其实就是朱雀的变体。很多石棺浮雕上的朱雀都与女性有关。三星堆器物雕刻的巫师以女性居多，而代表她们的图腾就是一只鸟。有专家认为这就是最早的“玄鸟”。朱雀本来就是从玄鸟演变来的，因此女性与鸟的关系也就得到了合理的解释。

朱雀的原型毕竟还是一只飞鸟，在中国传统文化中是四象，上古四大神兽之一，古代神话中的南方之神。它是一种红色的类似于鸟的生物，似凤凰，状如锦鸡，五彩羽毛，其身覆火焰，终日不熄。又可说是“凤凰”或“玄鸟”。

古代以鸟为图腾的现象几乎遍及了整个世界。从玛雅人到印第安人再到古蜀的三星堆人，包括中原地区，也有以鸟崇拜为主的部族。

正因为鸟有着人类所不及的本领——飞翔，所以鸟类的这种特征也被神秘化。先民们将鸟视为神灵动物，幻想借鸟的神力来往于天地之间，并与神灵沟通。

我国古代部落奉鸟为神灵、为始祖者甚多，由于各自的社会环境及文化背景不同，各部族所崇拜的鸟类也不同。如东夷少昊族的鹰，商族的燕或凤、枭等。

三星堆遗址出土的众多铜器中，有许多鸟类造型。显然，这是三星堆人对鸟类产生的特殊情结。

关于“朱雀”也有很多的说法。在古代，朱雀、青龙、白虎、玄武是人们最早对天文观测的理解，其中朱雀代表祥瑞。在达官贵人的石棺上，总能看到朱雀的造型，而这个造型也往往可以用女性来代表。

很多石棺上都把朱雀塑造成一个“掩门站立的女子”。有人说是墓主人生前妻子在家里迎接他回来的场景。还有一种说法，这个女子是迎接墓主人上天的仙女。之前在芦山的王晖石棺上也看到过这个浮刻。这个女子半掩门造型，在汉代的石棺上是极为常见的。

结合上面提到的古人对鸟的崇拜，鸟是天上飞翔的祥瑞精灵，朱雀又是迎接死者升天的仙女，这样看来朱雀还真是中国最早的“天使”。

■ 最早的暴发户——邓通

荥经铜矿遗址与我们此次的考察息息相关。很多学界的专家都认为，三星堆大量青铜器的原料就产自荥经。车队沿着逶迤的山路行驶着，越往上路越难走，原本极窄的路变得泥泞颠簸，此时科考队的一位女士感叹说：“如此难走的路，有车都这么难走。真不知道，当时技术落后的人，是怎么把铜矿千里迢迢地运到三星堆的？”

荥经的宝峰山上遍布大大小小的矿洞，直到现在，当地人仍在宝峰山开采铜矿。这就说明了青铜文化与当时的社会发展息息相关，以及当时青铜文化交流之广泛。

考察完铜矿遗址下山时，危险的一幕发生了：我们的越野车深陷泥潭，泥泞不堪的路旁就是悬崖，一不小心车就会滑下去。我们的越野车处于进退两难的境地，后来车队有人想出办法，往轮胎底下扔石头，结果还是无济于事。正在这时，许多在这个地方采矿的工人走了过来，与我们一起合力把陷在泥里的车抬了起来，再一点一点把车移到了坚硬的路面上。

当地人说这条路一直是这样，只要一下雨就会泥泞不堪。我们的车已经算现在最棒的越野车了，尚且遭遇如此险情，数千年前要把荥经的铜矿运到三星堆，当时的人真需要付出难以想象的代价！

荥经铜矿遗址

■ "邓通钱"

说到荥经铜矿，有一个典故不得不提。据《史记》记载邓通铜钱"布天下，其富如此"。史书记载，邓通曾在这里进行过大规模的开发。

曾有人说：男人要想追到女人，需有几个必备条件，其中之一就是"邓通之财"。邓通，是文帝的宠臣，他的发迹源于文帝做的一个梦。一次文帝梦见自己飞升去天界，刚上到一半就一个跟头又栽下去了。这时，一个人用力一托把文帝送上了天，文帝也没看清楚这人的相貌，就记得他衣服上有个破洞。于是就派人四处寻找，最后找到了邓通。

邓通没有任何本事，就是运气好。汉文帝闲来无事，找了一个相面大师给邓通相面，大师只说了四个字："当贫饿死。"汉文帝一听哈哈大笑，说："能让邓通富贵的人就是我这个皇帝啊，怎么能饿死呢？"赶走了相面大师之后，汉文帝决心与命运作对，要扼住命运的咽喉，不仅封邓通为上大夫，还赏赐给邓通金钱，短短时间内就装备出一个亿万富翁，而且甚至送给邓通一座蜀郡的铜山，发给他特许铸币的营业执照。邓通的造币机日夜不停地开动起来，"邓氏钱"流通全国，邓通遂成了富豪排行榜上的首富。

文帝一死，景帝登基，邓通能好吗？先来个巨额财产来源不明，加之邓通造钱时偷工减料，造出的钱易碎。数罪并罚，将邓通关进大狱，后来放出来，流落街头。他是当今皇帝的仇人，无人敢接济，结果就真给活活地饿死了。

"邓通钱"由于易碎，很难保存，所以现存于世的也所剩不多。按照今天的说法来看，"邓通钱"应该算一版"错币"。物以稀为贵，"邓通钱"的价值也就自然高了起来。

■ 兵戈铿锵

随着越野车内的海拔指针逐渐升高，周围的景色也开始发生变化。我们的车队仿佛行进在仙境之中，被云海包围着。远处的山就如同一个个岛屿，飘浮在云海里。最让人感慨的是在海拔如此高的地方，竖立着很多高压电线塔，人类真是厉害，不管在什么样的地方都有现代化的足迹。

路两旁的蜂箱以及养蜂人的帐篷吸引了我们的目光。在车队停下休整的时候，我们几个走向了卖蜂蜜的帐篷。

从树上、岩洞等处采取的称为野蜂蜜，又叫石蜜或岩蜜，质量最好，但产量有限。蜂蜜对人体健康的好处早已为人们认识，《神农本草经》把蜂蜜列为有益于人类的上品，古希腊人认为蜂蜜是“天赐的礼物”，而印度的《吠陀经》则说蜂蜜可益寿延年。

对于我们这些饱受城市污染的人来说，纯天然的东西实在是可望而不可即。所以有这机会大家都不会放过，于是每人买了一瓶。这种蜂蜜不同于兑糖的那种，是彻彻底底的原汁蜜，味道很清香，有人推测是枣花密。

所谓原汁蜜，就是蜂农在野外采集条件下获得的原始蜂蜜。由于受野外条件限制，原汁蜜杂质含量较高（蜂尸、蜡渣、植物杂质等），状态很不稳定，因而对它的争议也很大。有人说，纯蜂蜜天然绿色营养丰富，有的则说纯蜂蜜由于杂质过多，未经提炼有可能会引起中毒。总之是众说纷纭，究竟如何还得我们自己来体验。经过品尝鉴定，由于未出现“不良反应”且蜂蜜本身味道很香甜，所以车上的科考队成员，一致给这天然的蜂蜜打了不错的分数。

买完蜂蜜以后，车队行驶了五分钟后突然停了下来。大家都很紧张，以前只听说蜀道难，这次行程已充分体验，如果堵车就意味着又要夜间赶路。所以随行的李老师和何师傅下车去探明情况。原来是前面有辆车冲出了公路，幸好因为是缓坡人没什么事。这辆车俨然一副飞跃的姿态，从高速路直直的飞出10米左右的距离。车被卡在路边缓坡的一处灌木丛中，再往前10米就是一个90度角的悬崖。

蜀道确实很难走，我们此次考察的沿途路都很险，不仅道路极窄，而且弯道急，路旁都是悬崖峭壁，很难想象古蜀人是怎么在这么艰险的路上迁徙的。

我们下一站的目的地汉源县，属岷江流域的大渡河水系。大渡河自西向东横穿县境南部，全县地处横断山脉，多呈南北纵列。因县境地势南北高，两岸河谷向大渡河对称倾斜，大渡河在县内的大小支流，注入干流。

在两千多年以前，开明王在秦王朝强大的军事和文化势力挤压下，退出了赖以生存的宝地——成都平原。一路南迁，到达汉源的时候停了下来。按照当时汉源的经济条件和自然条件来看，这里可以成为他们的一个长期落脚的地方。尽管周边的部族，时不时地会侵扰他们，但是拥有三万之众的开明

■ 泥巴山

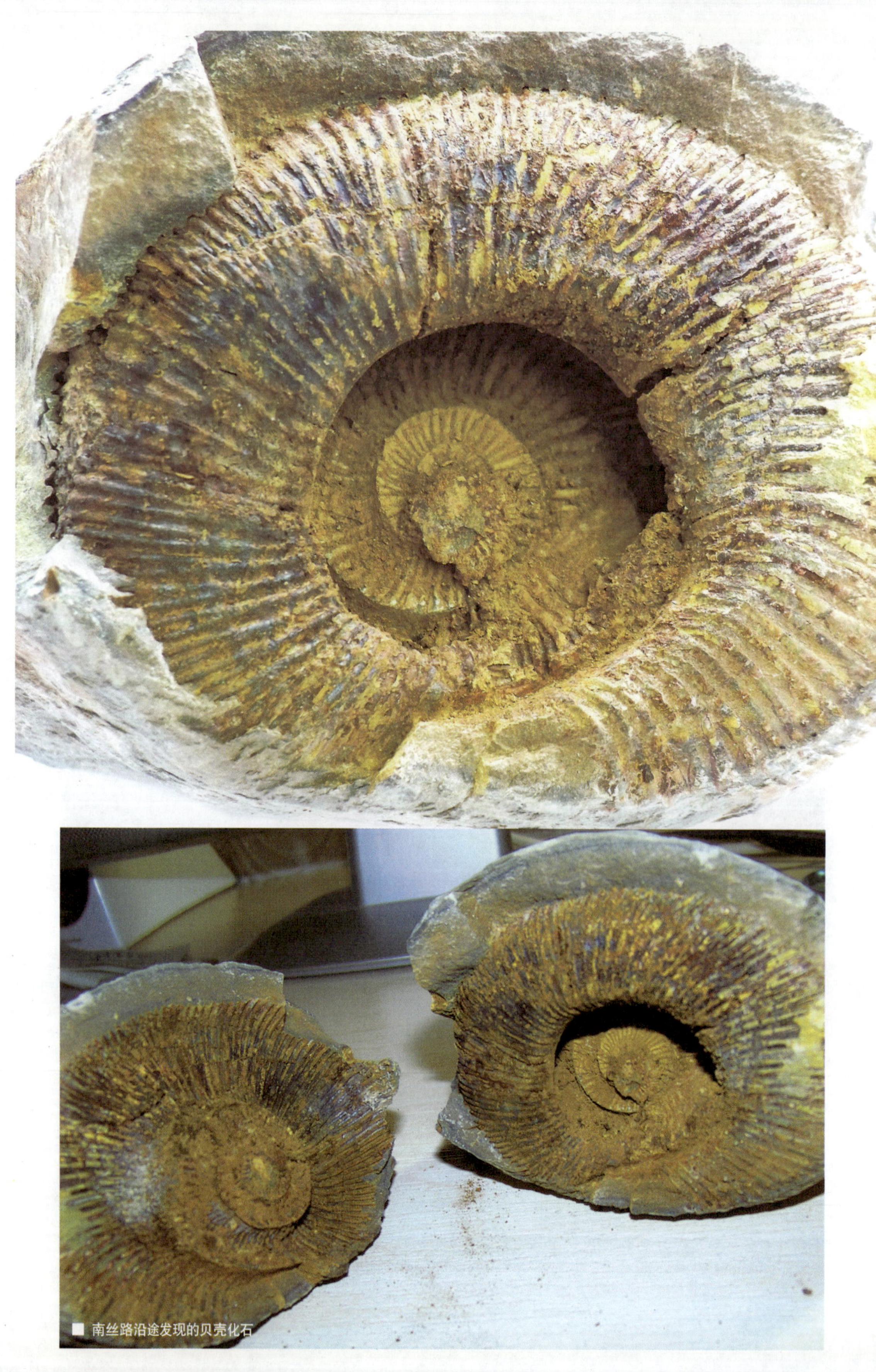

南丝路沿途发现的贝壳化石

王，根本不把这种侵扰当回事。他们在这里安营扎寨，建立根据地，古蜀文化虽然面对中原文化已无招架之力，但是在这样一个偏远的山区，却依然可以作为主流文化，统领四方。作为古蜀文化的最主要的表现，就是青铜器的制造工艺。这时古蜀国已经放弃了三星堆时期的神权政治，不再热衷于巨型面具的制造，把这种工艺用在了兵器的制造上。

在汉源发现很多巴蜀铜短剑、铜钺、铜斧、铜戈等，带有强烈古蜀标志的兵器，说明当时开明王很可能在此统治过很长一段时间。这个地区还发现了一些铜制贮钱罐、耳环、陶罐、铜博山炉、铜釜、铜鍪等。在汉源发现的贮钱罐是一件艺术珍品，罐内存放的钱币居然是一些海里的贝壳。仅仅是这一点，我们就能把它和三星堆的文明联系起来，三星堆发现的贝壳也来自遥远的海边。很显然，贝壳是用来当作饰物和价值不菲的钱币使用的。

最近有报道说，在陕西省出土一件铜器上，刻有铭文："惟三年三月既生魄壬寅，王爯旂于丰，矩伯庶人取瑾璋于裘卫，财八十朋，其舍田十田。矩或取赤琥两、麀韨两、贲鞈一，财廿朋，其舍田三田。"用现在的话来说，也就是公元前919年农历三月，周恭王在丰邑举行阅兵式。王室的矩伯碰上了卫国的裘卫，矩伯想要裘卫手里的玉璋，想用800枚贝壳去买，800枚贝壳能买1000亩地。后来矩伯还用200枚贝壳买了裘卫身上佩戴的装饰品。这200枚贝壳如果拿来买地的话，能买300亩。800枚贝壳能买1000亩地，那么每亩地售价相当于0.8个贝壳。

在汉源发现的铜制贮钱罐，大概有5000毫升左右的容量，足可以放上千个贝壳。即用这个贮钱罐里的贝壳，就可以买上千亩的土地。在周朝，占地面积达700–800亩，就算一个不小的城镇了，这个贮钱罐可谓价值连城啊！

在三星堆发现的贝壳和汉源贮钱罐里的贝壳是一个品种。看来，古蜀国从蜀地带来的不仅仅是制造工艺，还有贸易形式。

这些文物不仅与三星堆文明关系密切，同时也是南丝绸之路上的重要物证。

有趣的是，当年开明王走过的道路，其中有很长一段也是红军长征时走过的道路。

我们的车队飞驰地赶路，而路旁就是大名鼎鼎的大渡河。说到大渡河就不得不提1935年5月，历史翻开了闪亮一页。红军主力为抢渡大渡河，曾派红一军团参谋长左权、二师政委刘亚楼佯攻重兵把守的富林、大树堡，借以转移敌人对大渡河安顺场渡口的注意力。佯攻成功后，继续作出占领富林、进攻雅安的各种准备。北岸守敌果然中计，急电蒋介石、刘湘速派兵增援富

林，致使安顺场守敌相对减弱，为红军抢渡大渡河造成有利形势。

如今我们面前的大渡河，早已没有了当年那波涛汹涌的气势。由于上游新建水电站建坝拦水，加上这些年人们对环境的破坏，当初汹涌难渡的大渡河，此时如同一位年迈的老人，平缓而安静，浅浅的水流，丝毫没有了它当年的雄伟气魄，我们卷起裤腿就能征服它，随处都可蹚过去。不由感慨，不管曾经多么辉煌伟大，都经不起岁月的磨砺和人为的破坏。就如同曾经辉煌的古蜀王国一样，在这里走过，又从这里消失。

■ 汉源大渡河

■ 万能“鬼画符”

意大利著名旅行家马可·波罗在游览邛海后对其景色大加赞叹，兴奋不已，并在其游记《马可·波罗游记》中写道：“碧水秀色，草茂鱼丰，珍珠硕大，美不胜收，其气候与恬静远胜地中海，真是东方之珠啊。”

邛海是四川省第二大淡水湖，位于西昌市中心7公里处，卧于泸山东北处，一碧千顷，水质清澈透明，面积约31平方公里。湖畔的邛海公园、月色风情小镇、月亮湾和新沙滩景观等组成了全新的邛海景观。

西昌市在四川西南部，是凉山彝族自治州的首府及交通枢纽，位于川西高原的安宁河平原腹地，有汉、彝、回、藏等28个民族。

自古西昌便是祖国西南边陲的一个重镇，自秦汉始，历代政权均在此建立过郡、州、司府，委派过官吏。西昌是迄今两千多年历史的文化古城。由于海拔、气温、日照、经纬度等条件好，空气透明度大，所以月亮光亮圆大，故又有“月城”之美誉。

科考队在西昌停留两天考察，浓郁的民族风情让大家感受深刻，而邛海

■ 西昌邛海

■ 彝族银饰

的美更是让人流连忘返。邛海，如同我国一些高原湖景一样，以恬静著称。一片浩渺波光闪耀在苍山碧野之中，“舟行碧波上，人在画中游”。而且，2008年奥运会皮筏艇的训练基地也选在此处。

北京的冬季，寒冷而没有任何颜色。而邛海冬季，天净水明，树木倒映湖面，使人犹如进入了世外桃源。夜幕降临后，邛海的景色与西昌皎洁的明月，形成“月出邛池”的诗意之境。

经考证，向南迁徙的开明王没有在这里停留，而且几乎是绕开了邛海，继续南下。因为当时一个势力相当强大的部族集团，占据了这个地区。彝族可能就是这个部族集团的后裔。如今的西昌，是少数民族的聚居地，彝族人口占有很大的比例。这里有一个很有意思的博物馆，“凉山彝族奴隶社会博物馆”。从名字就能看出这是一个极具特色的博物馆。

“凉山彝族奴隶社会博物馆”解读着一个民族一步跨千年的历史惊叹，是奴隶社会的“活化石”，它既是我国第一个民族博物馆，也是世界上唯一展示奴隶社会形态的专题博物馆。

博物馆有馆藏文物三千多件，紧紧围绕凉山彝族奴隶社会这个主题，真实而生动地展示了凉山民主改革前奴隶社会的形态，对民族学研究有着不可替代的史实价值。

彝族历史上一个重要特征，是长时期保持着奴隶占有制度。公元前2世纪的西汉及其以前，彝族先民社会已出现游牧部落与定居农业部落的分化。

这个地区的某些地方至今还保持着原始的社会形态，而这里的“奴隶制度”，也和中原发达地区的奴隶制度有很大的不同，它是一种早期的社会形态。彝族部落里的奴隶，并不会轻易被处死，也不会永远都是奴隶，可以通过努力而获得自由。但是社会的等级森严，不同的等级是不能通婚的，男女双方必须遵循由父母指婚的原则。彝族男女在婚前可以有很多的情人，但婚后必须安分守己，否则部族会将出轨者处以严刑。

自古以来，巫术、神权、王权这三者都是联系在一起的。彝族人极为相信巫术，崇拜“毕摩”。

“毕摩”在彝文中的解释是经师或知识大师的意思。唐宋以前称为“鬼主”，担任彝族酋长，兼任祭司，处于执政的地位。清初时期才称之为“毕摩”，专司宗教事务和彝文化传播。

在博物馆最为引人注意的就是一块块画有奇怪“鬼图”的木板。据说这是最古老的彝族“毕摩绘画”。

这种古朴而神秘的绘画，是以简单的工具削木为笔做媒介，创造出一幅幅耐人寻味的独具特色的线条描画。

“毕摩绘画”是彝族传统的绘画之一，是彝族原始宗教艺术延续和发展的产物。毕摩绘画一般都以毕摩文献或鬼板为载体，用绘画来阐释经文或仪式的内容，从而达到语言图像化或仪式形象化的目的。

凉山彝族的符咒不外乎诅咒和祈祝两个方面的宗教意义，而在具体的仪式环节中，这两方面的内容往往又是交织在一起的。

一般以通灵降神、消灾驱鬼为主要功能。从祝咒对象来看，鬼板为画鬼符，神图为降神符，皆施用于咒鬼类仪式，目的是驭神御鬼。此外，在咒人仪式上则主要使用草编人偶施行符咒，这是随着彝族社会的分化和发展，随着战争和征伐迭复的现实需要而出现的，是原始诅咒的支配对象从超自然物转向社会的产物。

说毕摩画古朴而神秘，是因为它是对原始宗教绘画的继承和发展。几千年来彝人的智者毕摩们在用图画和文字记载自己民族的文化历史过程中始终抓住线描这一种最朴素的方式，在单纯的线中提炼出具有彝族原始艺术特质的神秘的宗教绘画语言。人类早期的绘画，就是以线条的形式呈现事物，无论是原始时期古埃及，还是古希腊以及许许多多今天所能见到的国内外原始岩画作品，都是如此。

三星堆文明，也是一种以巫术为主的神权体系。人们的行为举止几乎一切最终都要听凭神的指导，也就是那些代表神的大祭司的指导。在古代把祭司又称作“萨满”。有趣的是，从古至今世界各地对巫师都称“萨满”，两个词的发音也是相同的，说明这种信仰很可能是早期人类统一的

■ 彝族骨书

■ 毕摩用具

鹰爪

毕摩经书

行为。或者说，萨满教有一个共同的起源。在彝族地区至今还保留着，最原始的萨满教祭祀形式。这种形式和三星堆的祭祀有很多相同的地方：同样都是在祈求神明的庇护和指示；都需要在某种有节奏的鼓点中，表现自己的虔诚。在三星堆祭祀坑中，发现很多的器物上污迹斑斑，说明在祭祀的行为中间有杀牲的行为。而彝族的祭祀中，同样向神灵献出最好的牲畜。特别令我们感兴趣的是，彝族在祭祀中所画的符号是可以用来驱鬼治病的，直到现在还在使用。掌握这种画符技术的人，很多都是身兼萨满和彝医两职，他们每次降神或者治病，都会画一些符或是拿一些驱鬼的工具。他们所画的符，很多都与彝族的文字有关，或者说就是彝族文字的源头，这一点又和三星堆非常相像。

彝文创自何时，向无定论，彝文文献、古籍，过去中外学者认为最早见于明代刻石。在大方县发现的明代铜钟，钟面铸有彝、汉两种文字，铸于明成化二十一年(1485年)，是现存最早的彝文文献。

彝族文字和西安半坡遗址的文字，以及三星堆和金沙的器皿上的图案符号之间都有着相似之处。

巴蜀图语，又称巴蜀符号或巴蜀图形文字，是在中国四川省出土的战国至西汉初的文物上，发现的一些图形符号。

巴蜀图语主要分布在铜兵器、铜乐器、铜玺印等器物上。典型的巴蜀图语是虎纹、手形纹和花蒂纹等等，由于其形状非常像装饰性的符号，所以一开始并没有把它看作文字，随着考古工作的进展，越来越多的类似符号被发现，目前主流观点认为这是巴蜀古族用来记录语言的工具、族徽、图腾或宗教符号，是一种象形文字，是巴蜀文字的雏形。据推断巴蜀图语可能产生于古蜀国开明王朝时期。

已发现的巴蜀图语超过二百多种，九成以上是刻在铜兵器上的，年代在公元前9世纪西周到公元前1世纪西汉之间，前后延续长达八百年之久。

巴蜀图语，在中华民族文字起源中有着举足轻重的地位，与仙居蝌蚪文一样完全没有被破解，它的解读将对我们了解神秘的古巴蜀王国文化起到决定性的作用，是我们揭开三星堆文明的秘密关键。

有专家认为，三星堆、金沙遗址的“巴蜀图语”就是古彝文！古彝文是彝族先民创造的古老文字，经历了不可逾越的“实物文字”、“写形写影”、“图画文字”、“象形文字”等阶段。“巴蜀图语”是许多民族的先民共同创造的，其中是否也应该有彝族先民的智能呢？

在博物馆，我们发现又一处非常特别的石雕像。在汉族的雕刻中我们最为常见的就是龙、虎、狮子的造型。而在此处，科考队却发现了一个青蛙的石雕造型。讲解员高老师告诉我们，彝族人是不吃青蛙的。彝族认为青蛙很聪明，它是最早从水里上到陆地的动物。关于这个青蛙石雕造型还有一个有趣的传说。

相传，很久以前世界上的所有动物都是会说话的。天神觉得这样的话世界就会很乱，于是想了个办法。天神把一杯“哑水”放在了森林深处，告诉所有动物，这是喝了可以变聪明的神水。跑得快的动物们喝了水以后都变哑了。由于人类很懒，起晚了。这时青蛙知道后，便告诉人，其实真正的“神水”只有一杯，其他的都是哑水。由于青蛙跳的较慢，就告诉人：“你喝完神水后，留一点在原处给我就行。”不曾想人很自私，一口气喝完了所有的神水，还舀了一杯哑水放回了原处。

青蛙喝了哑水之后便再也不能说话了，彝族人非常同情青蛙，便把它供为神物。还有一种说法就是彝族认为他们就是青蛙变来的，其实这也不无道理。生物最早就是在水中产生的，而青蛙又是最早上陆地的动物，所以彝族对青蛙的崇拜就是一种对“远古记忆”的回忆。

前不久炒得最为沸沸扬扬的消息，莫过于“嫦娥一号”的发射成功。这也代表我国的航天业又有了跨越性的进步。而“嫦娥一号”正是在西昌卫星发射基地，成功发射进入太空的。

距西昌市68公里的西昌卫星发射基地位于四川省冕宁县境内。西昌卫星发射基地是亚洲地区规模最大、设备最先进的新型多功能综合航天靶场，也是中国目前唯一能发射地球同步卫星的发射基地。

西昌卫星发射中心发射场有两个发射工位，即誉为“亚洲第一塔”的2号发射工位和为确保我国登月计划顺利实施而新建的3号发射工位。西昌卫星发射基地从1984年12月24日开始发射第一颗通讯卫星至今，先后用中国自己制造的“长征二号”、“长征三号”运载火箭发射了40颗国内外不同型号的卫星，创造了中国航天业的辉煌！

■ 大石墓的故乡

三星堆文明，有几个非常显著的特点：首先是青铜器铸造工艺，达到了一个很高的水准。其次就是它的巫术文化，以及由巫术文化发展来的表达形式。巴蜀印章，进一步说明了古蜀文明有自己的文字。

对山石的崇拜是三星堆初期的文明表现，即大石文化。古人普遍有崇拜祖先生存环境这样一种宗教信仰。即使进入早期城市社会后，生存环境发生了变化，仍然会以不同形式表达出对祖先生存环境的崇拜。从高地迁往低地的部族尤其如此。世界文明史上早期城市中的一些大型建筑，如埃及金字塔，巴比伦神庙，都是以埃及人和巴比伦人祖先的生存环境山洞为原型的、对祖先和其生存环境崇拜两方面的综合。

根据史载，大石崇拜发源于蚕丛氏，“蚕丛氏始居岷山石室”，岷江上游的石棺葬其实也是模仿石室建造的墓穴。当蚕丛氏从岷江上游下迁至成都平原后，空间和环境发生了很大变化，虽不再居石室，但仍以不同形式的大石建筑来寄托对祖先及其生存环境的敬仰。

三星堆器物的雕刻中有许多关于山的图案，这些图案就是三星堆先民早期生活在大山当中的记忆。从现在的考古成果来看，成都平原上的宝墩文化，代表了早期三星堆文明。那时候的人们，从大山里走出的时间可能还不是很长，对大山的记忆依然非常强烈，因此即便是在广袤的平原上，也要撮土为山当作神坛祭拜先祖。

三星堆博物馆现藏有直径约70厘米的石璧，专家认为这可能是当时古蜀国的重器。另外，三星堆一号祭祀坑内出土了一块与金、玉、铜器共生的大石，明显的是大石崇拜的遗物。三星堆一号坑的方向为北偏西45度，二号坑为北偏西55度，共同朝向蚕丛氏所由兴起的岷山。而同一时期成都羊子山土台大型礼仪建筑，方向也是北偏西55度，同样朝向蚕丛氏发源的岷山。都与蚕丛氏始居岷山石室有不可分割的渊源。由此也可以得知，成都平原的大石文化遗迹，是夏商时代的遗迹。据此也可以推论，三星堆是古蜀大石崇拜的一个发源地。

新石器时代至青铜器时代的大石崇拜遗迹分布广阔，从欧洲大西洋沿岸至地中海，从亚洲高加索经伊朗、印度到环太平洋地区的中国、东南亚、日本，至太平洋岛屿和美洲大陆，都有大石文化遗迹。由于它以巨石建筑物为主，考古学上又称之为“巨石文化”。世界各地的大石文化，都是所在地区的史前或青铜文化的另一种体现。

我们从西昌出发，到达下一站的路程可算是比较轻松的。科考队下站的目的地，是凉山州境内的德昌县。德昌地处长江上游林区，境内有大小河流50余条，水能资源丰沛。

德昌县境内王所乡、六所乡、阿月乡等乡分布有大石墓，当地人称之为“越鲁坟”。

大石墓由于没有任何文字记载，关于它的具体用途也就不得而知。有两种比较普遍的说法：一种说法说它是一种建筑，古代的邛人可能就住于其中。经考证，成都平原大石全部从成都平原以西的邛崃山开采、运输而来。成都平原的大石遗迹不是天然生成，它是宗教的产物，起源于蜀人根深蒂固的大石崇拜信仰传统。

■ 德昌大石墓

古树名
编号03

■ 德昌大石墓

还有一种说法说它是墓葬，应该属于家族墓或氏族墓。大墓给后人很多谜团：石墓的主人是谁？排列有序重达数吨的巨石用什么工具堆砌而成？墓主是什么民族？凌乱的骨骸代表什么？这个民族的兴亡是怎样的？在当时生产力水平相当低的情况下，是什么原因促使建造者花费巨大的人力物力来建筑这种巨大的墓室呢？

大石墓墓顶巨石每块重达数吨或十数吨，面积约4—6平方米。大石墓墓葬形制有三种。

第一种是长方形墓穴，墓室的两侧壁和后壁用天然的长方形大石竖立排列而成，墓顶用几块巨石覆盖，窄窄的墓门用碎石封闭，墓门前并排竖立着大石头，这种墓葬形制是最多的。其中，位于安宁河主干流上的这种大石墓，不论在东岸或西岸，墓门都朝向河流方向，而位于支流坡地上的大石墓墓门的方向则比较随意。它们有的有墓道，有的则没有。

第二种大石墓形制的不同之处在于，其墓门是开在墓壁长边中间的位置，墓壁之间、墓壁和墓顶石之间的缝隙都以卵石填充。这两种大石墓的墓底都铺有一层卵石。

第三种大石墓是非常大的墓，面积达上百平方米。顶部盖有巨石，墓壁则是用小石头和封土堆砌，它们混合在一起使墓穴更坚固。

在大石墓里发现的大量人骨都是架堆，男女老少都有，骨架数量从几具到一百多具不等。随葬的陶质物品有深腹瓶、大口尊、平底罐、单耳罐、双耳罐、带流壶等，其中带流壶是较典型的器物。生产工具有陶纺轮、石镞、铜镞等，饰品有铜手镯、铜发饰、铜铃、玛瑙珠等。

从骨殖错乱、随葬品没有多寡贫富之分的现象分析，这同室而葬的众多死者（最多有上百人），是不同时期葬入的，可能是以血缘关系为纽带的同一氏族的成员，也不排除家族墓葬的可能。

据测定，大石墓建造时期约为战国至西汉时期，均用巨石筑成。墓壁石部分出露地表，盖顶石数目不等，墓长10米左右，墓宽3米左右。大石墓的结构，有的是平地起建，有的是在地面上挖浅坑后再砌上巨石。

大石墓是一种重要的墓葬形式。大石墓，墓石以花岗岩居多，大的石头重达数吨乃至几十吨，巨石的来源地大都在20公里以外，最近处也有5公里，2000多年前的人们是通过什么方法运来的呢？

当地的文物工作者唐亮告诉我们："最大的墓顶石厚0.6米，约有9立方米，重量有20多吨，我们现在可以动用吊车，工具简陋的古人是如何搬上去的呢？虽然在一处斜坡上发现了凹陷的地面上铺有一层较小的卵石，但还不能确定巨石到底是被直接拖上去的，还是用垫着的树木滚运上去的，还需要我们不断地去探索。"

这种墓葬形制比较独特，是四川安宁河流域独有的墓葬形式。这里处在古南方丝绸之路上，是从成都平原出发，到达印度、西亚的必经之地，所以是一处重要的文化遗址。

从英国的"巨石阵"遗址到我国辽东半岛的"石棚"，再到德昌的大石墓，大石崇拜现象普遍存在于世界各地的古代文明中。它们之间又有着什么样的潜在联系呢？

世界不同地区出现相同或相近的大石建筑及其文化，至少有两个相同的因素。

其一，自然地理环境的相似性，即建造大石遗迹的人们多是处于多石多山的自然环境区域，人们在生产和生活的实践中对石质材料和建筑技能有相当程度的掌握并有充足的原料来源。

其二，观念意识方面的相似性，即以大石遗迹为标志的古代部族建造这种非生活生产性质的石结构建筑物时，大体上是出于相同或相似的观念，或源于宗教礼祭和神灵崇拜，或源于古人"事死如事生"的习俗，为死者建造有标志及地面象征物的建筑等。

也许正是这两种基本的相同因素，形成了在建筑形式上具有抽象美的"巨石文化"，从欧洲到西亚、中亚，再到南亚和东南亚构成了一条巨石文化的"传播走廊"。

德昌的安宁河谷，自古被誉为"川西南粮仓"。当地的古代文化比较复

■ “再现”大石墓建造过程

杂，曾生活着夜郎、濮、笮、邛等众多民族。

有的考古专家认为，大石墓作为邛人特有的丧葬方式，是将死者的尸体放在野外，待皮肉腐烂殆尽后，再将骨殖收集起来，陆续葬入墓室。这种葬式在考古学上称为“二次丛葬”，是一种相当有特征的集体埋葬习俗。

在西昌坝河堡子大石墓底部发现了稻壳痕迹，而在河西大石墓里则发现了稻草痕迹，专家推测邛人是定居的，以农业为主，已掌握了种植水稻的技术。

邛人部族在西汉时最繁荣，在东汉时见于记载，在蜀汉时邛人还曾经被编入军队，随军出征，但后来就再也没有相关的记载了。邛人曾有自己的政权，后来和巴人一样神秘消失。从历史发展的角度看，邛人消失于民族融合是最有可能的。

大石墓至今仍然留给我们许多值得去探究的东西：大石墓是怎样产生的？为何到了西汉中期就消失殆尽？邛人这个民族哪里去了？

■ 三星堆青铜原料“供料商”

关于三星堆青铜文化的起源有很多争议。

古人冶炼青铜时，金属颗粒在燃烧时随风撒向各方；制作器物的过程中，大量的铜元素和其他杂质金属颗粒也会随风飘出去，附近的湖泊自然接受的颗粒就更多了。

炼铜燃烧时产生的金属颗粒也可能被降雨等冲入湖泊或附近泥土中，或者冷却时使用的废水也会汇入附近的湖泊中。古人可能用水选矿，用水的动力把富矿和贫矿分出来，这些采矿、炼矿过程中产生的废水都会汇到湖里去。

通过对这些湖泊金属含量的检测，就可以大概确定当时的制铜水平和使用情况。

中国冶金史大致可分为五个阶段：史前阶段、早期青铜时代、晚期青铜时代、后青铜时代和近现代。（1）史前阶段在公元前3000年之前，在铜矿附近的湖泊中，可以通过检测发现，沉积在湖里的金属含量一般都很低，大都属于自然形成。（2）早期青铜时代，公元前3000年到公元前328年，金属沉积含量开始增加，说明了采矿业的增加和金属的使用。（3）晚期青铜时代，到了公元前467年到公元224年，正好是战国时期与汉代初期，各类金属沉积物都开始剧增。（4）后青铜时代，到了西汉末年，也就是公元220年开始，制陶业开始发展，铁器也开始慢慢推广起来。

从研究结果来看，从公元前3000年开始，在湖中检测到的铜、锌、铅、镍等的含量开始增加。公元前467年到公元221年，金属含量突然猛增，说明了人类对金属器具需求和使用大量增加。

有很多专家认为，西方盛产铜矿，许多地方含铜矿物就裸露在地表，原始人只要在地面上燃起篝火，便会还原出铜来。好奇的原始人，只要用石头敲打这种从火中烧出来的怪东西，便会打造出各种形状的“工艺品”来，因此，西方的金属时代会出现得早一些。中国的铜矿资源大都深埋在地下，极少裸露在地表，只有等生产力进步到了能够凿井开矿的时代，才有可能利用铜矿石冶炼出铜器来。只有在发明了合金技术后，才能制造出青铜器来。这就是中国青铜时代的历史为什么会晚于西方的根本原因。

青铜器最早产生于两河流域。而东亚的青铜器技术是否由外地传入还是本土产生一直存在争议。我国发现最早的铜器是仰韶文化铜器，产于公元前三四千年左右，晚于西亚一千多年。很多专家认为，“中国青铜器的发展，不排除是始于两河流域的技术进入中国”。

我国青铜制造从夏代开始，商晚期和西周早期是高峰阶段。峰值显示的那个时代，正好与春秋战国的楚国兴盛相对应。而汉代早期同样战争频繁。可以想象，战争年代，一切都以制造武器为中心。这需要大量的铜。

■ 会理古巷

■ 会理马帮集散地

■ 会理四合院

■ 会理“科甲巷”

三星堆青铜器大概处于青铜器早期阶段。通过成分测定，发现三星堆青铜器和中原地区和荆楚地区的青铜器成分有很大的区别。三星堆青铜制品易碎，制作青铜面具倒是没有什么问题，可是用它来制作兵器就不太实用了。根据三星堆青铜器的成分测定，专家在四川找到了两处古矿遗址，可以基本认定这两处就是三星堆青铜原料的产地。

我们考察队驱车来到安宁河谷以北，专家介绍这里古矿遗址的铜矿成分竟然和三星堆遗址的青铜器铜矿原料成分极为相似。再往南走就到了云南晋宁石寨山铜矿遗址，石寨山青铜器是古滇国青铜文化的标志。古滇国和巴蜀地区没有明显的界线，盛产铜矿的安宁河谷和晋宁石寨山这两处青铜文化产生之间，是否就是南丝绸之路上青铜文化的一个连接点呢?

作为古丝绸路必经要塞，素有“川滇锁钥”之称的会理县，位于四川省西南部。西连攀枝花，南与云南相邻。是川滇要塞，自古以来就是川西南与滇西及南亚商贸往来周转重地。

会理有大量的铜矿遗址。据调查，四川省70%的铜矿资源都来自会理。至今在会理还能看到铜火锅的传统制作工艺，加之在会理地区出土了编钟、鼓等大量的青铜器，所以有专家推测，三星堆出土大量青铜器，铜料都是来源于会理。从广汉的三星堆遗址到会理至少也有五百多公里，也就是一千里地。在古代也算是相距很遥远了，所谓千里之遥也！这么远的距离，给三星堆提供铜矿原料，保证三星堆的供给，说明三星堆的势力和疆域，在当时相当的大。

对三星堆文化，从早期一直到晚期所使用的青铜器分析，可以看出，会理一直是三星堆青铜器原材料的主要供应商。

会理是马帮聚居地的旧址，会理古城的钟鼓楼等都成为会理悠久历史文化的标志。会理有很多过去的会馆遗址，由此也证明当时的会理商旅繁荣。在会理，科考队最大的收获就是，马帮当年的聚居地，至今还保留完好。有一块保存完好的石匾上刻有“驾则首得”四个字，据当地人说，这就是最早的马帮行业守则。

会理历史悠久，始建于西汉元鼎六年（前111年），称会无县，属越嶲郡，晋为越嶲郡治，唐、宋时设会川都督府、会川府，元为会川路，明为会川卫，清康熙二十九年（1690年）改为会理州，民国二年（1913年）改州为县，始称会理县。

■ 南丝绸之路上的水上信道

众所周知，南丝绸之路是一条由我国内地通往亚欧各国的国际大信道。该信道以成都为起点，分东西两路向西南而行，东路称五尺道，西路称灵关道。东西两路汇于云南大理后，经南路到达中缅边界的腾冲、畹町等地，出境到缅甸，再转入印度以及孟加拉等国。

东西两道，东道为主道，西道为支道。东道经黄连关、甸沙关、会理，在鱼鲊渡过金沙江，经永仁、姚安、普棚、云南驿，到达大理。西道经平川、盐源、宁浪，过金沙江后，经丽江、鹤庆、邓川，到达大理。

■ 鱼鲊待渡

我们此次的行程路线，就是东道。我们的车队到达鱼鲊渡口后，必须上渡船才能跨越金沙江。而这段江上，只有从鱼鲊渡口下水，才能平安到达对岸的渡口。

鱼鲊一段，其实在很早以前就是一条热线。有资料证明，在清嘉庆、道光年间，即1796年到1850年间，就有人将宝鼎的煤炭从水路运到会理冶炼铜矿。根据历史记载，南丝绸之路基本上都是旱路。水上信道的发现，无疑填补了南丝绸之路的研究空白。这条水路，是古南丝绸之路上的一段水上的重要信道。

最为有意思的是，翻阅地图我们就能发现，南丝绸之路的西路在川滇交界处分出的主、支两条道形成的一个圈，正好环抱了一段可以通航的金沙江。

金沙江在古代有多种称谓。据《大元一统志》称，金沙江即“古丽水也，今亦名丽江。白蛮谓金沙江，磨些蛮谓漾波江，吐蕃谓犁枢江。源出吐蕃共陇川犁牛石下，亦谓之犁牛河”。这里的“亦名丽江”，也即是今云南丽江以江得名的佐证。

金沙江流域的土著人，很早就发明了用“馄饨”渡江的方法。“馄饨”，即《元史》所说的革囊。其制作方法是，像褪蛇皮一样趸剥全羊后，将完整的羊皮加工，做成可伸可缩的皮囊。渡江时，吹胀羊皮囊，人则覆于其上，用绳系于腹前，以手脚划水前行。

史载“元跨革囊”之说，指的就是1253年元世祖忽必烈取滇时，采用“馄饨”渡过金沙江的事。其后，在金沙江流域出现了舟船，木筏与舟船在金沙江流域的出现，具有重大的意义。

舟船的使用，使金沙江的一些江段成了重要的商贸信道。流经四川省攀枝花市一带的金沙江段，就是古代茶马古道上连接川滇的重要信道。

这条水上商贸信道，西自云南丽江，东迄四川黎溪。其中最为重要的，是从云南大姚县湾碧乡到四川攀枝花市的经堂村，这70余公里的江段。原因是这段江的两岸，许多大山仿佛笔直地插在江边，马帮和行人很难从旱路上通过。在这段江面上运输的，主要是产于石羊的盐巴。

由于横断山的隆升和金沙江水的切割，使得金沙江两岸的山势格外陡峭，因此水上交通就显得十分的方便。

从《汉书·地理志》等史书文献上关于“越巂郡蜻蛉县有盐官”的记载，可以看出石羊产盐已经有两千多年的历史了。大量的资料和实地考察告诉我们，这里应当是南丝绸之路上的一段水上信道。

人类为了寻找更适合自身生存和发展的环境，必然会四处迁徙。而金沙江的存在，则给迁徙的人群铺设了一条便利的信道。

■ 南丝绸之路上的古滇国

云南省昆明市，地处云贵高原中部，市中心海拔1891米。南濒滇池，三面环山。属于低纬度高原山地季风气候，由于受印度洋西南暖湿气流的影响，气候温和，是极负盛名的“春城”。每年的12月到来年的3月，一群群躲避北方海域寒风的红嘴鸥，万里迢迢地从远方飞来，在昆明城中的翠湖落栖。

昆明是自然景观和人文景观的荟萃之地。历史悠久，具有2400多年的历史，有着众多的文物古迹，是云南省政治、文化中心。

南丝绸之路沿线，有着诸多的文化古迹。位于昆明玉案山的“筇竹寺”就是这样一处地方。筇竹寺，建于初唐。据当地传说，不难看出筇竹

■ 金“滇王之印”

■ 金沙江

■ 南丝路沿途出土的青铜镜

寺和南丝绸之路也有着千丝万缕的联系。相传该寺的建造者是四川来的高僧，手持筇竹杖，沿着南丝绸之路一路行来，至昆明建造了寺庙。故名“筇竹寺”。

说到筇竹，之前在南丝绸之路沿线，此次科考活动的第一站邛崃就见到过。在邛崃的秦汉古驿道上，至今还有山民在采伐筇竹。筇竹杖是当年南方古丝绸之路沿线流通最为广泛的贸易商品。由此看来，筇竹城当年这条路上就有着广泛的交流。

在云南这个名不见经传的小寺庙里，听到关于筇竹的传说，让这条古丝绸之路的脉络更加清楚了起来。因为之前在三星堆以及沿途博物馆，都发现有筇竹杖的身影。

在很多场合下“杖”代表权力，巴蜀地区又盛产筇竹，很多质地好的竹竿，都是当时三星堆贵族使用的“指定产品”；在开明王的军队中，邛竹杖也是使用最多的军用物资。我们在南丝绸之路的很多古遗址中，都看到过“邛竹杖”。这恰恰说明三星堆文明的传播，也让我们以此为坐标去寻找三星堆后人的去向。

此次沿途考察让我们感到，这条“南方丝绸之路”不仅仅是一条贸易之路，还可能是一条民族迁徙之路。

古滇国的来龙去脉，以前在我国的古代历史研究中几乎属于空白。最早在司马迁的《史记·西南夷列传》里有过对古滇国的片断记载。

从四川的广汉直到云南的昆明，整条路途，青铜文化一直是一条文化主线，串联着神秘的南方丝绸之路。

■ 南丝路沿途出土的青铜纽钟

嚴淨毗尼
妙法傳東土慈雲普蔭廣被萬劫群生

■ 昆明筇竹寺

■ 南丝路沿途出土的青铜鼓

不仅四川蕴涵着丰富的青铜文化，云南也不例外。在滇文化中也出土了大量的青铜器具，其中以滇王编钟以及各色铜鼓、储备罐等最为出彩。

两千多年前的“滇王金印”用纯金铸成，重90克，印面边长2.4厘米，通高2厘米；蛇纽，蛇首昂起，蛇身盘曲，背有鳞纹。“滇王之印”是云南隶属中央王朝最早的物证。

铜鼓是古滇国文化的一种重要证据，它由实用器逐步演变成礼器、重器，最后上升为权力和实力的象征。现在的考古发现，铜鼓从云南一直流向广西、东南亚一带，当时铜鼓的影响力已经蔓延到了南亚的巴基斯坦。

南方丝绸之路，和我们很熟悉的茶马古道，以及从江川县李家山墓地发掘出的琥珀珠和贝币，都再次证明了古滇国有远距贸易的能力，当时商道可直达缅甸。

李家山青铜文化和三星堆文化有类似之处。三星堆的青铜文化以与众不同为特色。而中国北方和中原的青铜文化由于交流频繁，其出土文物的风格造型大同小异。

李家山青铜文化也是那么的与众不同，几乎和东汉以前的北方文化无任何交叉点，无论造型、纹饰，还是所表现的主题，都具有浓郁的地方民族特色。可以算是中国青铜时代中最活泼最灵动的构成，具有很高的艺术造诣和想象力。

还有李家山青铜冶铸工艺采用了失（蚀）蜡法，三星堆的青铜器物也是采用了此等方式铸造，这说明它们之间肯定就是一个沿袭传承的关系。

■ 三星堆后人去了哪？

在三星堆遗址中，我们发现很多的石虎。而在古蜀文化中反复出现的石虎代表什么呢？据专家介绍，它是守护在昆仑山和西王母身边的神兽，称为“开明兽”，很可能和图腾崇拜有渊源关系。

《海内西经》中提到“昆仑之丘有神，人面虎身，有文有尾，皆白处之”。据记载推断，“人面虎身”当属虎类，“皆白”为白色，所谓“开明兽”有可能就是巴人的图腾白虎。从荆楚地区入蜀后来成为蜀国开明帝的鳖灵氏族，原本就是巴人的一支，他们将巴人的图腾信仰带到了蜀地，所以虎也成为开明氏的象征，人们也称之为“开明兽”。

开明王朝共传12世，统治古蜀350年，这个王朝的末期，已经迈入了刀光剑影的春秋时期。在中原文明的强大压力下，早期古蜀国占优势的局面终究短暂，伴随着国力的逐渐衰弱，开明王朝的末代蜀王也终究难以逃脱灭亡的命运。

三星堆的最后一任开明王，原是古蜀的王子，乃为鳖灵的后裔，开明王

■ 南丝路出土的青铜扣饰

■ 云南出土的青铜牛虎案

■ 云南出土的鎏金青铜扣饰

■ 云南出土的铜贮贝器盖

就是沿着南丝绸之路逐渐南移。

据记载：东周末年，秦灭巴蜀，蜀之开明王且战且退，辗转到达现在越南北部，建立了一个在越南史籍中称之为“瓯雒国”的国家，并自称为安阳王，建都古螺，乃今河内近郊的东英县。

据越南古籍记载，越南境内最早建立的政权叫做“蜀朝”。国君是蜀国的王子，他的臣民有很多都是从古蜀国来的。

《水经注》中写道：越南北部“昔未有郡县之时，土地有雒田，其田随水上下。民垦食其田，谓之雒民。设雒王雒侯，主诸郡县；县多为雒将，铜印青绶。后蜀王子将兵三万，来讨雒王雒侯，服诸雒将，蜀王子因成为安阳王”。

《水经注》中所谓的安阳王，正是蜀国开明王。“安阳”二字的读音在上古时期与“开明”相近。“开明”则是战国时期蜀国王君的称号，共传袭了12世。

公元前316年秦国遣大将张仪伐蜀，第十二世开明王及王太子逃至武阳（今四川彭山县江口镇）被秦兵杀害，蜀国随之灭亡。为了稳定当地的民心，秦军又借用开明王的后裔为傀儡。

秦国在蜀国统治的30年间，陆续封开明王的三个后裔为蜀侯，但很快又将他们废除。为控制蜀地，又从秦国移民万家入蜀。

蜀开明王的后裔为躲避秦国压迫，率拥护他的3万蜀人南迁，从成都到雅安、汉源南下金沙江，经云南由红河水道进入越南境内。

最初他占据了越南与中国广西交界的左江流域地区，统辖9个部落。越南史籍称开明王的后裔为蜀制，公元前230年，蜀王子率军南下征服了越南中、北部的土著居民雒人，建立国家并自称安阳王。

安阳王在河内市的北郊修建了越南历史上最早的城邦作其王都，取名“可缕”城。相传费时9年仍“随筑随崩”，安阳王便立坛斋戒，祈祷百神。从这里我们不难看出安阳王与三星堆之间有千丝万缕的联系。

安阳王在位时间长达50年，这期间中国汉王朝，已经取代了秦王朝的统治。当时被派往南边镇守的秦将赵佗，自封为南越王并得到汉王朝的默许。赵佗为了扩张自己的势力范围，率众讨伐在越南建国的安阳王。当时安阳王的首都就在现在的河内市北16公里的东英区，又称“螺城”，遗址至今犹存。

从1968年开始，越南考古部门先后对螺城遗址进行了3次挖掘，发现了拥有上万支箭的通箭仓库。从外观看，这个遗址由用牡蛎壳构筑的外、中、内三层城墙组成，总长大约17公里。螺城内现仍保存有一座历史久远的安阳王庙。当地每年都要举办安阳王庙会，螺城周围的12个村子各推选一位德高望重的老人共同到安阳王庙举办祭祀活动，然后扛着安阳王神像巡游村社，之后庙会才正式开始。据考察，蜀民与雒民组成的瓯雒国国民，就是现在越北壮语系少数民族的祖先。

三星堆文化本身，其实就是一个多元的文化，从早期的鸟崇拜，再到后来开明王的图腾虎崇拜；从开明王南迁的路线，一路考察而来，沿途在芦山、荥经的众多发现，以及有翼神兽都能显现出它们之间的关系。

沿着这种文物的相似性，我们可以描绘出一条清晰的三星堆后人迁徙路线。

需要指出的是，开明王向南迁徙不是仓促的逃亡，而是有规模的成建制的南移。因此在路途中和很多的地方，都会留下大量带有三星堆标志以及深受三星堆文明影响的文物。

开明王的图腾是老虎，而在古代滇族的青铜饰物中，多有表现猛兽格斗或群咬的激烈情景。在描绘动物题材的扣饰中尤以刻画虎豹凶猛形象者居多。在其他青铜器上，刻画虎豹者也很常见。如有的青铜器常饰以虎豹纹，有的将器耳铸成虎形，有的铜器刻画饲虎形象，足以表明滇人将虎豹作为勇猛威武的象征而受到崇敬。这种敬畏虎豹之风，古代其他少数民族中是很少见的。

滇文化的青铜器有几大特点：大量出现动物造型的青铜器具，大量战争、生活场景的青铜器具，以及一些西亚风格的青铜器具。

■ 云南出土的青铜贮贝器盖

■ 云南出土的青铜鼓

比较有代表性的首先是青铜贮钱罐中的贝壳。这些贝壳又称贝币，也是古蜀王朝使用的钱币。据鉴定，这种贝壳产于印度洋，在日本海也有发现。日本称这种贝壳为“子安贝”，专家说，海贝可以证明，当时古滇国有着繁华的贸易往来，海贝就是通过贸易交换回来的。

还有一件青铜扣件，表现的是两个人在舞蹈，这两个人物高鼻深目，从这两个人的外形以及穿着来看，这两个人绝非是中原人种，具有典型的西亚风格。据检测在云南出土的一些玉器碎片，竟然是和田玉。以上种种，都证明滇文化和北方草原文化、巴蜀文化以及西亚文化具有密切的联系。

南方丝绸之路是在秦汉时期开通的，而这个时期也是滇文化最鼎盛的时期，在云南地区也有很多铜矿遗址。据专家推测就是这个时期，可能古滇国的一些铜矿原料，由南丝绸之路运到了中原。

滇国在西汉晚期开始衰弱，也就是这个时候中原文化开始大量涌入，因此滇文化也和其他文化一样被汉文化所冲击。

如此看来，我们所考察的三星堆文化，是否也同其他文化一样，是被汉文化所同化，而不是像人们想象中那样的神秘失踪的呢？或许，随着中原文化的不断向南渗透，三星堆的先民们，在迁徙的过程中不断被汉化。

翻阅史籍，我们就会看到这样一段历史。公元前316年，蜀王伐巴，巴王求救于秦，秦惠王久有灭蜀之意，遣张仪、司马错率兵伐蜀，秦国大军一路高奏凯歌，蜀国不得已从巴国撤军，仓促应战。又陷入秦军的包围，蜀太子和太傅、丞相等冲出重围，想不到又遭到随之而来的秦军狙击，最后全军覆没。

远迁到越南交趾的蜀王子安阳王在建立瓯雒国后，也没能抵挡住秦国都尉赵陀的军队，在艰难维持近半个世纪后，烟消云散。

这就可以说明三星堆的消失，并不是我们看到的那么突兀。而是在历史的更迭中，被强大的汉文化所同化，以致后来被汉文化完全吞噬。战争的洗礼、文化的侵略、末代蜀王远遁越南的迁徙等，造就了今天三星堆的“突然消失”。

GUDAO XUNZONG

新疆篇
串在丝路上的珍珠

GUDAO XUNZONG

苍凉的北庭古道

我国西北边陲——新疆，对于内地人来说，至今还是一个遥远的地方。近几年，在丝绸之路和与之相关的许多地方的考古发现，更引起了人们的浓厚兴趣。高昌故城、交河故城、魔鬼城，还有楼兰美女、小河美女的相继出土，使新疆成了人们考古、探险的绝佳之地。正是因为在这片土地上还有许多尚未解开的谜团，导致了一批又一批的考古和探险爱好者前赴后继，蜂拥而至，探寻这片土地的神秘。

我们对于新疆的了解，除了知道这些，还知道什么？

迄今为止，没有人能说得清楚享誉海外的“丝绸之路”究竟有多长，至于它始于何时，就更没有多少人知道了。

新疆吉木萨尔县内，就有一条最古老的“丝绸之路”，同时也是连接天山南北的古老通道。也许是由于它地处荒原戈壁，远离现代化交通线，如今已不为人知。而它的北端，就是盛唐时期，中原政府最西边的政治、文化和军事中心——北庭古城。

世界上所有的事物都不可能历久弥新，繁荣昌盛了几个朝代后的北庭，到了明代突然无影无踪，甚至没有留下任何有关的文字记载。

究竟是什么原因能够让一座巨大的古城在顷刻间消亡，是战火？还是自然灾害？那条横贯天山南北的北庭古道是否也因此被废弃了呢？在这个地区，是否还存在其他的历史遗迹？

带着这些疑惑，我们来到了新疆的吉木萨尔。吉木萨尔的夏季，到处都是绿色，恬静的田野，笔直的道路，来往的汽车，处处展现出了这块绿洲现代化发展的进程。然而，在这具有现代化气息的县城中，我们依然能深深感

■ 罗布泊

■ 果农的收获

受到一种历史的厚重。

我们与中国社会科学院及新疆的部分考古专家组成的科考队试图通过对北庭古道南北一线历史、地理、环境的考察，寻找出北庭古城消失的真相，以及古道两端文化的相似性和延续性。

■ 七亿年前的古海水

对于新疆的荒漠戈壁，我们印象最深的是什么?

也许是一望无际的石砾，也许是烈日当头的干渴，总归逃不过两个字：缺水。

探险家于纯顺、考古学家彭加木皆因寻找水源而迷失在茫茫沙漠，可见水在那里是多么的珍贵。如果当时在那片沙海中能够发现水源，他们也许就不会出现那样的悲剧。

因为缺水，生活在戈壁沙漠的许多当地人，经常是半年不洗澡。洗澡对于那里的人们来说，简直就是奢侈。

如果在沙漠里，有一汪清水，能够洗个澡，那是什么感觉?

如果在沙漠里，不仅能洗澡，而且还能泡个温泉，那又是什么滋味?

如果恰好那里有一处古海水温泉，您是不是觉得有点不可思议?如果那处古海水温泉，不是距今一两万年，而是7亿年，您是否更觉得有点不可思议了?

我们在新疆吉木萨尔考察时，就曾亲身体验了一番大漠泡温泉、洗海水澡的感受，而且竟是7亿年前的海水。

新疆是一个地下资源特别丰富的地方，20世纪80年代初，当地的石油管理局在吉木萨尔县内的一处戈壁荒滩，测出地下蕴藏有丰富的石油资源。这

■ 罗布泊

一消息无疑是振奋人心的，于是当地管理部门立即组织人力、物力，准备在发现石油的地方打一口油井，以当时的条件来说，要在戈壁荒滩这种毫无人烟的地方打一口油井，可想而知是多么辛苦的一件事情。

一段时间过去了，井打下去两千米，可连半点油星子都没见着，大家开始有点犹豫了：还应不应该继续挖下去？下面到底有没有石油？经过商定，决定还是往下打，又忙活了十几天，终于看见成果了，可结果却出乎人意料之外，从油井里冒出来的不是石油，而是一股热气腾腾的水流。在这个缺水的地方能打出一口水井，也是件好事，至少可以缓解当地用水紧张的情况。可是水的味道又苦又咸，根本就不适合人饮用，当时就认定它没有价值，于是就将井口封住，撤出了戈壁。

日复一日，年复一年，时间一晃，过去好几年，在这片当年打井的附近，出现了一大片白色的盐碱地，这是以前从来没有过的现象，难道这里的地质出现了什么异常吗?

长期生活在周边的牧民在盐碱地附近发现了当年挖掘出来的这口水井，水井口显然没有被完全封死，热水依然不停地从井口渗出来，而且水流量似乎还不小，牧民们感到非常高兴，因为这里的水虽然不能饮用，但是能用来洗澡，这对于经常为了找不到水洗澡而烦恼的牧民们来说，无疑是天上掉馅饼的好事。

很显然，从水井里流出来的温水渗入了附近的戈壁滩，导致了大片土地盐碱化，成了盐碱地。值得庆幸的是，幸亏在这处温泉的周边不是庄稼地，要不然，这种苦涩异常的水流到地里，必将导致大量庄稼死亡，田地盐碱化。

由于牧民的生活随意性较强，没有固定的住所，餐风饮露，很多牧民都因此患上了风湿，每到变天的时候，四肢关节就会疼痛不已。

让人意想不到的是，很多牧民在这里经过一段时间的洗浴之后，风湿病竟然不治而愈。而且就连身患其他病痛的牧民，泡上一个月后，也都比原来大有好转。因此这里的水被当地人誉为“神水”、“圣水”，有治愈百病的效果。

这个消息就像长了翅膀一样，传到了新疆化学研究所专家耳朵里。为了能够弄清楚这股地下温泉的成分，专家立即到此进行了水质鉴定，发现水中含有硫化氢、铁、锌等多种有益于人体的微量元素，可以起到按摩、收敛、消肿、止痛的作用。更令人惊喜的是，这竟然是一处形成于7亿年前的古海沉积水，水温达到摄氏75度。

在这个到处都是戈壁荒滩，年蒸发量远远大于降水量，极度缺水的地区，发现一处地下温泉已经是不得了的事了，更何况是7亿年前的古海沉积水，它是如何保存下来的？它和我们现在的海水有什么不一样吗？一系列的疑问，让我们急切地想去看一看那片古海水温泉。

温泉浴场位于古尔班通古特沙漠边缘，一条笔直的公路将戈壁划分为二，延伸到天的尽头，公路的两旁，除了戈壁，还是戈壁，没有一点建筑物。在戈壁滩上行走，需要极强的方向感，这对于我们这些生活在城市里，习惯了依靠建筑物来辨别方向的人来说，无疑是一大挑战，如果没有公路，我们肯定会在这片戈壁滩上走失。

一望无际的戈壁上，分布着稀稀落落的红柳，新疆的日照很强，阳光反射到地面，形成一片耀眼的白光，让人睁不开眼睛，地面温度估计达到了40多度，在这么一个极端炎热干旱的地方，能够保存下一片古海水，实在是一件不可思议的事情。

远远的，一座钢结构高塔矗立在空旷的戈壁滩中，塔高足有20多米，塔中间有楼梯，可以盘旋而上直到塔顶。站在塔顶，能将周边的戈壁尽收眼底：这里的戈壁滩正在日渐沙漠化，地上的碎石经过长年累月的风吹日晒，会被风蚀成沙子，到时候这里就会成为真正的沙漠。

一片蓝光映入我们的眼帘，蓝光周围，是一大片白色的盐碱地，看来，远处就是我们的目的地——古海水温泉了。

现在的古海水温泉已经被人利用起来，在这里修建了一座温泉浴场，浴场装修得颇为现代化，就连里面的浴场也都分成了三类，室内和露天两类属

■ 骆驼放野

■ 七亿年前的古海水

■ 吉木萨尔戈壁滩

于大众浴场，还有一类是独间，当然，价格肯定要比前两类贵出许多。虽然这古海水温泉浴场地处戈壁荒滩，但是丝毫没有影响人们对它的强烈兴趣，许多人不远千里来此，只为体验一下7亿年前的古海水浴，还有很多的游客听说了它的疗效，特地在此住下，每天在这泡上一泡，以除疾病。

从表面上看，古海水和我们现在的普通海水没有什么区别，不过尝起来就能感觉到它的不同，味道比普通海水要苦，要咸，甚至有点发涩。

相较于室内温泉，我们似乎更愿意在阳光下畅泳，在蓝天下舒展着四肢，静静地接受着这来之不易的古海水洗礼。为了留住自己与古海水温泉亲密接触的那一时刻，好几个男科考队员都提出来要用相机拍下他们翻身入水时的优美身姿。更有甚者，他们中竟然有一个不停地变换姿势入水，一会是鲤鱼打挺，一会又是仰躺入水，总之是玩尽了花样。

虽然亲身体验了一番古海水温泉的滋味，但是还有很多问题并没有得到解决，它为何能在如此干旱的地区保存7亿年之久呢?

对于古海水的形成，也许我们得将时间追溯到地球诞生之时，46亿年之前，宇宙中的尘埃凝聚在一起，形成了我们现在所居住的地球。最初的火球逐渐冷却后，整个地球表面开始被海水覆盖。这段时间内，大量海生藻类和海洋无脊椎动物诞生了。随着地质的不断变化，地球表面开始形成陆地、山川，距今约5.4亿年的寒武纪时期是地球上现代生命开始出现、发展的时期。而吉木萨尔的古海水，比寒武纪时期还早了1亿多年。

后来因为部分地壳下沉，导致了一部分海水被掩埋在地层之下。到了距今4亿年前，新疆地区的海水开始退却，逐渐形成陆地，但是在吉木萨尔，曾经发现过二叠纪、侏罗纪时代的远古动物化石，其中水龙兽动物化石和恐龙化石最具代表性，水龙兽是距今1亿年前，生活在水中形似哺乳动物的爬行动物，照此也可以断定，在距今1亿年前，这里仍然是一片汪洋。

由此可以看出，1亿年前的新疆还是一个森林繁茂、水资源充沛的地方，究竟从什么时候开始，什么原因，导致这个地方变成了如此荒凉、缺水的状态呢?

至今在学术界有很多观点认为导致这些地方缺水干旱的大部分原因还是人为的任意开采。但是一部分最新的观点却并不这么认为，有专家对塔克拉玛干地区的气候做过分析，塔克拉玛干地区从6亿年前开始，经历了几次潮起潮落的过程，形成了现在的盆地格局，再加上喜马拉雅造山运动的波及和影响，盆地周围山体急剧抬升，山区风化剥蚀物被搬运到了盆地中心，正是由于这些因素，奠定了今天的塔克拉玛干沙漠。英国的科学家们利用计算机模拟了未来1.5万年内的气候变化后发现，即使没有人类活动的干预，地球气候也将很不稳定，有可能在短期内突然变冷或变暖。也许我们能从这些观点里看出影响吉木萨尔地区环境变化的因素很大一部分取决于当地自身的地壳运用。

浸泡在7亿年前的古海水中，凝望着远处的茫茫戈壁，别有一番滋味。没想到今天的我们，竟然能真实地触及7亿年前的海水，这种待遇就连有着地球霸主称号的恐龙都没有办法享受。

浸泡在湛蓝的古海水中，看着泳池管道里源源不断流出的古海水，我们也在深深的担忧，照这样的速度，这片仅存的7亿年前的古海水还能流多久？难道这片现存世界上最古老的海水仅仅只能用来当作温泉使用？没有任何科学价值吗？

它的研究价值应该远远不止这些，金庸的武侠小说里经常有这样的描写：某位世外高人为了研制仙丹灵药，而要远赴天山等高寒地区寻找某味稀少珍贵的药材，而这味药材往往在仙丹灵药里面有着起死回生的关键性作用。

虽然是小说，但不难看出，稀少的东西往往是最珍贵的，既然这处古海水温泉有着如此神奇的医疗效果，为何不将它利用起来，也许它会成为专治疑难杂症的特效药呢。

钱塘江地下流淌的万年古海水，依然深埋于地下，没有挖掘，专家称可以利用它来研究人类认识生命的起源和演化过程，那么这处7亿年前的古海水，应该比钱塘江的万年古海水更具有研究价值。7亿年前的生物，经过高

■ 吉木萨尔发现的古脊椎动物化石

温高压，被深深埋在了地下，所以这片古海水，不仅仅是医治疾病的灵丹妙药，而且里面也保存着7亿年前的生物信息。

据最新的研究表明，在七八亿年以前，地球上就已经存在一种名叫“真涡虫”的生物，它具有最原始的脑细胞形态，也就是说在这处古海水沉积之前，它就已经存在，是世界上所有动物以及人类的祖先。

现在在遗传学里有一种叫“提纯复壮”的说法，意思就是说从现有生物物种里提取挑选没有遗传疾病的DNA，与原有的纯种DNA进行匹配，让某种生物恢复到最原始的形态。

在新疆西天山地区依然存在着许多野苹果等野生物种，它不单单是现有苹果的原始基因库，同时也是6500万年地壳和气候大变动以来的见证和遗存。

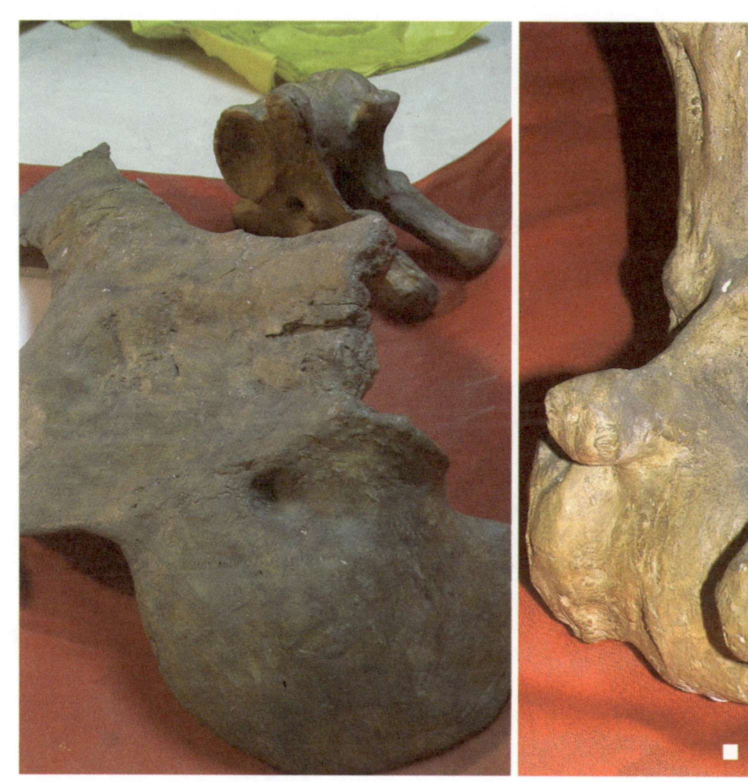
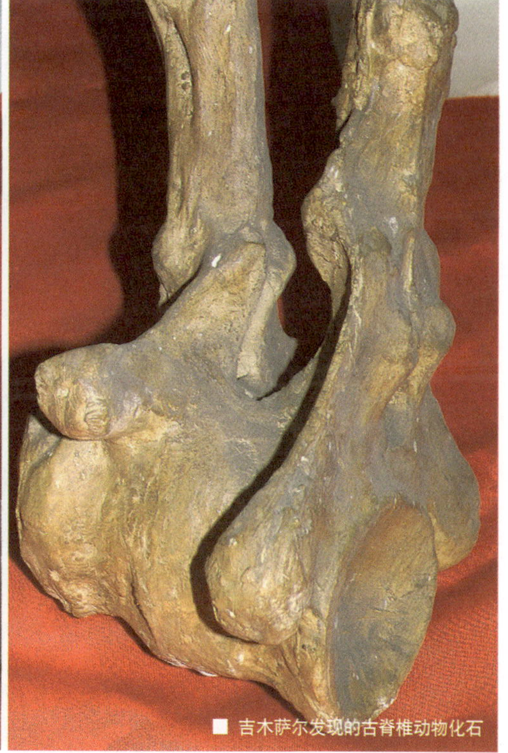

■ 吉木萨尔发现的古脊椎动物化石

如果能将它们充分利用，对于研究它们的遗传基因，利用和改良品种，将起到推动作用。然而就是这片价值巨大的野生植物原始基因库，至今还没有得到人们的重视。以至于近几年，由于乱砍滥伐和人为过度的采集，西天山野生物种的数量和面积正在急剧下降。

也就是说如果在7亿年前的古海水中真的能找到真涡虫的DNA，对我们研究脑构建的起源将会起到推动作用。

我们非常不希望对这片古海水，仅仅是用来当作温泉；我们也不希望等到这片古海水消失以后，才认识到它的重要性。那对于我们人类，将是永远的遗憾。

野马的故乡

在北庭古道的北部——新疆吉木萨尔县，有一片被当地人称之为“卡拉麦里”的戈壁荒漠，这就是世界上珍稀动物——野马的故乡。2001年我们中央电视台记者曾在这里作野马放归的报道，而卡拉麦里也正是北庭古道最北端的起点。我们再次来到这里，可谓旧地重游。

提起野马，立刻会使人们想起那些以碧水蓝天为伍，纵横驰骋在广袤无垠的草原上的精灵。

一百万年以前，在新疆广阔的草原上，到处奔驰着这种美丽的动物，它和我们现在所看到的野马已经没有多大的区别了，它就是我们已知大部分家马的祖先。由于它们硕壮的躯体和强悍的性格，在草原上几乎没有什么天敌。这些野马一直生活到20世纪初，但是到了1984年，我国和蒙古国却相继对外宣布野生状态的野马已经灭绝。

“天之骄子”成吉思汗率领他的骑士们骑马纵横欧亚大陆，建立了人类历史上最大的陆上帝国，所以这个帝国又被称之为“马背上的帝国”。

成吉思汗的军队之所以能够凭借他的马队狂扫整个欧亚大陆，这与蒙古人不断从草原上捕捉大量野马与蒙古马交配不无关系。而这种杂交出来的身材矮小、体格强健的优良品种就是我们今天所说的蒙古马。

据元代史书记载，成吉思汗用于传递军情的马匹，可以持续奔跑十个小时，行程达240多公里。设想一下：一个信使带着十匹剽悍的蒙古马，骑死一匹换上一匹，连续七昼夜只吃不睡，人不下鞍，马不停蹄地从东亚草原穿过整个亚欧大陆到达东欧，把大汗一周前签发的命令递交到蒙古统帅的手里，这人与马同创的奇迹，是何等的惊天地、泣鬼神！

野马的学名叫蒙古野马，也称作普氏野马，生活在蒙古和新疆一带的半荒漠草原中。

1878年，沙俄军官普热瓦尔斯基率领探险队先后三次进入准噶尔盆地，发现了生存在那里的世界上唯一的野马，以后这些野马就被正式定名为“普氏野马”。

自从普氏野马被发现以后，西方列强曾多次进入这个地区捕捉野马。到目前为止，全世界范围内的野马数量不超过1000匹，是比国宝大熊猫还要珍贵的野生动物。这些野马由于近一百年的圈养和近亲繁殖，种群严重退化，体质已经变得极差。国际自然与自然保护联盟将“普氏野马”定为一级濒于绝种危机的“濒危级”物种。

1986年，英、德等国先后把18匹野马送还我国，中国林业部和新疆维吾尔自治区人民政府组成专门机构，负责“野马还乡”工作，在准噶尔盆地南缘、新疆吉木萨尔县建成占地9000亩全亚洲最大的野马饲养繁殖中心。野马的故乡结束了无野马的历史。

虽然说野马是大部分家马的祖先，但它并不是我们现在所有马的祖先。

早在6000万年以前，北美大陆和欧亚大陆还没有完全分离，美洲大陆上生活着一种只有兔子大小的动物，这就是我们现在所有马的祖先，人称“始祖马”。很显然，当时的马体积并不大，还不足以驮着人日行千里。也许是为了生存的需要，始祖马在后来的发展中，逐渐将颈拉长，这样便于它能站立着吃草，而强壮的马腿便于它逃离险境。

2001年，为了恢复普氏野马的野性，新疆卡拉麦里野马繁殖中心从100多匹野马中精选了27匹有监视地放归自然。

最早关于野马的记载始见于《穆天子传》：周穆王西游东归时，西王母送周穆王“野马野牛四十，守犬七十，乃献食马”。《本草纲目》也记有“野马似家马而小，出塞外，取其皮可裘，食其肉云如家马肉”。看来，人类对马的认识，是从食用开始的。

后来人们发现，马的奔跑能力特别强劲，奔跑速度极快。借助于马的奔跑速度，人类终于可以脱离双脚行走的局限。

野马的活动半径是30公里，最多可持续奔跑两个多小时，活动范围就是新疆准噶尔草原地区。

经过驯化后的野马，在人为的控制下，日行可达100公里。如果日出而行，日落而息，一个月可走3000公里。也就是说，马作为运动载体，使人的活动范围扩大到了900－1000万平方公里。对马的全新认识，使人类有了跨越更大疆域的资本。

人类与马的互动，是世界性的，在西方，开辟了一个时代：骑士时代；在东方成就了一个横跨欧亚大陆的超大帝国。

成吉思汗率兵西征经过准噶尔盆地，就曾有过猎取野马的诗句“千群野马杂山羊，壮士弯弓损奇兽”。

征服是人类与生俱来的本能，秦始皇统一六国、汉武帝扩充疆域，无不因为征服两个字。由于野马具有的野性，致使人类难以驯服，那些能够征服野马的人理所当然地被人们称为勇士。

值得一提的是我们从许多出土的文物和许多古画上看到的马的形象也是鬃毛竖立五短身材。著名的秦始皇兵马俑一号坑出土的铜车马中拉车的马，还有汉墓中浮雕拉车的马都是如此。这些古代的马为什么和野马那么相像？也许古代的马与野马的血缘关系更近？又或者它们就是野马？如今已很难弄清楚。但是有一点却是可以肯定的，至今在这个地区还经常流传着牧民捕捉野马与家马杂交来优化整个马群的传说。

在我国，无论是历史，还是在许多脍炙人口的文学作品中，宝马总是和英雄、美女放在同等地位，三位一体，并驾齐驱。

西汉演义中，“霸王、虞姬、乌骓马”传为佳话，三国时期更有“吕布、貂蝉、赤兔马”一说。

“生当作人杰，死亦为鬼雄。至今思项羽，不肯过江东。”李清照的这首诗，把西楚霸王的英雄气概可谓写到了极致。但是楚霸王离开虞姬、乌骓马也就不叫楚霸王了。

正所谓“力拔山兮，气盖世。时不利兮，骓不逝。骓不利兮奈若何，虞兮虞兮奈若何”。

至于中国历史中四大美人之一的貂蝉和“人中吕布，马中赤兔”演绎的

■ 普氏野马

故事，流传至今，更近一步说明了马在人们心中的地位。

马对人类社会的进步和文明发展的巨大贡献，是不言而喻的，以致现在我们生活中使用的许多东西依然离不开“马”的概念。在新华字典中，与马有关的，带有马字偏旁的字和词多达几百个。马枪、马刀、马口铁，甚至马路上的汽车功率也是以马力来衡量的。

蒸汽机时代的到来，使马在人类社会中的地位逐渐消退。而野马这一草原上的骄子则到了濒临灭绝的地步。

卡拉麦里野马自然保护区，我们见到了这些最后的“天马”。在野马繁殖中心研究员的带领下，我们一边慢慢向马群靠近，一边用相机给野马拍照，可能是从未见过我们这些陌生人，它们显得有些慌乱，并不断地往后躲闪。这是野马散养以后的反应，开始躲避人类的靠近，变得非常警觉，野生动物的一些群体行为也慢慢地开始表现出来。

野马单独活动的范围一般不会超过200米，因为只有在这个距离以内，一旦发生危险，它才能来得及跑回野马群，躲避危险。

突然，野马开始围着马圈狂奔起来，卷起一层黄色的沙土，长而柔软的尾毛在激烈的奔驰中，随风扬起，显得格外飘逸。绕着马圈奔跑了两三个圈以后，慢慢平静下来。野马这一突如其来的举动，让科考队员们有幸拍摄到了它们奔跑时的矫健身姿。

经过半个多小时的观察，野马确定科考队员们没有任何攻击性，逐渐消除了戒备心理，变得比较容易亲近。这为我们近距离拍摄野马提供了机会。也许野马对于摄像机这个“怪物”有点好奇，一匹野马迈着缓缓的步伐向摄影记者靠近，在摄像机镜头前停了下来，目不转睛的瞪着眼前那架黑色“怪物”研究起来。

野马繁殖研究中心的研究员告诉我们，2005年，新疆野生动物保护协会和新疆野马繁殖研究中心发起了认养普氏野马的活动，每匹野马每年的认养费是2000元，这项活动一经推出，就获得了社会各界的大力支持。著名影星成龙也在这里认养了两匹野马。

工作人员指着马圈外一匹孤单的野马说，那就是成龙认养的野马之一，它是一匹头马，是所有野马的“首领”。头马的竞选是野马至今仍保留下来的野性，通过角逐，胜出的那一匹野马才有获得头马桂冠的资格。

野马繁殖中心的工作人员告诉我们，野马都是很“君子”的动物，每一匹母马性成熟后，就被头马赶出自己的圈子，和别的群落的马组成另外的家庭。

头马在马群中的地位就像古时的皇上一样，只有它才拥有“后宫粉黛，佳丽三千”。为了保持其血统的纯正，马圈中的母马都单独圈养，只属于头马，其他野马是没有权利和这些母马进行交配的。一旦生下来的小马驹能独立生活以后，头马就会把它们驱逐出马群，让其自谋生路；而当其他马匹获得头马的资格后，新的头马就会把原头马的“孩子”踢咬致死。

野马还是最以貌取人的动物，长得好看、身体强壮的公马总是群体中最受欢迎的“偶像”级动物了，所有的母马都会以和它生育后代为荣，而那些长的难看、身材矮小的公马却没人理会，有的甚至终生都没有母马相伴。

工作人员还告诉科考队一个关于野马与狼的战争故事，当时一群野马在野外遇到狼群的袭击，双方僵持不下，为了保护自己的妻子及儿女不受狼群的伤害，公马义无反顾的走在最前面，母马中的皇后紧随其后，在“皇后”的后面，其他的小马及母马依次排成一个扇形。公马与其中的一匹狼发生了正面冲突，而尾随其后的其他野马与剩下的狼群展开了搏斗。在公马的强势攻击下，那匹狼被甩出十几米远，当场奄奄一息。在这样的紧要关头，野马一家紧密连在一起，共同对抗外敌。

当我们看到其他野马融洽的生活在一起，而头马却只能在一旁孤独的徘徊时，感到很奇怪，为什么它不和其他马匹一起生活，耳鬓厮磨呢？工作人员笑着说：“这就是所谓的高处不胜寒，既然它获得了头马的资格，就得承担‘位高权重’所带来的孤独。”

野马的历史已经有一百多万年，在这漫长的时间里，它们为了适应环境的变化而改变了自己的身材。然而，发现野马距今才一百多年的历史，野马

就到了濒临灭绝的地步，什么原因导致了它们的不断灭亡?

最新的生物进化理论认为，生命从大繁盛逐渐走向灭绝这一观点的提出，是由两件事引起的。其中一件就是，在距今260万年前，欧亚大陆的马类都是三趾马，就是在每个马蹄的两侧各有一个趾蹄，三趾马个子很小，比今天的狼狗稍微大一点。

而北美，当时已出现了一个蹄子的真马类，长相已经有点像今天的现代马。不过，那里的大象却是乳齿象，个体很小。而欧亚大陆呢，已经有了类似于今天大象的真象类。

这种状态仅仅维持了10万年，距今250万年时，真象类“突然”从欧洲大陆扩散到了北美，取代了那里的乳齿象类。真马类“突然”从北美扩散到了欧亚大陆，取代了那里的三趾马类。

距今4000万年前，哺乳动物、假古猬、强菱齿兽、中兽阶齿兽等“突然”出现了，它们是今天各种哺乳动物的祖先。这种“突然”灭绝和“突然”出现的现象，称为“生物突变进化事件”。

时至今日，奇蹄动物的九个分支都绝灭了，只剩下马类、犀类、貘类三分天下。

这种大爆发伴随大灭绝的现象，用达尔文的进化论是无法解释的。于是有人提出，生物进化是一种“金字塔”模式。从“寒武纪生物大爆发”，奠定了生物种群的基础之后，这个大种群就开始了越走越窄的进化道路。

据美国科学家统计：从寒武纪生物大爆发至今，物种已经灭绝了90%以上，并将继续灭绝下去。

按照这个理论，现在应该或者必然灭绝的不仅仅是野马，还有大熊猫、朱鹮、扬子鳄、麋鹿等。

如今，这些珍稀动物在我们人类的帮助下依然顽强地生存着。

与蒙古野马同时期生活在一起的还有一种它的近亲，那就是野驴，它和野马是同一个祖先。而野驴的进化，比野马更能适应恶劣的环境。

一般地讲，凡是有野马出现的地方就会有野驴，然而有野驴的地方不一定有野马。因为野马一直无法适应荒漠戈壁，它生存的地方必须有大量的草场和丰富的水源，也正是因为野马活的比野驴更加精贵，所以尽管野马和野驴常常碰头却从来也没有主动和它的远房亲戚野驴结成连理。

如果说自然规律的演变是导致野马逐渐消失的原因之一，除了这个，还有什么呢?

中科院新疆分院生化所的生态专家谷景和，多年来一直致力于野马、野骆驼等濒危物种研究。曾多次率领科考队，对野马活动区域进行了大规模考察。

他为我们描绘了一幅近百年来野马活动区域逐渐收缩的变迁图，从图上可以看出，野马原来一直生活在天山北麓和现在的卡拉麦里保护区南部的阿姆斯台一带。后来为了发展牧业，人类把这里占领了，野马最终被挤到了北塔山地区。北塔山，已经成为野马生存的最后一个“安全岛”。

毫无疑问，人类持续不断的毁林开荒和发展牧业，造成草场退化，从而导致野马栖息地逐渐减少。这是野马种群逐渐消亡的重要原因之一。

我们一路与野马繁殖中心的一位女工作人员闲聊，听着她滔滔不绝地讲述着野马的现状，心中一阵感激：为了延续野马的生命，他们把自己宝贵的青春献给了这片荒芜的戈壁；为了恢复野马的野性，他们花费了多少心血。然而，他们是值得骄傲的，5年的努力终究没有白费。

5年前，野马繁殖中心还只是初具规模，而5年后，当我们再次亲历这里，在这600公顷的占地面积上，已经建成了饲料房、草库、野马展览室。

5年前，这里的野马只有一百来匹，而5年后，这里的野马增加到近300匹。

这样的成果令人欣慰，但是如今野马又在面临另一轮消失的危险，据媒体报道，到目前为止，已经有5匹野马在通过国道时，被象征现代文明的汽车撞死。在我们人类社会不断发展的同时，却剥夺了其他生物在地球上生活的权利。这不能不说是一种悲哀。

据有关资料介绍，我国已有10多种哺乳类动物灭绝，还有20多种珍稀动

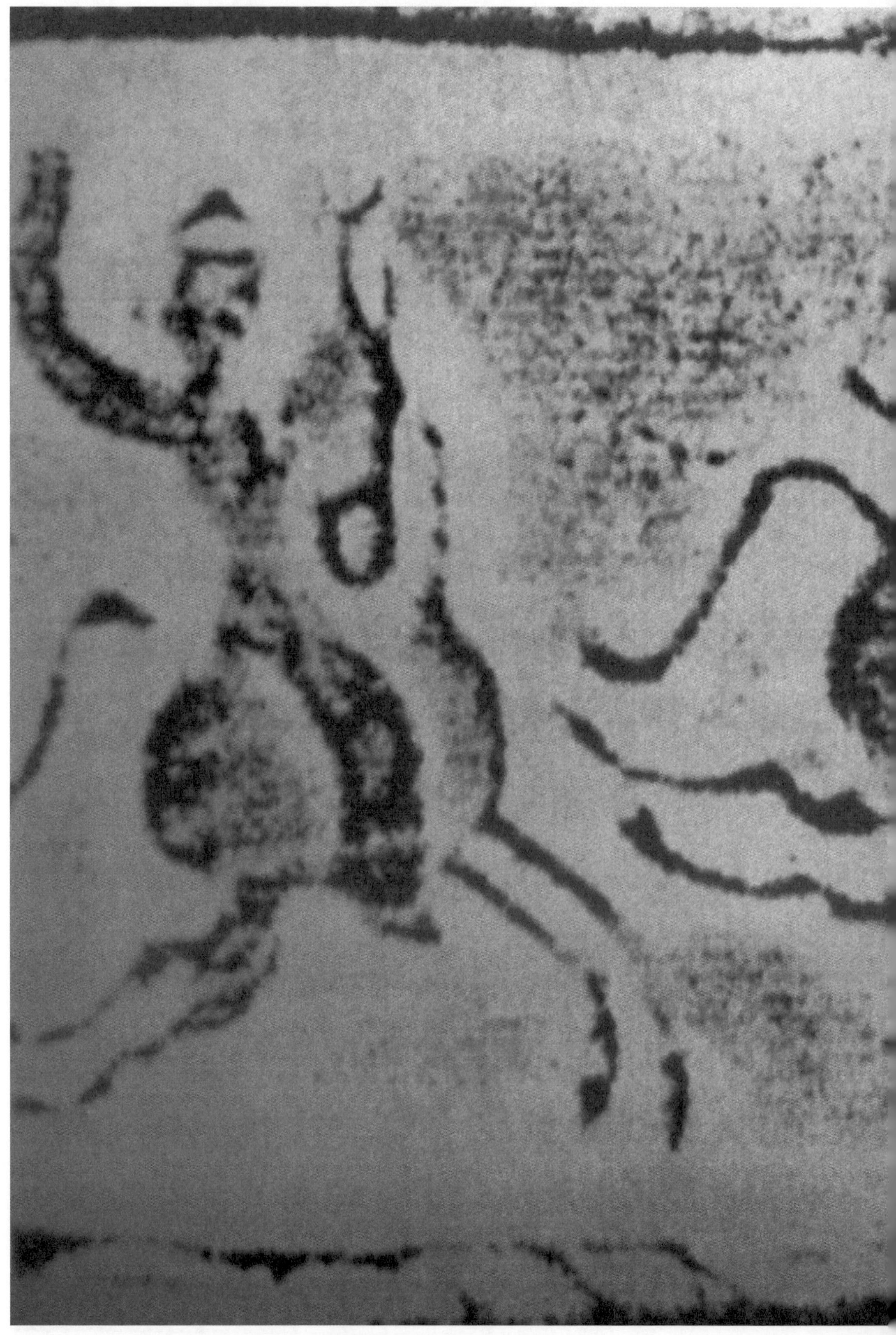

■ 北庭古道南端发现的古代岩画

物面临灭绝。这会导致许多有助于农作物战胜恶劣气候的基因消失，甚至引起新的瘟疫。

在现代物质文明无限扩张的今天，野马的存在显得如此的脆弱，正如我们见过的7亿年前的古海水一样，随时都在面临着消失的危险。我们在保护它们的同时，最重要的还是要保护好它们赖以生存的环境。

■ 汉代的军事要塞——疏勒城

我们在吉木萨尔考察时，听当地人介绍说，汉代的军事要塞疏勒城就在距离县城不远的地方，驻守在天山北道的一侧。

历史上关于疏勒城的位置，一直都有几种说法：一是现在的喀什市，二是吉木萨尔，三是奇台县境内。

究竟哪一座才是汉代著名将领耿恭驻守的疏勒城?

要想搞清楚疏勒城在哪里，必须得先了解疏勒城的历史。汉武帝花了毕生精力将西域纳入了中原的版图，并在此设下重兵把守，但是到了西汉末年，王莽篡位一事闹得汉政府内部极度不安，已经无暇顾及远在西北边塞的西域。汉朝政府对西域的管辖在管理上出现了疏漏，导致了匈奴单于乘虚而入，重新迫使西域各国接受他的统治，许多西域小国为了自保，纷纷投靠了匈奴。

由于匈奴的管理太过残酷，于是西域各国纷纷派出使节要求汉朝政府出兵，保护他们的安全。在西域各国人民的多次要求之下，东汉朝政府又考虑到如果西域被匈奴占领，那么中原通往外域的这条商路必然会被切断，要想保持丝绸之路的畅通，就必须恢复对西域的管辖。在综合考量之下，公元73年，东汉政府派耿恭前往西域恢复了西汉时期的都护制度。

耿恭来到西域以后，担任了西域都护府里的戊己校尉，校尉的官衔仅次于将军，主要负责车师后王庭的金满城管理。耿恭到了此处之后，和当地的居民相处得非常好。深谋远虑的耿恭深知，匈奴决不会轻易善罢甘休，于是他一边督促士兵练武，一边与乌孙国取得了联系，并大肆宣扬汉政府的德威。受到匈奴压迫的乌孙国见到汉政府的书信，非常高兴。于是，乌孙国王立即决定派使臣带着名贵的礼物——乌孙马到汉朝进贡，同时还表示愿意派太子到汉朝政府服务。耿恭听到这个消息，立即派人带着汉朝政府赏赐给乌孙国的金银绸缎前去迎接。这样一来一往之后，成功恢复了乌孙和汉朝的友好往来，并断绝了乌孙和匈奴的关系。

汉明帝十八年（公元75年），北匈奴一举夺得车师国后，乘胜追击，直逼金满城。耿恭设计击退了北匈奴的侵袭，然而耿恭深知，要彻底击溃北匈奴的两万大军不是一件容易的事，于是他一方面大规模招募勇士，一方面将防御据点移到水源充足并且易守难攻的疏勒城。疏勒城离金满城很近，依山傍水，一条从山涧流下来的小溪流经城下，可供城里的人饮用，也便于长期驻守。

没过多久，匈奴再次侵袭，耿恭率领几千名勇士骑着快马，直向匈奴骑兵队伍冲去，由于匈奴人毫无戒备，一时大乱，只好败走。

匈奴人见硬打不行，便改换了办法，采取长期围困。他们派兵把疏勒城里三层、外三层围了个水泄不通，还把通往城内的水源堵住，断绝了城内用水。

断了水的疏勒城，立即陷入了困境，极度饥渴的士兵和居民，连走路都没有精神，根本无法对抗匈奴的进攻。耿恭一看，决定动员城里居民和士兵一起就地挖井，可是他们连战了好几天，连一滴水都没见着，正在大家感到非常沮丧的时候，从井里突然冒出了一股泉水，耿恭兴奋地赶忙命令士兵提着水桶到城上去，向城外泼水给匈奴人看。匈奴人一见城里有那么多水，甚是惊奇，以为有神仙相助，觉得再围困下去也没有用，就主动撤兵了。

此时整个西域的情势已经到了非常严峻的地步。汉明帝的驾崩，车师国

■ 北庭古道的北端

的背叛，使得耿恭受到内外夹击。匈奴再次发兵来犯，把疏勒城包围。

长期被困在城中的耿恭军队，没有粮食，只好把弓上的皮条和腰间的皮带解下来煮着吃。耿恭和士兵们一起同甘共苦，发誓和全城百姓共存亡。匈奴单于得知城里没粮，就派使臣前来劝降，说只要耿恭率部归顺匈奴，就封他为白屋王，并赏赐美女若干。这些都遭到了耿恭的严厉痛斥，匈奴单于恼羞成怒，调来更多的军队加紧攻城。城里的百姓和士兵看到耿恭如此坚守城池，十分敬佩，颇受感动，个个奋勇当先，大家齐心协力，几百人竟在疏勒城固守了整整一年，最终坚守到汉朝救兵来到。当时城里的守军只剩27人，救援军队将这27人护送至几十公里以外的北庭都护府进行医治，然而一路上，14名守军由于身体极度虚弱陆续停止了呼吸，最后仅剩了13名守军。可见当时抗击匈奴之惨烈，坚守疏勒城之艰苦卓绝。

“耿恭拜泉退匈奴”的千古佳话流传至今，耿恭的名字让后人记住了，而那座和汉军一起抵抗匈奴的疏勒城却在历代攻伐征战中，化为一片废墟。

有人猜测，如今的新疆喀什市，就是疏勒城的所在地。据说在喀什，有一眼九龙泉，从清代至今，这眼泉一直被称为“耿恭泉”或“耿恭井”，而且泉边还有一座寺庙叫“耿恭寺”。清代诗人在游访喀什的诗文中也有不少“耿恭泉”的记载，民国时期的喀什县志中明确标有“耿恭泉”与“耿恭楼”的位置，1950年前后，喀什市仍有一个区叫“耿恭区”。

也有人猜测，疏勒城位于奇台县境内，据说，在奇台县境内的疏勒城遗址，曾发现了耿恭部下抗击匈奴攻城时凿出的水井，还有许多汉瓦以及瓮、缸等生活用具。

最后一种猜测，就是我们今天所在的吉木萨尔县。

司马光撰写《资治通鉴》时对《后汉书》中的“耿恭拜泉说”作了描述，元代史学家胡三省在为《资治通鉴》作注释时清楚地指出，当年耿恭所守的“疏勒城在车师后部，非疏勒国城也”。

按胡三省所作的注释，疏勒城在车师后部，也就是今天的奇台、吉木萨尔一带。

既然吉木萨尔县内有所谓的疏勒城遗址，我们就决定去那里看看，顺便确定一下耿恭驻守的疏勒城位置。

吉木萨尔县内的疏勒城，位于北庭古道的北端，紧邻北天山的入口处，如今的城址已是一片废墟，只能依稀辨别出城郭的形状和大小。整个城郭呈长方形，面积大概有5000平方米，残留下来的高度有3米左右。城的一边是一条公路，另一边紧邻从山上发源的大龙沟河，如今流淌至城郭的河水已接近干涸，城郭与沟底的高度有50米，地势险要。

古时的城池，一般都是依水而建，这样方便军队和居民用水。按照史书记载的耿恭率部下掘地三尺凿井取水的故事，这里也极有可能是疏勒城遗址。但是在奇台县的汉代遗迹中，发现有当年耿恭部下所凿的水井，它似乎也有可能是遗址所在。到底哪里才是，迷雾重重。

北庭古道是连接天山南北最为便捷的一条道路，这条道路在唐代以前就已经成为穿越天山南北的重要交通要道，而且汉朝时的吉木萨尔曾是金满城所在，吉木萨尔县内的疏勒城遗址距离金满城只有几十里，而奇台县

■ 北庭古道

■ 北庭古城墙

内的疏勒城遗址距离金满城足有200余里，当年匈奴攻打东汉的耿恭军队，不可能从险要、无人经过的道路行走，只有北庭古道才是最为便捷的一条道。

按照史书中关于耿恭守城的记载，疏勒城应该是一座军事堡垒，它的主要功能还是守城。既然是战争堡垒，肯定少不了兵器的出土。在奇台县内的疏勒城遗址中，虽然有水井和一些日常生活用品，但并没有军事上的装备或武器，而在吉木萨尔县内这处疏勒城遗址，曾经出土了很多兵器。耿恭当年从金满城迁到有水源的地方驻军，主要也是为了守护金满城，吉木萨尔县内的疏勒城恰好符合耿恭选择城堡地址的条件。再有在这座遗迹的北边，有一条古河道，至今还有水流。据说在夏季，雪山融化的时候，这里的水流会更大。所有这些条件都符合疏勒城作为一处能够扼守天山北道入口的重要军事要塞的条件。

吉木萨尔县内的疏勒城最有可能为耿恭驻守的疏勒城。

■ 大哉，北庭都护府

距离疏勒城不远的地方，就是我们此次考察的重中之重——北庭都护府。这座古城不同于疏勒城，它在历史上一直都是赫赫有名的军事重镇，其规模和繁荣程度绝不亚于现在的乌鲁木齐。

话说唐朝初年李靖率三千铁骑夜袭阴山，迂回穿插千里，直捣突厥老巢后，李靖成了中原王朝家喻户晓的英雄人物，突厥部队只要一听到他的名字，没有不闻风丧胆的。也就是从那次战役之后，李世民令西北各民族诚服，被推举为“天可汗”。而李靖作为唐太宗李世民所信任的人，令人信服地成了“天可汗”军队的领军人物。

就在李靖攻灭突厥后的第四年，位于青海和新疆南部的吐谷浑王国开始造反，他们派兵攻打河西走廊，并扣押了唐朝派去的使者。在几次交涉都没有结果的情况下，唐太宗决定铲除吐谷浑这个祸害。左骁卫大将军段志玄就是当时攻打吐谷浑的主帅，然而他却未能彻底消灭掉吐谷浑。

唐太宗左思右想，觉得唯有李靖能胜任消灭吐谷浑之役。可当时的李靖退休在家颐养天年，太宗觉得实在难以启齿再劳烦这位60多岁的老臣。就在太宗左右为难之际，李靖听说了这件事，立即上书请行。太宗皇帝看到李靖的奏折，非常高兴，立即任命李靖为西海道行军大总管，率领由汉族、突厥、契丹等各族将士组建而成的军队，出兵攻打吐谷浑。

出兵之前，李靖仔细研究了吐谷浑的地形，发现吐谷浑在海拔最高的青藏高原上，占尽了有利位置。于是李靖和几位辅佐他的将军商量之后，决定从青海甘肃交界的狭窄小路上穿过去，从吐谷浑背面分五路发动进攻。

吐谷浑可汗伏允从未与李靖交过手，虽早已听闻李靖的大名，但打过几次胜仗之后，不免有点骄傲自满，根本不把唐朝军队放在眼里。等到与李靖交锋，伏允才见识到李靖的用兵如神，此时的吐谷浑军队早已溃不成军，伏允可汗只好率兵西逃。为了不让唐军顺利追上，他命人将沿途的野草烧了个精光，好让唐军的马匹无草可吃。

在这种情况下，随李靖亲征的将军都萌生了退兵的意思，他们认为，要深入追敌，只有依靠马匹，然而现在马匹没有草吃，士兵又缺少粮食，实在是难以深入追击下去，不如回到鄯州，等到野草长出来，准备齐全士兵的粮食之后，再去进攻也不迟。

就在此时，兵部尚书侯君集说道：“不行，段志玄无法攻破吐谷浑，追究其中的原因，主要在于吐谷浑的军队没有受到一点点的损伤，所有将士都还有力气再战，然而现在，吐谷浑军队已经溃败，军心已失，我们乘胜追击，肯定能将其攻破，如果就此回师，将来必定会后悔。”

李靖觉得他说的这番话有道理，于是将大军分成南北两路，同时包抄吐谷浑。唐军一路忍饥挨饿，横穿沙漠戈壁，走了两千多里，一直将吐谷浑可汗伏允打到黄河源头。最后伏允被部下所杀，吐谷浑王国被灭。

为了巩固唐朝在西域的控制，李靖在当时的庭州，也就是现在的吉木萨尔设立了北庭都护府。

唐朝著名边塞诗人王昌龄为这次战役留下了这样的诗句：“大漠风尘日色昏，红旗半卷出辕门。前军夜战洮河北，已报生擒吐谷浑。”

公元703年，武则天为了加强对西域的管理，在北庭都护府置翰海军，管辖包括天山以北、以西直到里海东部、巴尔喀什湖以东以南的广大地区，北庭成为和安西都护府并列的管理西域行政、军事和经济的最高机关。这是北庭最为辉煌的时期，地位相当于现在的乌鲁木齐，首任大都护杨何的品级也达到了从二品，相当于现在的副总理一级。

北庭迎来了它最为辉煌的时期，当时这里人口稠密，经济繁荣，一派繁华都市景象，而且还是历史上著名的“丝绸之路”上的交通枢纽和军事要冲，它向西可达碎叶，向南可至西州，向北可通回鹘，又可东出伊州直抵长安，最远的管辖范围竟到了里海东部。由此可见威震四海、声名远播的唐王

朝国力之强盛，地域范围之广。

然而这座显赫一时的古城，到了明代再也不见记载，任是翻遍典籍，甚至传说故事，也没有寻找到古城的蛛丝马迹。它消失得那样干净，就好像地球上从来就没有过似的。

自那以后，住在这里的人们依旧一代一代的延续，关于北庭的传说再也没有人提及。

1768年，纪晓岚被发配新疆，他一直觉得非常郁闷，总想找一个机会把自己的想法和委屈向当今圣上禀告一下，并求得皇上的谅解。他知道乾隆是个非常聪明的人，纪晓岚是怎么回事，乾隆不会不明白，因此纪晓岚并没有完全灰心丧气。

1771年的一天，迪化城督粮道永庆接到乾隆圣旨，圣旨中说：由于新疆地处边疆地区，为了保证其安宁，故欲在此驻兵，要求永庆和纪晓岚在新疆进行实地勘察，以确立驻兵地点。

■ 北庭古城内

接到圣旨的督粮道永庆和纪晓岚丝毫不敢怠慢，连忙启程寻找合适的地点。他们在新疆乌鲁木齐及其周边各县进行了勘察，没有发现一处适合驻兵的地点。

最后他们来到了吉木萨尔，清朝时期的吉木萨尔，早已没有了当年的风光，在城郊，纪晓岚发现了一片废墟，废墟之上，除了断垣、残壁外，只有一处荒废的寺庙，寺庙内的石佛，已埋入土中半截之多。在这些石佛当中，有一个已经锈迹斑斑的大铁钟引起了纪晓岚的注意，铁钟比一个站立的成人还高。纪晓岚走近铁钟，轻轻地刮去钟上的锈迹，铭文露了出来。

根据铁钟记载：这里曾是一座废弃的古城，当年这座古城的范围达到了40里之广，而且周围都有土筑的城墙。

看过铁钟上的记载，纪晓岚隐约觉得这个地方并不如大家想象的那么简单，这里有可能是唐朝时著名的北庭都护府。史料上对于北庭古城的记载并不完全，到了明代后，史料上关于北庭的记载竟突然找不到一点痕迹。

为了确定这座遗址到底是不是所猜测的北庭故城，纪晓岚在城中开始寻找更多的证据。经过考察，他发现土中有烟灰，而且这座古城乍看之下，孤立于丛山之外，但是只要仔细观察，不难发现，古城的位置刚好地处天山北道的要塞上，紧紧扼守住这天山以北的广大地区。正是根据遗址的地理位置和大量烟灰，纪晓岚确定这座被历史所遗忘的古城就是唐代名将李靖所筑的北庭都护府。纪晓岚在《阅微草堂笔记》中有“城中皆黑煤，掘一二尺乃见”的记载，这也是北庭都护府被废弃以后首次见于文字的记载。

经过考察后，纪晓岚不禁为这座古城的位置感叹：古代名将的选址，真是大有眼光。

纪晓岚和永庆商量后，选定这里作为清军驻兵之地。并立即禀告乾隆帝，获得了乾隆帝的首肯。

从吉木萨尔县城通往北庭都护府的路十分好走，一条笔直的公路直通向前方，周围是绿色的农田，不一会的工夫，就来到了北庭都护府所在地。

我们站在公路旁边，近距离观望这座千年古城，故城遗址尽收眼底。经

■ 西大寺古铁钟

■ 北庭古城墙

■ 北庭古城墙

■ 北庭古城墙

过岁月的洗礼和历史的沧桑，昔日的城墙、楼宇已成为大大小小的土丘，隐没在杂草丛生的荒野中。很难想象这就是当年“挟千里以超里海，筑伟业而壮三军”的西域重镇。

为了更好地拍摄这座古城的规模，我们动用了空气动力伞进行航拍，来自山口的风把动力伞吹得忽上忽下、忽左忽右，就像坐上了一架高速行进的过山车。空气动力伞俯冲而下，一座古城赫然在目。

城墙的形状依然清晰，倚地势构筑的城郭，环环相扣，形成一个巨型的“回”字。

北庭古城呈长方形，分内外两重，外城周长约4600米，为不太规则的长方形；内城周长约3000米。整个城大致可分为“官城”，内城南、北部及外城南、北部五个小区域。每个区域居住着不同级别的居民，看来，在唐代，这种等级差异非常严格。在一千多年的历史长河中，这座古城，先后为赛人、车师、粟特、柔然、突厥、回纥、蒙古等民族所拥有。

■ 北庭古城护城河边

■ 北庭古城护城河

君不见：
走马川行雪海边，平沙莽莽黄入天。
轮台九月风夜吼，一川碎石大如斗，随风满地石乱走。
匈奴草黄马正肥，金山西见烟尘飞，汉家大将西出师。
将军金甲夜不脱，半夜军行戈相拨，风头如刀面如割。
马毛带雪汗气蒸，五花连钱旋作冰，幕中草檄砚水凝。
虏骑闻之应胆慑，料知短兵不敢接，车师西门伫献捷。

这首千古传唱的边塞诗，就是常驻古城的唐代诗人岑参所作。从他的诗中，可以清楚地领略到地处大漠之中的北庭古城戍边将士那种雄视八方、横

■ 北庭古城

扫六合的强悍而又豪迈的风貌。

古城城址，至今能够看见水流的并不多见。然而在北庭，内外二城均有护城河守护，河道历历在目，特别是东西两侧的古河道，就像是有力的臂膀，紧紧环抱着城池，形成一道易守难攻的天然屏障。河水奔流，清波荡漾，城北两水汇合，形成一片明镜似的湖泊。河畔芦苇丛生、水草丰茂、牛羊成群。

根据记载得知，在这块土地上曾经进行过大大小小上百次战争，仅唐朝与匈奴之间的战争就打了30多年，而匈奴、吐蕃等国也始终把夺取北庭、吐鲁番作为控制西域的重要标志。

北庭的历史可以追溯到春秋战国时期，据有关资料记载，由赛人组成的天山六国在春秋战国时期就已定居这里。

■ 北庭古城

■ 北庭古城

赛人，据说是高鼻子、多胡须、双眼深陷、戴尖顶帽、操一口印欧语系语言的游牧民族，然而，仅仅根据这些有限的资料，我们无法分辨他们到底是来自欧洲？还是当地的原始部落？以后又到哪里去了？现在的吉木萨尔县，有没有这些赛人的后代？现在都已不得而知。

北庭古城最早出现于南北朝的西突厥时期。中亚历史上著名的商业民族——粟特族，粟特人应该算是进行跨国贸易的先祖了，他们用骆驼横跨了中原、新疆和印欧地区，他们在这里建立了自己的商品集散中心，突厥人将其命名为“可汗浮屠城”，可以说“可汗浮屠城”也就是北庭古城的雏形。

如果不是纪晓岚发现北庭，不知道这座古城还要在岁月中掩埋多久，或许永远都不会有人发现。

在北庭都护府的遗址旁边，有几座低矮的土坯房，房屋一侧紧邻马路，据说这是当年纪晓岚在此考察时所住的地方，经过岁月的洗礼，房屋已经变得残破不堪，不过我们还能清楚地看到房屋的整体格局，屋内面积不大，最多也就20多平方米的样子。在这里，我们发现了当年纪晓岚所使用的“冰箱”和“沙发”。也许你会觉得奇怪，乾隆那会儿还没有发明冰箱呢，怎么在新疆这个地方，就有了使用冰箱的历史呢？

当地专家带我们所看的“冰箱”，其实就是一个土洞，天气炎热的时候，将食物放入洞里，能保存几天不会坏，这种方法其实在很早以前就已经有人开始使用了，古时的人们，经常把冰块放入地窖或冰窖中保存，到了夏天，就取出来消暑解渴。而那个所谓的“沙发”更是奇特，用砖和木板搭成一个凳子，然后在上面放上稻草，简易松软的沙发就制成了。虽然东西简陋，而且没有什么科技含量，但是不难看出，正因为人类有了追求美好生活的愿望，才使得我们现在的生活有了质的转变。

在古城里，我们还找到了一些破碎的瓦片、陶器以及砖头。用尺子量一下砖的长度，砖长30厘米，年代属唐朝。中国的建筑材料，在秦砖汉瓦的年代，是中国历史上的第一个大高峰时期，而第二个大高峰时期当属唐砖宋瓷的年代。基本上各个朝代砖的长度都差不多，唐砖一般在30.3厘米左右，明清的砖长32厘米，差不了多少，相对来说，秦砖长度要短一些，在23.1厘米左右。

北庭故城的格局划分非常细致，街市、塔庙、衙署，外城角楼、敌台等遗迹，充分显示了北庭故城规模宏大、防守严密，这些与它的政治、军事地位完全相符。在北庭古城中曾出土了很多唐代石狮、铜镜、莲花纹瓦当、方砖、开元通宝等有价值的文物。

一颗土尔扈特部落的银印引起了科考队员的兴趣，这颗土尔扈特部落银印重达5公斤，上面刻有“乾隆三十七年五月，礼部造”等字样，另外还有一段蒙文，大意为“新土尔扈特蒙古青色启勒图盟长之印”。这是乾隆为庆祝土尔扈特部落回归祖国有功而颁发给土尔扈特首领的，是见证我国历史上重大历史事件的珍贵文物。

如果我告诉你，在距离我们约1400年以前的唐代就已经有了取水管道，你相信吗？然而在这里，我们确实拍摄到了一段残存的唐代取水管道。

唐代的取水管道不大，形状和我们现在的基本类似，只不过它是用陶烧制的，它的纵切面为一个圆形，直径达10厘米左右，保存得相当完好，管道内侧还有一圈一圈螺纹，这些花纹是干什么用的？专

■ 北庭古城发现的瓦当

■ 北庭古城发现的泥狮

家的一席话解开了我们的疑惑，当年在烧制管道时，如果在管道模具的外层直接糊上一层泥土，那么烧制出来的管道会很容易断裂，没有韧性，于是当时的人们就想出一个办法，先用泥土搓出一根粗粗的泥绳，然后围绕管道模具一层层缠绕起来，泥绳的形状和我们现在的弹簧很像，都是一圈一圈的，接着把泥绳表面抹平，最后再进行烧制，这样烧出来的管道就比较坚固，不易断裂。由于抹平的只有管道外侧的一部分，所以烧好后的管道内侧就出现了螺纹状的花纹。

1000多年前，当时的人们就已经开始用陶制取水管道取水，这不仅让我们大伙对古人高超的技艺和惊人的智慧佩服得五体投地，也让我们不得不思索一个问题：我们现在的科技很发达，人类可以登上月球，翱翔于太空，我们发明了电，我们有了先进的通讯设备，这些在当时是根本不敢想的事，然而为什么在最基本的关乎人们生活的方面反倒没有什么突破？是我们下的工夫太少？还是这些设施原本就已经达到了发展的顶端呢？我们无法从中找到答案。

北庭古城的消亡，直到今天还是一个谜。虽然有许多说法，但缺乏证据，例如

■ 北庭古城发现的唐代铜马

■ 北庭古城排水管

有人说，当年瓦剌军队在攻城时，抓了许多田鼠，然后在它们身上抹一层油，点着后放进城，田鼠在城内乱窜，造成大火，致使防守崩溃，城破被毁。但像这样的说法，实在有点离奇。

也有人说它毁于一场战火，北庭自古以来就有“占北庭要塞得北疆沃野”的说法，这说明当时的北庭历来就是兵家必争之地。据当地文物局的专家介绍，2000年，在城东北不远处曾经进行过一次发掘，当时出土了大量的尸骨、古箭头和一些饰品、开元通宝钱等，出土的尸骨大部分都是青壮年，尸骨埋葬极不规则，尸骨的排列十分混乱，有的头和脚离得比较近，像是把人折叠起来埋葬的，有的头骨上还有三棱直铤箭头，这些足以说明在这里曾经发生过战争，战争结束后，死亡的士兵就地掩埋。

也许关于北庭古城毁于战火这一说法比较接近事实，但是为何在史料中并没有记载这一战争，就不得而知了。

目前有学者对北庭古城的大小提出了疑问，当年北庭都护府应当有驻军约1.5万名左右，还有四五万名老百姓。这么多人生活在一个周长只有5000米

■ 北庭城内古墓中的头骨

■ 北庭古城官府遗址

■ 北庭官府遗址

的城池里，有点不太现实。而且根据纪晓岚所著《阅微草堂笔记》的描述，这座古城“周四十里”，很显然，这个规模比今天我们所看到的范围要大得多。北庭古城究竟有多大？如何能证明城池比现在更大呢，这又是一个等待解开的谜。

现在的北庭古城已经失去了它往日的繁华，但是它的残垣断壁，它的沧桑与荒凉，见证了一千多年的历史发展进程，这段时间的沉淀，这段历史的见证，是无法抹去的。

■ 埋在土丘中的西大寺

20世纪70年代末，解放军某驻地部队来到吉木萨尔，他们在距离北庭古城几百米的地方，发现一处有树有水的好地方。于是他们在这扎营盖房，还养起了猪。营房旁边是一个大土丘，盖房所用的土都是来自这个土丘，为了节省劳力，士兵们背靠土丘，建了一座三面围墙的猪圈。

用鼻子拱土觅食是猪生来就具有的特性。这座被当作一面围墙的大土丘自然成了它们觅食的最佳场所。有一天，一个年轻的士兵在猪圈中给猪喂食，发现土丘被一头小猪拱出一个窟窿，突然，一阵细小的声音传了出来，喂猪的士兵感到奇怪，循着声音慢慢靠近，仔细一听，他发现，声音是从窟窿里发出来的，究竟是什么声音呢？那位士兵觉得蹊跷，但又不敢贸然行动，就跑到营房叫来好几个战友，手持铁锹，准备一探究竟。

刚往里挖了几下，声音变得急促起来，好像是泥土塌方了，这座实心的土丘里怎么会有塌方的声音呢？在好奇心的驱使下，士兵们又往里挖了几铁锹，这下可好，本来已经松动的泥土，在一瞬间哗哗地往下落。窟窿越来越大，几分钟以后，坍塌声停止了，士兵们用手拨了拨掉下来的泥土，在泥层

■ 西大寺的力士像

■ 西大寺壁画残块

■ 北庭古民居遗址

中竟然发现了一些破碎的佛像，不知所措的士兵们立即将情况报告了班长。

班长对坍塌的窟窿仔细看了一遍，他发现在窟窿的四周，好像是一堵墙壁，上面隐隐约约画着一些东西，他用手拨了拨上面的泥土，这下可不得了，一副精美的壁画出现在他眼前。

班长是个文化人，对历史也有浓厚的兴趣，他隐约意识到这有可能是具有学术价值的历史遗存，立即命人将这里封锁，并报告了当地政府。时任中国社会科学院新疆考古队队长的孟凡人研究员恰好在当地进行考察，听到这一情况，立即驱车前往察看，确定此处为一座古寺庙遗存。自那以后，一座和北庭都护府有着深厚渊源的寺庙大白于天下。

站在北庭西大寺的外围看整个寺院的格局，除了一个坐北朝南的土丘之外，就没有什么特别之处了。我们在脑海中努力复原这座古寺庙原来的样子，都无法想象它当年的宏伟和辉煌，但从它庞大的建筑规模来看，当时这里应该是香烟缭绕、钟磬长鸣、四方香客络绎不绝的佛教圣地。

随行的中国社会科学院专家巫新华告诉我们，北庭西大寺独特之处在于

北庭古民居遗址

它是在平地上用夯土筑台基再从台基上建方塔，而像敦煌的莫高窟和大同的云冈石窟都是依地势而建，依山而造。北庭西大寺还有一个在新疆地区绝无仅有的特点，那就是在寺庙周围的配殿，采用的都是在崖壁上雕佛像的仿石窟模式。

由于降雨、风蚀等自然气候的影响，这座以夯土和土坯为原料的建筑已受到严重的损坏，失去了往日的光彩。但令人庆幸的是，佛寺的基本格局保存尚好，出土的佛像遗迹以及壁画也比较完好。

据当地文物部门的工作人员介绍，当年发现这座寺庙时，在主殿部分发现了镶金的佛像壁画，壁画中的佛像栩栩如生，佛像的脸部表情温和而慈祥，衣纹颜色也非常艳丽，衣服上都镶了一道金边，看上去非常华丽富贵。绘画技巧明显具有唐代风格。这些精美的壁画，就连久经“沙场”的考古工作者都惊呆了。

在唐代，武则天称自己是佛教中未来佛弥勒转世，西大寺残存壁画中的千佛居然也都是弥勒造型，另外，工笔描绘的诸佛壁画也都具有明显的武则

■ 北庭西大寺

天时期的风格，这是一个非常有趣的现象。

整个寺院的格局与吐鲁番高昌王国的柏孜克里克石窟相似，寺庙坐北朝南，共三层，有正殿、配殿等，正殿部分已经坍塌。由于当年的保护手段落后，挖掘工作只限于东面和西面的配殿，相当于整座寺庙的1/3，为了不使这座千年的古寺庙遭到进一步的破坏，如今主殿部分已经回填，另外的2/3部分尚未挖掘。

寺庙原为3层建筑，原高24米，而现在仅存14.5米，目前已打开19个洞窟。

寺庙中的佛像主要以芦苇草作为骨架，外层裹上泥土堆塑而成，最后是在泥胎的表层涂刷各种颜色。大量使用芦苇，说明这个地区曾经是一片水源丰富的湿地。

寺庙中的佛像均采用了新疆古代佛教塑像中比较流行的题材，比如说法

■ 西大寺

像、涅槃像、罗汉群等，但令人奇怪的是，这里出现了大量的交脚菩萨像，从残存的木胎泥塑的交脚菩萨衣褶依稀可见昔日辉煌的影子。这种交脚菩萨像最早起源于印度，可能与印度的舞蹈有关，但这些都是唐朝以前的造型，难道说西大寺的建设早于唐代？

交脚菩萨像在唐代的新疆或甘肃敦煌地区都已不流行，按当地文管所专家的说法，这座回鹘皇家寺院是中原与西域文明相结合的产物，无论从壁画的绘画技法，还是寺庙的建筑形制，都有着唐代的风格。更为明显的是人物的体态特征，充分体现了唐代“以胖为美”的审美观念，而服饰等是回鹘时期的服装。根据史料记载，唐朝时，西域各民族一直和中原王朝保持着隶属关系，朝贡不绝，这样的话，势必就加强了中原和西域之间的物质文化交流，现在寺庙正殿南侧的配殿内就存有一尊具有明显中原特色，残长13米的睡佛，头北脚南，睡态安详。可由于人为的破坏，睡佛只有下半身保存完整，上半身及头部都已被毁。

本来作为北庭都护府附属建筑的北庭西大寺吸收唐代佛教的风格也无可厚非，然而，为何在唐代时期已经不甚流行的交脚佛却在这里大量出现呢？

北庭都护府自李靖建立之后，开始了它的兴盛之路。时光流转，岁月更迭，到了宋太宗年间，为了表示宋王朝对与高昌回鹘关系的重视，

■ 西大寺泥窟

■ 西大寺壁画

■ 西大寺泥窟中的佛像

■ 西大寺壁画

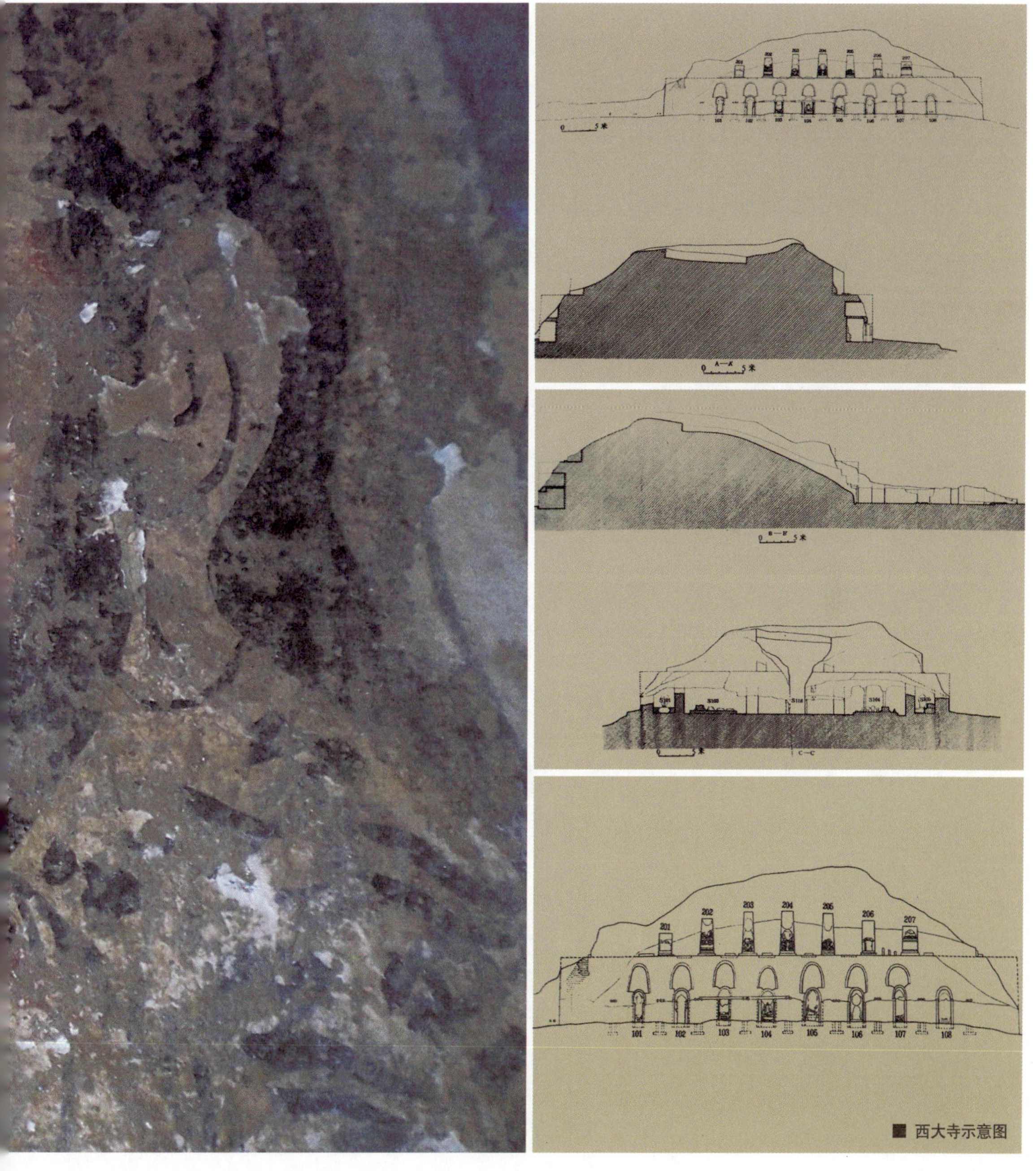

■ 西大寺示意图

■ 西大寺交脚佛塑像、卧佛塑像（局部）

宋太宗派供奉官王延德一行一百多人的庞大使团出使高昌国。

王延德一行行程几千公里，在第二年夏天到达了西州回鹘汗国的首府高昌城。可是事不凑巧，宋朝使团到达高昌后，恰好碰上回鹘汗国的狮子王在北庭避暑。就像我们现在的有钱一族，到了夏天，时不时找一清凉地方度假一样。

高昌王国地处天山以南，夏季酷暑难当，而北庭地处天山北端，气候相对来说比较凉爽。在几千年前，可没有空调这么一个高科技玩意儿，所以当时的人们要想度过一个难熬的夏天，只有选择一些比较凉快的地方。

据史料记载，唐朝时，避暑纳凉已成为皇家宫廷、高官显贵夏季生活中的一个重要内容，而且避暑的方法特别奢侈，皇帝在宫廷中建有专供避暑用的凉殿，殿中安装了机械传动的制冷设备。这种设备，采用冷水循环的方法，用扇轮转摇，产生风力，将冷气传到屋内。而像狮子王这样到不同地方避暑，似乎是游牧民族所特有的习惯。清朝时，皇帝们就在承德建避暑山庄，我们将承德避暑山庄称之为夏宫，而紫禁城则是冬宫。俄罗斯也是一个游牧民族居住的地区，至今在圣彼得堡，还有两处比较著名的建筑——彼得大帝夏宫和冬宫，它们也是历代俄国沙皇的行宫。

狮子王到北庭避暑，将国家交予舅舅打理，王延德好不容易到了高昌国，却见不到狮子王，这趟行程的意义也就不存在了。狮子王的舅舅得知宋王朝使团到达，态度非常傲慢，对王延德说："狮子王正在北庭避暑，我是王舅，你们拜我也一样。"

王延德听了这话，立即义正词严地回答；"我是奉大宋王朝的圣命来的，别说是你，就算是见到你们的狮子王也不下拜。"

看到王延德不卑不亢的态度，王舅断定使团的来头不小，不敢得罪，立即派人通知了远在北庭的狮子王。接到消息后，狮子王立即回信给王舅，要求王舅在高昌隆重招待他们到来，并在参观完高昌后，派人迅速将使团送至北庭。

接到狮子王命令的王舅不敢怠慢，陪着王延德一行游览了交河等地，完

■ 西大寺中殿坐佛塑像

■ 西大寺壁画“王者出行图”

事之后，又派兵护送宋朝使团一行翻越北庭道，到达北庭。

到了北庭后，王延德一行受到隆重款待。狮子王一面安置王延德他们在高台寺做短暂的休息，一面选择吉日准备大礼。到了吉日当天，王延德将从中原带来的金带和缯帛等大量赐品赠与狮子王，狮子王在接受赠礼之后，率王后、王子、侍者身着国服，在国乐的伴奏之下，向东朝拜，表示了对宋王朝的尊重。随后，又大摆宴席招待宋朝使团。

随后的几天里，王延德在狮子王的陪同下，参观了北庭西大寺。

王延德一行在北庭逗留了近两个月，对北庭的风土人情有了广泛的了解。在游乐中，他发现一个有趣的现象，那就是在这里，连王子、公主本人都有属于自己的马群，这些马匹都必须由他们亲自放养，而且数量众多，差不多每人都要饲养一百来匹。

而且王延德发现，生活在这里的人们手工精巧，特别善于冶炼金银铜铁以及雕琢玉器。

王延德出使高昌，前后达3年之久，曾写了一本《西州使程记》，其中有这样一句话："佛寺五十余，匾额皆唐朝所赐。"

可见当年回鹘人迁居北庭后，受唐风的影响，逐渐将原本信奉的摩尼教改为佛教，而且，高昌回鹘王国在信奉佛教的初期，主要利用旧唐寺和摩尼教寺院作为宗教场所。

我们进入北庭西大寺的西配殿，才发现里面别有洞天。佛寺遗址中保存了大量塑像、壁画、回鹘文等，在佛寺配殿的侧墙绘有"回鹘王供养者像及诸菩萨行列像"。供养者，是指出资修建佛像的人，在佛教中，一般供养者都会将自己的塑像立在佛像旁边。那么这些供养者又是谁呢?

既然北庭西大寺是一座王家寺院，那么能够在里面供养佛像的肯定不是一般人，而且供养者的衣着华丽，不像是普通百姓，照此推断，供养者应该属于皇亲贵族之类。如果说是皇亲贵族，那么他们应该是处于什么地位的呢?

在供养者像旁边有回鹘文题字，其中一尊女供养者旁边的回鹘文字迹清晰可见，译为汉文，意为："这是依盖赤公主之像。"从回鹘文题名和回鹘供养人像的衣着相结合来看，供养者应该是高昌回鹘王、长史和公主等人。

西大寺的壁画有两幅比较有特色，而且内容较完整，如《王者出行》，画面上的王者身着铠装，交脚坐在白象之上，许多骑士簇拥前后；《攻城守战图》上的士兵手持长矛，奋力搏杀，两幅壁画把王者出行时的盛况以及宏大的战争场面表现得淋漓尽致。

这两幅壁画中所画的王者是谁？唐代的李靖？还是狮子王？

在古代，佛教的兴盛，总是伴随着社会的繁荣，西大寺的佛像及壁画，它的斑斓色彩和高超的绘画技巧，都在向人们展示着一个繁荣而富足的北庭古城。

专家认为，在西大寺发现的壁画，其数量之多，分量之重，可以视为新中国成立以来最惊人的发现之一。

如果这座古刹是在100年以前，由斯坦因或斯文赫定发现，那么这些精美的壁画肯定早已成为大英博物馆的珍藏品了。

旧中国的西北地区长期处于混战、民不聊生的混乱状态，文物的损坏和流失特别严重。

西大寺之所以逃过了这一厄运，随同我们一起的考古专家认为，这是由于当时北庭古城被攻陷以后，西大寺也遭到了破坏，当进攻的部队撤出以后，西大寺的僧人又很快跑了回来，他们用土把西大寺四处的门洞都封起来，用土盖住门洞，就完全成了一个大土堆，在四周茂密树林的包围下，谁还能想到这个土堆曾是一座辉煌的寺庙呢？幸亏当时的僧人有这样一番举动，躲过了自清末以后，西方探险队到这里大肆盗宝的厄运，才使得西大寺得以完好保存至今。我们如今能够在如此近的距离看到这些精美的壁画，实在值得万分庆幸。

关于北庭西大寺的创建时间，历史上没有记载，这就造成了现在一个接一个的谜团得不到解释。目前学术界存在两种观点：一是根据出土的大量具有唐风色彩的佛像以及壁画，推断它的创建应该在唐代；二是从现存的佛像

■ 西大寺壁画上的北庭城主及夫人像

西大寺壁画上的回鹘文及北庭城主像

■ 西大寺壁画“王者出行图”

■ 西大寺壁画北庭城主夫人像

■ 西大寺泥窟顶壁画

■ 西大寺泥窟壁画

以及建筑格局来看，既然北庭西大寺是一座王家寺院、隶属北庭都护府的附属建筑，那么它的创建应该是在高昌回鹘时期。

唐玄宗时期，在印度住了十年的高僧悟空，准备回到中国时，他的师傅送给了他三部梵文经卷，即《十地经》、《回向轮经》、《十力经》，佛牙舍利一枚。他从印度、阿富汗一直到达了安西（今库车）后，请当地一名精通梵文的名僧，将自己所携的《十力经》翻译成了汉文。悟空在安西住了一年多，写下了沿途游览的所感所思。后来，他又从安西，翻越天山，到达了北庭，请当地的一名高僧，将他所携的另外两本梵文经卷《十地经》和《回向轮经》翻译成了汉文。因当时回鹘可汗信仰摩尼教，不信佛法，悟空所携带的梵文经卷，都寄放在了西大寺。在他返回长安时，携带了一部分经卷，还有一部分经卷留在了寺院。

可惜，西域风云突变，北庭很快陷落了。悟空留在北庭西大寺的经文至今下落不明，如果能够找到这些经文，对于证明北庭西大寺的建造年代是一有力的佐证。

寺庙东配殿的几个佛龛保存尚完整，墙壁上依然清晰可见当年留下的壁画，壁画内容多以仕女、佛像为主，而且颜色保存得相当艳丽。

北庭西大寺出土的壁画，无论从题材类型，还是绘画手法，都和敦煌壁画类似，明显具有西域风格。

我国中原的绘画在描写人物时，通常只在面部两颊晕染红色，立体感并不强烈。但西域佛教壁画中的人物，通常在鼻梁处涂一层白粉，以强调鼻部的立体效果。这种描绘方法最初来自于印度，当佛教传到西域之后，与我国的传统绘画方式融合起来，到唐朝时，这种新的绘画方式达到了极盛。

敦煌壁画和北庭西大寺壁画的相似性，说明了这处与西域不同的地区，在绘画艺术的历史上都是一脉相承。佛教从印度传入北庭，然后又从北庭传到距中原不远的敦煌。

整个东配殿的佛龛，乍看之下，并没有什么特别之处，可是仔细一瞧，就能发现，在一层和二层佛龛的交界处，都排列着几个半圆形的洞口，形状和佛龛有点类似，只不过面积小了一号，这是配殿上的小佛龛吗？如果是，那为何里面空无一物？难道是被毁了吗？这种答案似乎不对，因为即使是被毁，里面或多或少应该留有一点建造时的遗迹，可是洞内表面太光滑了，没有一点痕迹，它到底是干什么用的呢？

吉木萨尔文物局的专家告诉我们，原来，这些类似于佛龛形状的半圆形洞是用来起支撑作用的，平衡一层和二层之间的重量。

高昌回鹘时期的北庭西大寺应该说是它最辉煌、最鼎盛的时期，在以后一千多年的时间里，它究竟遭到了什么样的不测？以至于最后沦落到几乎毁灭的地步，是自然废弃？还是社会动乱导致的呢？

在正殿顶部、南部配殿库房都发现了大片火烧的痕迹。根据史料记载，1269年，高昌回鹘的政治势力退出北庭，这期间北庭几经战火，社会动荡导致了这座千年古刹的废弃。

■ 天山古道行

历史上，连接天山南北，从新疆的吉木萨尔到吐鲁番地区的古道有很多，但最为重要的一条是北庭古道，也就是连接北庭都护府和高昌回鹘王国之间的一条道路。

耿恭驻守的疏勒城就位于古道的北端入口处，在对疏勒城考察时，听说在这条古道上至今还留存着许多当年驻兵的古堡。

我们决定穿越这条两千多年前的古道，对沿途的古迹以及生态进行一次全方位的考察。我们期待有重要的发现。

在古道北端的一个小山村吃过午餐后，我们就要开始上路。北庭古道进入天山以后的道路变得非常难走，整个路程都是需要骑马才能通过的羊肠小

■ 北庭古道 一道桥

■ 北庭古道行进

道，山路犬牙交错、怪石嶙峋，骑马走在半山腰，头顶是悬崖峭壁，一抹蓝天，脚下是沟壑纵横、万丈深渊。

北庭古道中需要骑马翻越的路程大概是50公里左右，骑马一般需要两至三天，而徒步需要四五天左右。对于我们来说，首先面对的不是能不能够坚持下去，而是熟不熟悉马的脾气。对于当地人来说，这根本就不是问题，骑马行走，就和穿衣、吃饭那样，平常而又简单。然而对于我们这些从城里来的“乡巴佬”，骑马就是面临的第一个大难题。

我们的向导是两位当地的哈萨克族老大爷，满脸写满了岁月的沧桑。可别小看这两位大爷，虽已年近七十，但身子骨很棒，在这里生活了一辈子，对这条古道可谓了如指掌，闭着眼睛都能打个来回。哈萨克族向导给每匹马都装上马鞍，而且把行李都分别拴在马上后，开始分配马匹。

看着眼前这又高又壮的四肢动物，我们一行的女考察队员心里不禁一阵紧张，不过还好，没有临阵脱逃。其实在那种情况下，就是想逃也没有机会，只能硬着头皮上。在向导的搀扶下，她们一个个艰难的骑了上去，马开始自己往前走，由于很多队员都是第一次骑马，对于怎样控制马匹不是很了解，专家巫新华常年在野外考察，骑马对他来说早已经是家常便饭了，他告诉我们，其实骑马很简单，就像开

车一样，缰绳就是方向盘，向左拐就往左拉，向右转就往右拉，刹车就是收紧手中的缰绳，上坡时人往前倾，下坡时往后仰，只要记住这几点，骑马就不成问题了。我们试了几次，果然灵验。

当地老百姓还告诉我们一个“摸马脖，远马后，在马左，防马右”的十二字诀窍。所谓“摸马脖”是与马示好的一种方法，是交流感情的最佳途径。马是一种很人性化的动物，只要经常摸摸马脖子，它们就会觉得不会对它们造成伤害，也会乖乖听话，这一招到后来屡试不爽。骑马的人都知道，马屁股和马的右边是不能靠近的，马的右侧和屁股是它的强势部分，遇到攻击时，最常用的就是右边的身躯和屁股，就算敌人想从左侧进行偷袭，警觉的马匹也会在同一时间掉转马头，用右侧身体来对付。所以上马的时候最好从左边上，以免被它们当作敌人。科考队中有一位成员就曾领教过马屁股的厉害，当时那位队员从马后绕到左边上马，结果被拂起的马尾巴狠狠地扫了一下，随即一个弹跳，把这位已经跨到马背上的科考队员，狠狠摔到地上。这个教训让所有队员把这“十二字真言”牢牢记着，再也不敢有所怀疑。

马队开始往天山深处走去，跨越了一座坡度不算高的陡壁，据说这就是从吉木萨尔进入北庭古道的第一个山口。山坡上云杉连成一片，郁郁葱葱；坡下的河谷内是潺潺流水，漂亮得就像是一幅油墨山水画。

如果能回到从前，我们就是一队由此经过的商旅，驼着货物，伴着清脆的马蹄声，赶往天山另一端，也可能我们是一队刀枪剑戟、旌旗翻动、武装到牙齿的骑兵，翻越天山去解救某个被围的城池或是去攻打北庭政府的敌人。

千年来，到底有多少人从这里经过，竟然在狭窄的河谷旁踏出了一条碎石路，沿着山路一路前行，河谷逐渐变得开阔，河滩上长满了高大的杨树，河谷内布满了从山上滚落下来的石块。靠近山坡的地方有一棵造型非常独特的古杨树，它与一块巨石紧紧依偎在一起，经过长时间的挤压，杨树和巨石早已嵌入了对方的躯体，相互支撑，任谁也不能将其分开，当地人将它们称之为“树抱石”。

在山里行走，感觉与世隔绝了一般，山林用它宽阔的臂膀将你围在自己怀中，为你挡去世间的风风雨雨。在这里，可以抛却心中的杂念，认真地感受

自然，享受自然，心里是前所未有的平静与安详。

马队经过一个挂满了红布条的山岩，向导让我们停下来，这里有一处常年流淌的神泉水。含有多种有益人体的矿物质，四季恒温在20℃左右。由于含有多种有益人体的矿物质，经常喝能使胃肠平和，洗浴后可治疗皮肤病。

山泉位于一道陡峭的山坡上，水流不大，自上而下，所流经的地方布满青苔。这股山泉不仅吸引了很多人来此参拜、品茗，就连羚羊都是这里的常客，为了喝到神泉水，它们把山泉旁的一块石头都踩出了深深的足印。

沿着当年的马道前行，天山上融化的雪水变做经年不绝的山泉，时急时缓，滋养着古道上所有的精灵，使古道生机勃勃。

按照现在的水流量计算，山沟里的泉水，足以供给一支几万人的大军使用。也许就是因为这一点，使这条异常难走的山路成了商旅和兵家的必经之路。就是到现在，这道山泉依然是生活在这里的哈萨克族人赖以生存的水源。

沧海桑田，时光飞逝，曾经恢弘的北庭都护府只剩下残迹斑斑的几座土丘，高昌王国也已成为历史。而这条古道，历经千年的岁月洗礼，虽然没有了当年的繁华喧嚣，但至少它现在还是哈萨克民族翻越天山南北的主要通道。

不远处，有一座小木桥摇摇欲坠的横跨在河谷上，木桥的宽度仅容一匹马通过，当地人告诉我们，三道桥到了。

在吉木萨尔境内的天山以北地区，一路上共有六座木桥，依次以一道桥、二道桥等来命名，跨过六座桥，就表示即将进入天山以南，也就是吐鲁番境内了。跨过三道桥，地势急转直下，由原来的陡峭变得平坦起来，这里的海拔将近2000米，岸边的云杉紧密相连，郁郁葱葱，山坡上绿草茵茵，牛羊成群，在蓝天白云的映衬下，充满诗情画意，甚为漂亮。

看一看表，已是晚上8点了，我们决定在这处高原平地上安营扎寨，新疆时间比北京时间晚了两个小时，北京时间晚上8点其实也就是新疆的下午6点。强烈的阳光变得柔和许多，夕阳在一片云杉林的掩护之下，慢慢西沉。

把行李从马背上卸下来，分配了各自的行李及帐篷后，还来不及欣赏周遭的景致，就开始各忙各的。首先就是要趁着天没黑，把自己的“安乐窝”给搭起来。科考队中有几个队员从没参加过野外宿营，大体框架搭了起来，可是面对一些细枝末节就有点手足无措，钢钉是干吗用的？防潮垫怎么充气？怎么还多了一个帐篷套呢？诸如此类的问题层出不穷，在有经验的科考队员的帮助下，几个“门外汉”才明白，这些钢钉是用来固定帐篷用的，多出来的帐篷套其实是帐篷外面的一层防雨罩。终于搞定了夜宿的问题，接下来就是吃的问题了。我们携带的食物可谓丰富极了，肉罐头、面包、西红柿、黄瓜、牛奶，应有尽有，甚至连白酒都准备了一瓶。说是为了御寒用的。

■ 北庭古道发现石磨

山里的天气说变就变，而且温度比山下要低十几度，山下下雨，山上就得下雪。这样的感觉，随着太阳的落山越来越浓。夕阳的最后一丝余光还没退去，远处的树林里，两位哈萨克族向导正在砍柴，准备生火做饭，一位哈萨克族的当地随行工作人员用他那低沉的嗓音唱起了哈萨克民歌，溪水的轰鸣声是他的伴奏，两者完美地结合在一起。难怪都说哈萨克是一个以歌和舞著称的民族，他们每个人的嗓音里都有一种令人感动的东西存在，也许是他们那淳朴的性格造就了这种质朴、淳厚的嗓音。远处的山峰与天际融为一色，山坡上的野花在微风中摇曳着，仿佛是在宣告一天的结束。这里是大自然给予人类的恩赐，美得让人窒息，在丛林的包围中，感觉与自然是那么的贴近，忍不住想要留住这一刻永远珍藏！

清晨，科考队员们在鸟儿欢快的歌唱声中醒来，大伙纷纷钻出帐篷，互道早安。

吃过早餐，整理完行装，科考队又开始了远征。

远处的云杉林里，据说有一座古代留下的金矿，到底有没有，至今也没人考究。河谷旁的杂草丛里，我们看到一个巨大的圆形石块，走到近前才发现是一个磨盘，直径达100厘米，厚度十几厘米，到底是什么人在这里留下这么巨大的磨盘呢？它的历史又能追溯到什么时候？

石磨是农耕民族所特有的农业工具，据考证，在新石器时代，我们的祖先就已经发明了这种工具，他们将大麦磨成粉，制作成面条、馒头等食物，使食用方法发生了质的变化。

对于石磨的使用，主要还是用在农业上，只限于家用。我们在北庭古道上发现的石磨，明显比一般家用的磨盘要大一倍，如果说这个石磨是用来磨制食物的，那么为何要用体积如此巨大的石磨呢?

如果说是驻军所用，他们为何要这么费事的将石磨抬到山上磨制，而不直接在山下磨制成粉面后运上来呢？这似乎不是简单的农业用具。

距发现石磨不远的云杉深处，就是当地人所说的金矿所在地。专家推断，这个磨盘是清代遗留下来的，如果真有一座清代金矿，那么这个磨盘应该是当时在这里淘金的人所使用的淘金工具。金矿的开采不像是在河里淘金沙，金子都含在石块当中，当时的人们还没有现在这么先进的淘金技术，他们只能采取土办法，把含有金子的石块放进磨盘磨碎，然后再用筛子筛，只有这样，才能把金子从中淘出来。专家打趣地说，我们大家应该在磨盘的周围仔细找找，说不定能够发现大金块儿呢。

远离了金矿的开采地，马队继续缓缓地在这条千年古道上行进，远处的云杉林在清晨阳光的照射下，显得特别清爽，河谷里哗哗流淌的河水，泛着白光。山道旁，每隔一段距离就能看见一座哈萨克牧民的帐篷，山坡上，随处可见成片的羊群，天山的雪水滋润着这里的一草一木，它们与天山溶在了一起。

北庭古道一行，见得最多的当属石堆墓。所谓的石堆墓，实际上是游牧民族的一种墓葬形式，在新疆地区发现得比较多。

石堆墓是用石头堆砌起来的墓葬，一般所采用的石头都是山上的砾石以及水里的卵石。大多数的石堆墓都是圆形的，墓葬从上至下依次是石堆、石圈、墓穴。墓穴的内部同样也用石头围成一个圈。

至今，对于石堆墓的建筑形式，学术界还存在一定的分歧，有专家认为这种圆圈似的墓葬反映了当时的一种宗教信仰。

由于新疆地处偏僻的西北地区，而且在当地流传了很多飞碟降临的传

■ 北庭古道“三道桥”

北庭古道“四道桥”

言，所以有专家认为，这是当时生活在这里的人，看见飞碟后，为了与天通灵，模仿飞碟的形状建造的。至于哪种说法正确，还得依靠更进一步的考古发现才能断定。

在这次考察中，科考队发现了一处长方形的石堆墓，地表上的石堆已经被毁，但石堆下面的石圈形状还能看得清清楚楚。专家说这种长方形类型的石堆墓比较少见。而且这些石堆墓，距今至少有3000年的历史了，也就是说，3000年以前，这条古道就已经存在，而且古道的功能除了赶路之外，在这附近还有人居住，甚至安葬。

石堆墓，不只新疆这个地区有，在四川成都平原也曾发现过石堆墓。据考证，四川成都石堆墓的主人是生活在我国西南地区的邛人，他们的墓葬也是用石头堆砌而成，不过与新疆地区石堆墓不同的是，邛人所用的石头都是一些比较大的巨石。

从“蚕丛氏始居岷山石室”的记载以及岷江上游的石棺葬、邛人的大石墓，可以看出，古蜀地区的大石崇拜来源已久，它们寄托了古蜀人对祖先以及对生存环境的崇拜。也许生活在这里的人们和古蜀人一样，同样对石头有着无

■ 大石堆墓

比的热爱与寄托。

科考队一路上走走停停，不时对沿途的古迹进行一番研究探讨。下午4点左右，科考队来到了六道桥。这里的地势比较险峻，一座窄窄的小木桥横跨在20多米高的山谷中，下面是湍湍流动的河水。由于临近大坂的顶峰，这里也是天山雪水的源头，因此水流比较急。木桥一侧的半山腰上，竖着一块高达十几米的石块，真是“一夫当关，万夫莫开”。如果敌人从河床中溯流而上，驻守在山谷中的守军只需推动滚石，顷刻就能让敌军遭受灭顶之灾。

过了六道桥，地势越来越高，山谷中的水流慢慢变小，逐渐消失不见，四周少了水流的轰鸣声，一下子变得异常安静。

路上，随行的工作人员指着远处的山峰说：“在前面山峰上，据说有一处当年驻军的古堡。到底是不是真的就不知道了。”随着他手指的方向，科考队员们隐隐约约看见高耸的山峰顶上，有一道绵延了十几米长的黑色石墙。骑马是上不去的，只能靠步行。

我们有几个队员和考察队的专家，经过一个多小时的攀登到达了那里。看到山顶上这些石块好像是天生的，但是再仔细研究，就发现这些石块摆放的非常规律，

是一种古堡的样式。可以肯定这里曾经驻扎过守军，因为在古代，我们所走的是一条交通要道，尽管山势险峻，但是仍然需要有人来把守，以防止外来入侵的敌人通过这条路，对天山两边的王城构成威胁。这种古堡建筑有很多就是取材于当地的石头搭建而成。

不过大家都觉得奇怪，为什么要在那么高的山峰上建驻军古堡呢？不说在那么高的地方修建古堡所花费的人力、物力，就说如果遇到敌军侵袭，从古堡下来所花费的时间，敌军早就跑得不见踪影了，根本起不了抵御的作用，在那修建古堡又有什么用呢？唯一的一个解释就是，那座古堡的作用不是用来抵御敌人用的，而是作为观望、监视的军事设施。正所谓登高望远，在云杉遍布的山谷里，要随时监视敌军的情况，及时传送情报，就只有在山顶上才能看到山谷里的动向。而由于山峰过高，不宜时上时下，所以就在山峰顶上修了一座座古堡，供驻守在这里的士兵居住、瞭望之用。

时值7点，科考队来到了位于吉木萨尔境内的最后一处高原草场，这里海拔达到了3500米，地势显得非常开阔。科考队决定在此安营扎寨。专家告诉我们，这里就是天山南北的分水岭，同时也是吉木萨尔和吐鲁番的分界线，翻过前面不远处的一座山峰，就进入吐鲁番境内了。听闻此话，科考队员在此纷纷留影纪念。有了经验，帐篷的搭建非常顺利，十几分钟后，一个个光鲜亮丽的“小花”就在草地上生长了出来。几个精力充沛的科考队员，在休息之余，还不忘策马奔腾一番，一方面享受着马匹奔驰的快感，另一方面是对这里作最后的巡礼。因为过了今晚，我们即将走入另一个“世界”。

第二天清晨，哈萨克族向导向大家讲述了下山的注意事项，上山的时候，向导只是嘱咐我们骑好马，而开始下山他告诉我们很多地方山势更陡，而且都是下坡。这个时候马是不能骑了，需要紧紧地拉住马的缰绳，还要时时注意脚下滚动的碎石。另外，在山下有几处长有毒草，一定不能让马匹吃到。马吃了这种草以后，就像喝醉了酒，脚上开始拌蒜，走不了多远就会摔倒。如果旁边就是悬崖，那可就惨了。向导一番话，让我们早上起来一直愉快的心情变得沉重起来。

冰大坂到了，高处不胜寒，这里的温度比在山里低了八九度，如果说前面走过的山路平均温度在20度左右，那么冰大坂最多也就是10度，向导说前年8月，他们曾经翻越过冰大坂，那时这里还是一片冰雪，大坂上的冰层足有半尺多厚，极为难走，连惯于在山间行走的马匹都站不住脚，几次在冰面上摔倒。

然而时隔两年，大坂上已经没有了冰雪的覆盖，虽然如此，但呼啸的山风扑面而来，依然寒气逼人。

根据文献记载，我们现在所处的位置在唐代叫“金岭”，而现在叫“石腰子大坂”。站在这个制高点，我们能隐约看见远处吉木萨尔的平原绿洲。这条古道，从汉代至唐代，以至于后来的元、明、清，都是沟通吉木萨尔至吐鲁番盆地的一条关键路线。

这里的风特别大，把队员们吹得一个个缩脖子搓手，眼前的景致发生了很大的变化。站到这里就像是有一把巨型的利刃将大山分做了两半，我们走过的那一半，一路之上郁郁葱葱，林木茂盛。将要继续走的路却是一座座山石裸露，光秃秃的山峰，几乎见不到一棵树木。

在冰大坂的最高点，有一处名为“龙堂石刻”的古遗迹。这是一个高达数十米的巨大石堆，黑色的石头，在冰大阪上显得特别突出和醒目。专家告诉我们，这是一个非常典型的古阿尔泰地区的建筑造型。我们走到石堆上，发现它像是一座巨大的石堆墓。墓穴的四周也是用石头圈起来的，墓穴内除了遗留下几根半截的木头外，已经空无一物。木头的发现令大家感到好奇，一般的石堆墓中，除了随葬品外，是不会有木头的，而这处墓葬中竟然有木头，规则的竖立在墓穴的深处。

我们经过仔细的考察，认为这很可能是一处在古阿尔泰建筑上又重新修建的一座唐代建筑。地表建筑的规模很大，是当时用来祭奠故亡人的一个场所。根据这几根木头的排列形式，在被毁的墓葬地表，应该建有一处叫“享堂”的祭祀用建筑，而这几根木头，是用来做“享堂”的几个支点用的，在“享堂”的周围应该有一块专门记录墓主人功德的石碑。一般只有像北庭都

■ 北庭古道上发现岩画

北庭古道上发现的岩画

护府的长官或西州的长官这样地位的人死去以后才能享受此类待遇。

由于地表建筑破坏严重，我们已经很难在附近找到有文字记载的残留文物，没有办法确定其墓主人的身份。

中国社会科学院的巫新华博士围着墓穴转了一圈。突然发现在这个大石堆墓四周有一条条用黑色石头铺成的长线，沿着石堆墓向四周呈放射性延伸。经过仔细观察，发现这种用石头堆成的长线在墓葬周围有很多，每条长达十几米。数了数，这些用石头铺成的线条大概有十七八条之多。为什么在墓葬周围会有这种放射状的石条呢？这种类似于阳光四射的形状又说明什么问题呢？

如今很多的研究表明，世界上各个民族都有着一种共同的原始自然宗教信仰，那就是太阳崇拜，古埃及人出于对太阳神的崇拜，建造了金字塔；古蜀金沙遗址出土的太阳神鸟金箔，同样也体现了中华民族的太阳崇拜习俗；而在楼兰王国发现的太阳型墓葬，也被人们赋予了太阳崇拜的观念。那么北庭古道上发现的呈太阳放射状的石条建筑是否也是太阳崇拜的一种呢？

巫新华告诉科考队队员，这种呈放射状分布的石条是这次科学考察活动中最有价值的一处发现。学术界一般将它的年代定义到青铜时代，是早期宗教祭祀的场所。类似这样的建筑形式，而且规模如此之大，在新疆的东天山地区还是头一次发现。

从新疆天山的西北部再向西延伸，直到今天的哈萨克斯坦，整个阿尔泰山地区，都发现过类似的墓葬。但是像我们发现的这样大规模墓葬也是少数。这种规模较大的墓葬，首先是人类文明早期太阳崇拜的重要标志。

它既是一种墓葬，又是早期人类用来祭奠祖先和神灵的祭祀台。像这种规模的祭祀台，当时其地位应该是最高级别的。祭祀台到后来随着文明的发展也有了很大的变化。在英国有著名的大石阵文化，而在其他的文明古国，也有与大山大石相关的巨型建筑，后来统称其为大石文化。说得更具体一些，像埃及的金字塔和规模宏大的庙宇，以及古希腊、古罗马用石头建造的殿堂，都是这种大石文化的延续。由此看来，这种代表着人类早期文明的大石文化，其文化和考古价值是不可估量的。

我们眼前的这个大石堆墓其实也就是一个早期的大祭祀台，只不过这个祭祀台建在了3000多米的高处。在这里人们已经开始有高山反应了，对于当时的人来说其难度可想而知。也许当年的人们出于对太阳的崇拜，认为冰大坂是这座山的最高点，同时也是和天相隔最近的地方，在这个地方祭祀，能充分的和太阳神接近，祈求平安。

山腰上的“龙堂石刻”应该是在它的基础上加以利用修建的，看来在不同的时期都曾把这个地方当作圣地，而且也可以断定，这条古道由来已久，而且使用时间远远早于汉代。

翻过大坂的顶峰，山势开始一路往下，周围的景致也来了个180度大变样，从满眼绿色变成了一座座光秃秃的山峰，山路也变得险峻。我们脚下开始出现“醉马草”，向导说一定要紧勒缰绳，不要让马吃到这种草。一路行进的马匹欺负我们不是正规骑手，总时不时地低下头去啃几口草，或是站到一个拐角处，不肯再走。不让它们吃醉马草，还真有点难度。据说这种醉马草的出现是山里生态恶化的结果，在古代很少能够有成片的醉马草，而现在这条路上却是处处暗藏杀机。吃了“醉马草”的马匹，会四肢发软，浑身无力，一旦马失前蹄，人就会从马上摔下去，发生危险，轻则摔伤，重则掉到山涧里。

俗话说“上山容易，下山难”。科考队在乱石滩上艰难地行走，队员们一个个开始在马上坐立不安起来，不时的变换姿势，一会侧坐，一会爬在马背上，一会儿又蹬着马鞍站起来。原来长时间坐在硬邦邦的马背上，屁股和马鞍来回摩擦，已经磨破了皮。看着哈萨克族向导悠然自得的盘腿坐在马背上，身体不时随着马匹行动的节奏左右晃动，心里是既羡慕又嫉妒。

那时候真想弃马而走，但这只是一时冲动的想法。毕竟要付诸于现实有点困难，一是要跟上大部队的步伐，二是马的脚程比人的行走速度要快得多，所以大家宁愿忍受这痛苦的折磨，也不肯放弃自己的“坐骑”。

在忍受了一段痛苦的行程之后，大家终于可以得到暂时的解脱了。由

■ 北庭古道所见清军题诗处

于路途崎岖不平，而且坡度比较陡，科考队员们只能下马牵着走。这个消息对于科考队成员来说，无疑是一个好消息，毕竟可以稍微缓缓自己受伤的臀部。这一段路实在难走，有好几次，遇到比较险峻的路段，几匹马都差点滑下去，连带的滚落一些石子。

大约一个小时后，科考队终于进入了一个平缓的山谷，四周的山上稀稀落落的长着一些杂草，一块一块的，长草的地方是绿色，没有长草的地方是黄色。

在山谷的半山腰上，孤独地伫立着几块黑色石头，与周围山谷的颜色呈现两种截然不同的颜色，而且石头上居然刻有岩画。当地向导跟我们说，这已经不是什么秘密了，这些岩画和这些孤独的大黑石头早就出现在这里了。所谓“出现”就是说，这个地方原来并没有这种大黑石头，也没有岩画，这是后来的事情。而这个后来，据专家考证，少则3000年，多则可达1万年了。

这里的岩画与内蒙曼德拉山上的岩画不一样，曼德拉山的岩画内容比较丰富，人物、动物以及反映当时宗教形式的佛塔在那里都有体现。而这里的岩画大部分都是与羊有关的图画，比如狩猎、放牧、大盘羊、北山羊。

让科考队觉得奇怪的是，为什么仅在这一个山谷里发现了为数极少的几块黑色巨石呢？如果说是天然形成的话，那为什么它的质地和周围山谷中的石头完全不属于同种类型呢？难道是人为的吗？上万年前，又有谁为了雕凿几只山羊，会将巨石运到这么偏僻的山谷之中呢？有人说这是从天上落下来的陨石，也有说法是来自外太空的天外来客将其丢弃在这里的。在这个地区流传了太多外星人曾光临于此的传说，真假难辨。

我们所处的位置已属吐鲁番境内，虽然还在山里，但是空气变得很干燥。崎岖的山谷，凹凸不平的乱石滩，让科考队员时不时得下马行走。跨过一座新的大坂后，道路变得平整多了，在马道旁边河谷的一块大石头上，我们发现上面居然刻有很多诗句，字迹已经模糊。经过专家和大伙的仔细辨认，只有一首还能完全解读出来，诗文如下：

“一心依日月，八阵变风云。欲建千秋业，因从万里军。”落款是北地张鹏飞敬题。

根据其余两首诗遗留的痕迹，隐隐约约能看见“大清康熙二十九年，吐鲁番过此……”“帝德千秋盛，臣心万里清。天生真砥柱……统帅回宁官兵……”的字样。

三首诗句的内容慷慨激昂，是清军将士表达决心的作品。

按石刻的年代，在康熙二十九年（1690年）。根据历史记载，这个时期，准噶尔与沙皇俄国勾结发动叛乱，康熙曾三度“御驾亲征”，消灭叛军。清朝官兵平叛了准噶尔后士气大振，路过此地休息之时，看见一块巨石，一时心潮澎湃，热血沸腾，题诗留念。

沿着河谷继续往南行走一段距离，已经快要进入戈壁了，山路变成了土路，汽车也能进出自如。

■ 一户人家的村庄

远处，科考队看见了来接大家的车辆，这也表示连续三天的山路结束了。坐上汽车的感觉真好，尽管沿途异常颠簸，一路上还是山石嶙峋，我们坐在车里就像是被摇动的煤球。但是软软的坐椅让科考队员们连续紧绷了三天的身体霎时都放松了下来。汽车在河床的石子路上行驶，周围的山谷宛如绝壁般陡峭，干涸的河床中出现了一户人家和成片的树林。

据说，在这里有一个清朝平叛将军苏三的墓葬，他在与叛乱分子激战数年以后，积劳成疾，不幸病亡，就安葬在了这里。他的马夫不愿意离开他，就留了下来，成了他的守墓人。这位平叛将军的墓葬所在，至今还有一户人家。据当地人介绍，是全吐鲁番地区唯一的只有一户人家的村庄。

■ 北庭古道上一户人的小山村

■北庭古道

那是一户独立于河床中的人家，房屋掩映在一小片树林中。从墙皮的新旧程度上能看出，除了几间主人住的房屋是新建的，其余的地方都是土质结构的老房。房屋的主人是一位71岁的回族老大爷，在闲聊当中，老大爷告诉科考队，从他爷爷那辈起，他们家就在这住下了，直到现在一共住了四代，已经有一百多年的历史。这里曾是一个驿站，当年他爷爷兄弟三人从甘肃过来，从一位姓焦的汉人手上买下了这所驿站，就在此定居了下来。由于这条道路是当年通往天山南北的必经之路，南来北往的人们都必须从这条道路经过，而它又是途中唯一的一个驿站，所以那时人们经过此地都会在这休息三五小时，准备水及食物，也有一些人会留在这里过夜。然而现在，驿站已经不存在了，这里完全变成了他们的住家。

老大爷的儿子带科考队参观了早年留下来的驿站客房以及马圈，除了几

■ 北庭古道上一户人的小山村

堵墙之外，屋内设施已经没有了，不过从现在残存下来的建筑来看，当年这处驿站应该算是比较豪华的了，面积有将近五百平方米。

老人想在屋子周围种点果树，但由于空气比较干燥，水源不足，虽说已经打了口井，但仅能供他们日常生活之用，根本种不了果树，现在他们只能依靠种棉花和卖驼绒生活。

房屋虽然比较简陋，但是现代化设施还比较齐全。在屋顶上，科考队看见了一个太阳能的发电机，老人告诉科考队，由于太阳能发电电力比较小，看不了电视，所以他们准备花一千多块钱添置一台风力发电机，这样一个数目对他们来说算是一笔不小的开支了。

生活是辛苦了点，可他们从没有想过要离开这片土地，他们用双手创造着属于自己的快乐。

■ 唐代北庭古城复原

一直到临别，科考队员都没有弄清楚这户人家到底是不是将军守墓人的后代。如果说真有将军守墓人这么一说的话，那么早年那位姓焦的汉人就有可能是将军守墓人的后代，因为毕竟这位马姓的回族老大爷在这居住的历史也就一百多年，在时间上就不吻合。现在已经无法寻找到当年那位焦姓汉人的去向，自然也无法找到将军的墓葬，也许有一天，在这里会发现一座墓葬，而墓葬的主人，就是当年那位平叛英雄——苏三将军。

越野车在戈壁滩上一路奔驰，空旷的戈壁上没有人烟，只有远处连绵起伏的几座山峰与我们为伴。忽然，一座古堡似的建筑出现在科考队员的眼中，在戈壁中出现这样一座雄伟的建筑，自然格外显眼。当地的随行人员告诉我们，那是一个影视基地，电影《七剑下天山》、电视剧《冰山上的来客》都是在这里拍的。这一席话，让科考队员忍不住想过去看看电影中那宏伟气派的场面究竟是在什么样的地方拍出来的。

推门而入，室内一片狼藉，到处都是已经破损的道具，像是刚被人洗劫过似的，一缕缕强烈的光线从窗檐照射进来，空气中漂浮的灰尘若隐若现，悬挂在半空的灯笼摇摇欲坠。在院子里的墙角处有一段城墙，随行的当地文管所同志指着城墙的下半部分告诉我们，这一截城墙原是汉代的，后来因为剧组要在这里拍摄古装戏，所以在这截城墙上又往上堆砌了一层，破坏了原来的结构。

听到这里，我们感到很痛心，影片的制作是为了娱乐观众，同时也能获得经济效益，为了娱乐、为了经济而忘了原本的责任这可取吗？对于文物的保护，我们每个人都有不可推卸的责任，我们国家有着五千年的文明，而中华文明的传承要靠我们的共同努力才能延续下去。这些遗迹是中华文明的见证，是我们留给子孙后代最好的财富，如果有一天，这一切都不存在了，我们还能拿什么来证明中华民族的悠久历史？又拿什么来延续中华文明呢？

■ 洋海——头颅的困惑

三千多年前，天山以南的吐峪沟还是一个非常理想的天然草场，当时在这里生活着几个部落。他们世世代代居住在这片土地上，这里的人们善于骑马，个个都是高手，部落里的小伙子经常成群结伴骑着马出去打猎。每年这个部落里都会举行一次骑马大赛，比赛项目复杂多样，速度、技巧都是决定赛马输赢的因素。在比赛中摘取桂冠一直都是年轻小伙子们的梦想，得到第一名称号的，不仅能获得大量的食物作为奖品，还能成为姑娘们心中的偶像。

有这样一个奇妙的故事：在一次的赛马大会上，所有参赛者当中，有一位名叫巴图尔的小伙子，极有可能获得冠军。因为他已经连续在几轮比试当中获胜，现在只剩下最后一项，也是难度最大的一项，在奔驰中的马背上表演翻跟头，只要这轮没有出错，那么他就是这次比赛的冠军。

围观的群众将比赛场地四周围了个水泄不通，喝彩声、加油声此起彼伏，好不热闹。在一声锣鼓敲响后，比赛开始，马匹开始向前飞奔，参赛者根据自己掌握的时机做动作，巴图尔感觉到自己已经做好了准备，他从马上站了起来，取得平衡之后，他向后一跃，在空中转了180度后，顺利地坐在了马背上，如此高超的技术获得围观群众的阵阵鼓掌。一个、两个、三个，还差一个就要胜利了，就在大家屏住呼吸，看着这位小伙如何勇夺桂冠的时候，意外发生了，站在马背上的巴图尔，脚下一滑，从奔驰中的马儿身上摔了下来。如此巨大的冲击，使得巴图尔重重地摔在了地上，连打了好几个滚。

突然的转变，让所有人都惊慌失措，巴图尔的父母见儿子从马上摔下来，首先冲了过去，他们紧紧地抱着儿子，大声呼唤他的名字，可是都没有反应，这时从巴图尔的头上流下一股殷红的鲜血。

巴图尔的父母急了，他们迅速将儿子抱回家中，并请来了巫师，为巴

■ 洋海古墓群

■ 洋海发现的陶罐

■ 洋海古墓发现的陶罐

图尔治疗。但是没有什么效果，巴图尔依然静静地躺在床上，没有苏醒的迹象。这时，部族中威望最高的萨满来了。

萨满巫师，也是这个族群里最高的统治者，由于他具有与神灵沟通的本领，被族里的人们奉为“神”。一般来说，萨满只有在祭祀或者驱赶鬼怪时才会动用他的本事，像给人看病这类的小事，基本上用不着他出面。然而这次不同，巴图尔突如其来的变故，持续的昏迷不醒，让很多人认为他是中了邪，被鬼怪附身了。

萨满走到床前，用手翻开巴图尔的眼皮看了看，然后摸了摸他额头上的伤口，对在场的所有人说了句：“还有救，准备祭祀用具，等到月亮升起的时候。”

待一切准备妥当之后，萨满开始作法。他拿出随身携带的铜铃，一边摇晃铜铃，一边绕着熊熊的火堆跳起祈神舞来，嘴里还不停的念念有词，气氛霎时变得诡异起来，所有人都不敢吱声，也许是怕话一出口，就会破坏萨满的法术，念完咒语的萨满端起一瓢凉水，用手指在水面上画了几下，然后将这些水洒在火堆的四周，剩下的部分则交给巴图尔的父母，让他们喂巴图尔喝下去，也许真的是萨满的法术显灵了，本来不进水米的巴图尔竟然缓缓地将瓢里的水喝了个精光，这让所有人对萨满佩服得五体投地。

随后萨满从袍子里掏出一些类似于草类的植物，放进嘴里嚼碎了，喂给巴图尔吃了下去。萨满蹲在巴图尔面前，在他头上四周按了按，像是在找什么东西，然后手指在头中央的位置停了下来，用一把石制的钻头在他的头顶部旋转，有些像钻木取火的样子。很快头顶出现了一个窟窿，血流了出来……后来又用古针把伤口缝合，整个过程一直弥漫着一种大麻燃烧的气味。这就是大麻，古人很早就知道大麻可以使人麻醉，使人迷幻。于是，大麻也就成了巫师最常使用的降神道具。几天过去了，巴图尔睁开了眼睛……

翻越了天山，我们来到了天山南端，这里的气温明显比吉木萨尔高出十几度。

在吐鲁番，有一处紧靠火焰山的墓葬群，这是一处从史前时期一直到宋

代的古墓群。放眼望去，古墓葬在一片戈壁滩上，这些墓葬在一般人眼中也不过是一个个黄沙埋没的土包，但是就是从这些土包中发现了许多惊人的文物。而且是新疆首次发现的珍贵文物。

古老的乐器箜篌、葡萄藤、泥制吹风管和刻有各类动物图案的木筒等，这些文物的出土丰富了吐鲁番盆地的早期文化。洋海墓地的埋葬形式和出土文物都说明墓葬的年代久远，专家推测洋海墓地最早的墓葬距今有三千多年的历史了。

考古队在这些墓中，都发现埋有马的骸骨，这也是最早的殉马坑。可见当时人们与马的关系非常密切。我们这次考察从进入新疆以来，就一直有关马的故事。它们伴随着整个考察的过程，让我们对马也充满了敬意。

这个古墓群几乎每一个墓葬的前室都发现了殉马坑。按照常识，有殉马坑的墓葬一般都是达官贵人，但是经过一段时间的考古挖掘，发现许多有殉马坑的墓葬殉葬品却少得可怜。由此专家断定，他们中间很大一部分是普通人。

为什么普通百姓也有殉马坑呢？根据史书记载，匈奴游牧业极为发达，有些部落的良马达40万匹。不难看出，马在游牧民族的生活当中占据了相当重要的地位。

几千年来，游牧民族的先民们与马生死与共，从某种程度上来说，马对游牧文明的形成和发展所起的作用甚至超过了人

■ 洋海发现的陶器

■ 洋海古墓群

本身。

在这里发现的殉马坑，实际上是游牧先民对马崇拜的一种表现形式，他们认为马是通天之神，同马一起下葬能把自己带入理想的天堂。

从目前发掘的情况看，长眠在这里的大多是游牧部落的人。洋海古墓让我们近距离接触到了远在三千年以前的中国西部风情。

洋海墓地的年代应该是公元前12世纪。洋海墓地的发掘，找到了吐鲁番盆地史前最丰富的文化，其中最为可贵的是出土了大量保存完好的木器，还有大量的陶器，现在已发现500多件彩陶，这是新疆乃至东亚地区出土彩陶中最多、最丰富、最漂亮的。

洋海古墓出土的箜篌可以说是非常珍贵的文物，目前，全国只发现了五个，其中三个就出自洋海古墓，这些箜篌的年代至少也有三千多年。

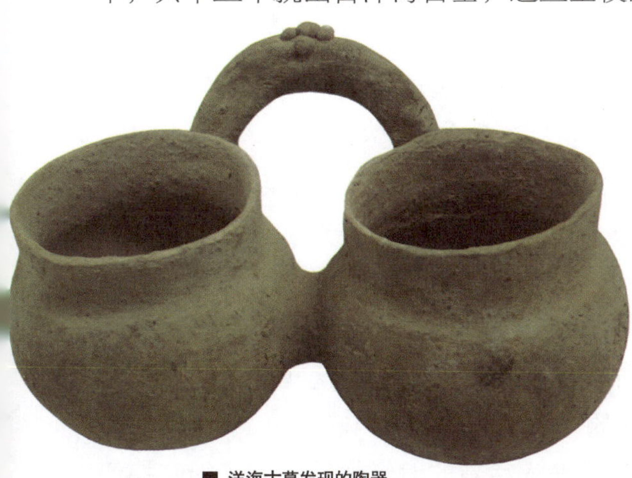

■ 洋海古墓发现的陶器

专家说，这种古老的器乐，最早出现于四千年前埃及法老陵墓中的壁画。它是怎么从那么遥远的地方来到中国新疆的呢？这可能是一个更大规模的民族迁徙和中西方文化交流的故事。

最让我们感兴趣的是洋海古墓出土的数量众多的人骨和干尸。有一个现象令人大为不解，那就是在许多的人头骨上发现了

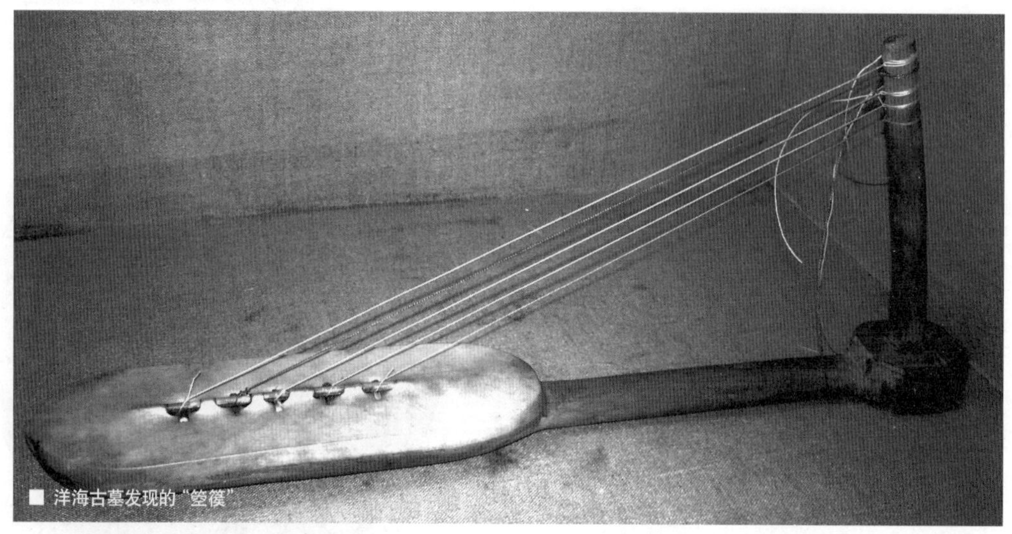
■ 洋海古墓发现的“箜篌”

规则的圆形或是棱形的钻孔。

据专家考证，这些头骨距今最少有三千年的历史了。这些头骨上出现的规则钻孔究竟是怎样造成的？在这几千年前的人类身上，到底曾经发生过什么？

什么样的器具能在头上砸出这样的圆洞？如果排除人为暴力所致，还有怎样的人为目的？难道是有人存心想在人的脑袋上钻洞吗？在几千年前的蛮荒年代，谁又敢这样做呢？

有一种说法是，在头盖骨上穿孔是供死者的灵魂出入之用。古代先民认为灵魂是不死的，当人死亡时，灵魂需要从头上穿的孔中走出。

还有一种说法，几千年前，中国西北的古人类存在着某种古老的信仰——人骨崇拜，在死人的头上取下一小块骨头，把它磨光了，作为装饰穿起来，据说可以避邪。

还真有这样的事，2007年在甘肃天祝县发现了121具被锯掉头盖骨的骷髅，据说是用来做工艺品的。公安部的人员经过鉴定后说这些被锯掉头盖骨的骷髅都是在人死了以后才被取下来的。

而在洋海古墓发现的头骨钻孔却是在人活着的时候做的。为了能够搞清

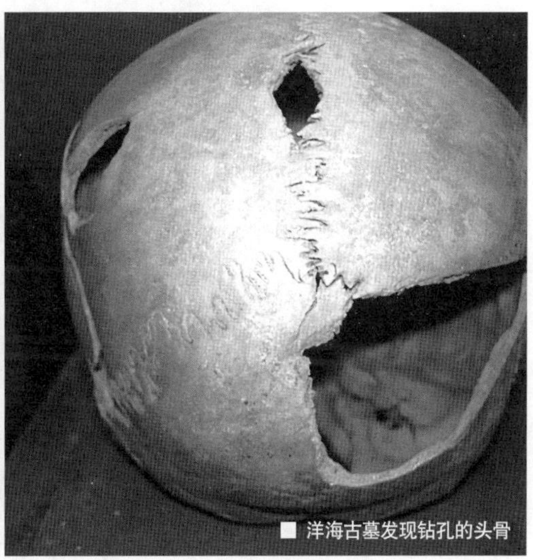
■ 洋海古墓发现钻孔的头骨

这些钻孔问题，专家们特地请来了省公安机关刑侦处的干警进行了鉴定。通过鉴定发现，这些钻孔很像是用一些细小而锐利的器械挖出来的。

我们往往把一些困惑不解的发现归于外星人所为，难道说这些人接受了外星人的脑外科手术吗?

的确，有过这方面的传说和报道。有的人还曾经说，那是远古时期发生的“枪战”。他们使用的枪械和我们现在的几乎一模一样，那是一些远古时期的高科技。

科考队在洋海古墓的考察中还真发现了类似弹头似的东西，不过这只是一些几千年以前的箭头。

随着这些箭头的发现，在洋海古墓，科考队还找到了马镫、铜戟，这是一项重要的发现，说明当时的远古游牧民族已经掌握了非常先进的狩猎和作战工具。可以想象，这是一个终日与马匹为伴尚武而勇猛的民族。

专家推测，他们从马上摔下来的比率也是很高的，一般摔伤的都是头部，为了救治这些摔伤头部的人，“外科手术”就成了必不可少的工作，很可能这些头颅上的钻孔，就是远古时期“脑外科手术”的结果。

如果这种说法能够成立，那么随之而来的一系列问题，又如何解释呢?

■ 洋海古墓大巫师

■ 大巫师的脚铃

例如：用什么样的工具来做“手术”？如何解决“手术”中出现的大出血现象？术后的缝合又是怎样进行的？

还有一个问题就是，由于头部的神经和血管分布非常丰富，手术中怎么样才能够止住疼痛呢？

我们都知道三国里的关云长刮骨疗伤的故事，但是如果他伤的不是胳膊，而是像远古时期的人一样伤在头部，他还能那样饮酒自若，谈笑风生吗？

在洋海古墓的一座墓室中沉睡着一个非常奇怪的人，他衣冠齐整，身上的衣服至今还保留着鲜明的色彩。

他的头上戴着皮帽子，额头上还戴着一串用贝壳穿成的头饰，专家说，这些贝壳曾经是海洋里的生物，它们产自印度。难道墓主人来自于那么遥远的地方吗？

这位墓主人左边耳朵上戴着铜耳环，颈部还有一串项链，左手握着一把利斧，右手拿着一根木质权杖，权杖上缠绕着铜片，虽然铜片已经锈迹斑斑，但是仍然可以想象，当年这根权杖金光闪闪的样子。墓主人的衣服是一件裘皮长袄，长袄里还有一件柔软的羔羊背心。由此可见，远古时期的人们并非我们现代人想象的那样寒酸，他们很会照顾自己。

这位墓主人的脚上，挂着一串铜铃，仿佛稍稍一动，就会发出一串串清脆的声音。

在他的周围还发现了难得一见的大麻，这是用来干什么的？难道墓主人还是一个古老的瘾君子。

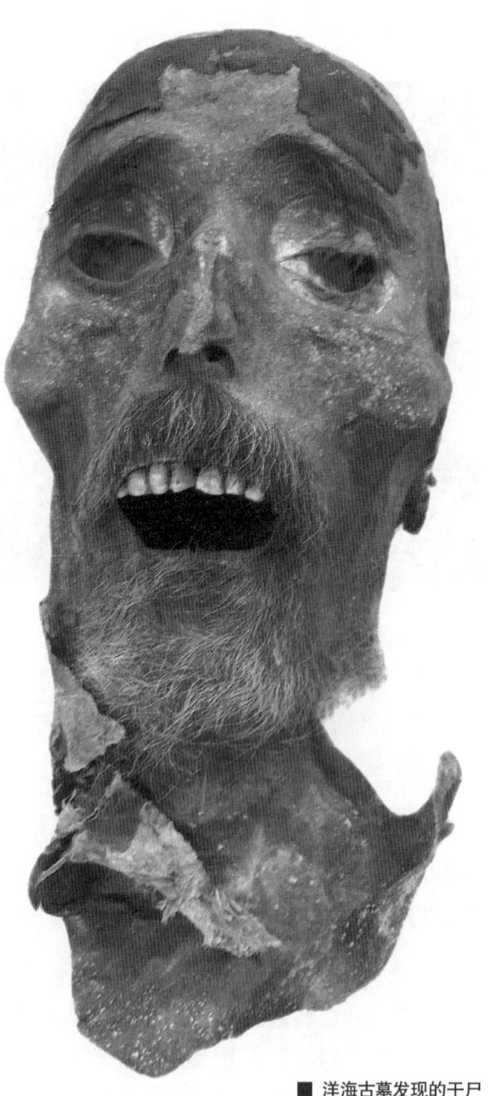
■ 洋海古墓发现的干尸

在他的随葬品中，专家们发现了一架乐器，它的完好程度几乎可以立刻弹奏出声音。这是一只古老的箜篌，对这一发现，专家们大喜过望，他们认为，这是洋海古墓迄今为止最有价值的文物。

随后发现的一批木雕的器皿，也可以称得上空前绝后。要不是拜托这里的干燥气候，任何木器都不可能保存得如此完好、如此长久。在出土的文物中，专家们还发现了一个红陶罐，它的形制，一眼就可以确定，是典型的早期欧罗巴人使用的器皿。

从墓主人的穿着打扮以及发现的大麻、箜篌，特别是脚上的那一串铜铃，渐渐为我们清晰地勾勒出了这位几千年前神秘墓主人的身份、地位和职业。

这是一位萨满教的巫师，因为巫师在古代社会中具有至高无上的地位，所以在他头上才有代表着财富的贝饰。

他手中握的权杖也是权力的象征。巫师在跳大神时发出的声音可能就来自他腿上的铜铃。巫师用来迷失人心智和麻痹人身体的药物可能就是墓葬中出土的大麻。另外，古代的巫师也就是当时的医生，而大麻也能起到麻药的功能。考古专家还为这位墓主人画了一张复原的肖像，看上去，还真有点神仙的气息。

“2007年12月20日，在新疆吐鲁番地区博物馆，新疆文物保护专家对吐鲁番洋海古墓发掘出土的萨满教巫师干尸的衣物进行揭取。这是自2003年洋海古墓发掘以来，文物专家首次对干尸衣物进行揭取。”

“这批被推测为我国北方游牧民族的墓葬，出土了许多关于萨满教的有趣现象。这次要揭取衣物的这具干尸为男性，40岁左右，头部前方立一根木棍，木棍上套一副马辔头。身着毛织的衣裤，头戴一圈用贝壳装饰的彩色毛绦带，头下有4粒贝壳，脖子上带着一串项链，质地有玛瑙、绿松石等，戴单圈的圆形耳环，右边的金质，左边铜质。左手握木柄铜斧，右手握有一根缠绕铜片的木棍。腰身下有两个皮套，分别装有弧背铜刀和铜锥。”

古代认为只有萨满巫师才能通天，他的地位非常高，他们就像中原的占卜师一样，每逢部族有什么大事情，一定要由萨满巫师来问卦占卜，方能解决。对灵魂的关怀是巫师的头等大事，作为灵魂的所在——大脑，一旦出了问题，自然需要巫师来处理。洋海古墓发现的巫师，似乎可以解答头骨穿孔的问题。

在洋海出土的众多头骨上，除了发现方形和圆形穿孔之外，还有一些钻孔非常细小，也就是一两毫米，伴随着颅骨的外伤，还能明显地看到刀砍和摔伤的痕迹，另外还有很多穿孔头颅上显示伤口愈合的痕迹，这都比较符合治疗的症状。

体质人类学专家韩康信认为，这些穿孔现象可能是一种古老的开颅手术。

韩康信研究员拿出一个做过X光检测的人头骨，X光照片显示这个头骨的主人患有骨癌。韩康信推断，这个头骨上的人为穿孔痕迹可能就是最早的外科手术。

尽管如此，还是有许多无法解释的谜。经韩康信鉴定，这些做过手术的人，居然有很多又存活了一段时间，那么他们在进行脑外科手术的时候又是怎样止血和缝合的呢？从目前的发掘来看，还找不到任何可以解释这个问题的证据，因此头颅穿孔依然还是个谜。

■ 洋海古墓发现的陶器、木器

专家说，古人头颅穿孔的现象绝非仅此一例。远在地球的另一边，也就是美洲的古印加王国，也曾发现穿过孔的古人头颅，不过比洋海古墓晚了2000多年。

这种古老的脑外科医术或者叫做古老的巫术是如何与两万公里之遥的西半球遥相呼应的呢？

难道洋海古墓的巫师们曾漂洋过海，到了地球的另一边。

他们之间到底是一种什么关系？我们期待着洋海古墓进一步的考古发现。

■ 洋海树葬墓

■ 楼兰后裔在哪里

韩康信研究员从洋海墓地出土的人头骨鉴定判断，这里的人种应该属于欧罗巴人种，是早期的北欧民族，需要说明的是，就是在现在的北欧地区也找不到这样的人种了。

洋海墓地出土的人骨最早的大概是在三千多年前，与后来的楼兰国人骨有着太多的相似之处，宽阔的额头、扁平的额骨，说明这两地的人应该属于不同时期的同一个种族。

由此专家提出了一个惊人的观点，这些古洋海人有可能是古楼兰人的祖先。这个意外让我们有点惊喜。

楼兰古国由于地处丝绸要道，加上水土肥美，曾经盛极一时。有关楼兰的记载，最早见于我国西汉中期。司马迁在《史记》中写道：“楼兰、姑师邑有郭，临盐泽。”

然而在公元4世纪以后，这个古王国却突然神秘地消失了，似乎在极短暂的时间内消失得无影无踪，再也没有进入任何文献记载。这一切都去得那么仓促和突然，是什么原因使得这个繁华的古城陡然之间变为一座空城，随即被掩埋在厚厚的黄沙之下呢？而楼兰人迁居何处？谁又是其后代呢？

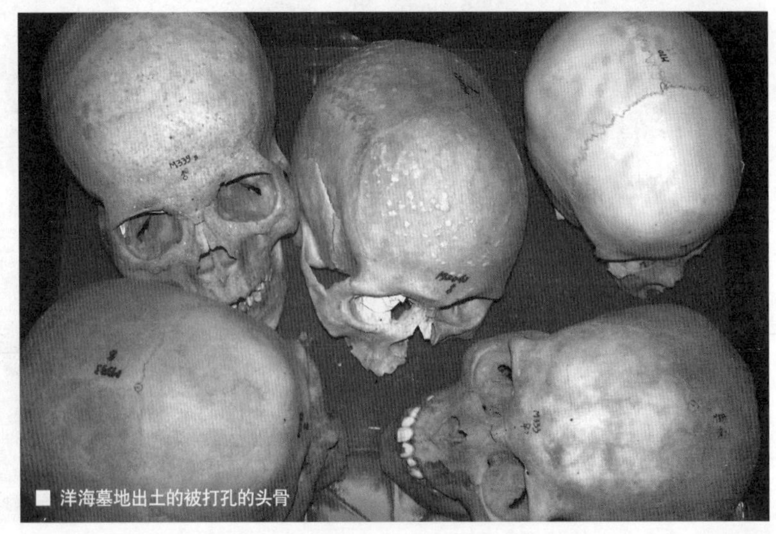

■ 洋海墓地出土的被打孔的头骨

楼兰王国的消失成了千古之

谜，尽管现在学术界对楼兰王国的消失已经有了几种猜测，但究竟哪一种接近真实，谁也说不清楚。

这次在对北庭古道的考察中，无意中发现了楼兰人的祖先遗迹，实属一个不小的收获。也正是因为专家的这一句话，让我们对楼兰后裔产生了兴趣，他们去了哪里？我们决定在天山南部地区展开寻找楼兰后裔的调查。

既然楼兰古城地处罗布泊一带，那么我们的第一站肯定就是罗布泊了。

在罗布泊这一广阔的区域内，分布着包括砾质戈壁、沙漠、盐沙、风蚀残丘等多种自然地貌，冲积平原和绿洲耕地所占比例极少，故而寂寞荒凉、毫无人烟。“大漠无飞鸟，但见白龙堆。”面对这一片广阔无垠的荒漠，多少年来，人们望而却步，无缘窥见其真实面目，更无缘亲身进入其中以领略个中奥秘，因而笼罩在其中的种种自然之谜和人类历史的传说，既为世人所瞩目又为世人所陌生。

■ 罗布泊

罗布泊虽然环境恶劣，但却具有一种神秘的色彩。神秘之处首推那著名的“雅丹”地貌。

经过一天近300多公里的车程，我们科考队一行终于到达了一片雅丹地貌区——罗布泊的北岸——龙城。“雅丹”是维吾尔语“雅尔”的变音，意思是凶险的土丘。

关于“雅丹”地貌的成因，众说纷纭。比较流行的说法，是风的吹蚀作用，吹走了所有的沙子，只剩下吹不走的卵石和坚硬的黏土层。后来这些黏土层也被剥刮成一座座不规则的高台，形成今天的风蚀土台群。

龙城的这些土台，大都高十几米，长几百米，绵延百公里，仪态万千，

气势磅礴，从不同的角度看有不同的姿容，很像古城寨堡争雄对峙。人站在这里，不得不佩服大自然的“鬼斧神工”。“雅丹”风蚀地貌如同迷宫一般，人走在其中，三转两转就迷失了方向，所以“雅丹”地貌又有了一个可怕的名字——“鬼城”。

罗布泊是神秘的。我们造访罗布泊西岸的楼兰古城，就是一次神秘而惊险之旅。前面的车扬起的浮土常常把后面的车窗全部遮住，眼前什么也看不见。越野车左冲右转，摇摆剧烈，大约经过了两个多小时，终于到了楼兰。

眼前的佛塔、三间房、古村落遗迹历历在目。无数胡杨树残骸静静躺在那里，似乎在诉说着这里曾经有过的辉煌。作为古代城市的存在，楼兰大约

■ 通往罗布泊的路

维持至4世纪中叶，而居民从这一土地上撤离，却延续了近二百年。

罗布泊环境是可怕的，一望无际的荒漠，没有草木，没有色彩，没有水，没有生命，更没有人烟，甚至没有大一点的石块。人在其中，感觉如此的渺小，又如此的脆弱。

广义的罗布泊地处塔里木盆地的东部，东接河西走廊西端，西至塔里木河下游，南起阿尔金山，北到库鲁克山，面积达10万平方公里，其中大部分为戈壁荒漠和沙漠，还有雅丹和湖盆盐壳。到了罗布泊就好像到了月球，举目四望极度荒凉，这是一种极尽虚无的感觉，残阳暮色中这个荒芜之域让人有种说不出的神秘。

走进罗布泊的人多了，车印子也多起来，湖盆里的路，多为以前石油物探队勘测时用推土机推出的便道，离开便道就是翻翘的盐壳地，越野车难以逾越。对湖盆大片又尖又硬的硬碱壳，除了坦克和一种物探队野外勘探专用车以外，越野车都望而却步。

中国史书《汉书·西域传》讲当时西域各国的历史："鄯善，本名楼兰。"张骞在汉武帝时出使西域之后，汉朝的使节频繁往来于丝路，楼兰成了必经之地。

汉朝时期，楼兰经常攻劫汉使。汉武帝派兵攻破楼兰，俘虏了楼兰王。楼兰虽降了汉朝，但是又常常摇摆于汉与匈奴之间，对汉朝的态度时降时叛。当时楼兰是丝路要冲，其中心在罗布泊以北。西汉初年汉使及商旅去西域，必经楼兰。故西汉中央政府在元凤四年（前77年）派傅介子刺杀了楼兰王，更立其弟尉屠耆为王，并改楼兰为鄯善。鄯善国得名由此开始。

楼兰的神秘消失一直是近代学者多年争论不休的一个问题。其实改名为鄯善的楼兰最终为仃零国所灭，政治和社会的剧变导致了楼兰古城的废弃，楼兰的消亡是一个从废弃到彻底荒废的过程。

根据史料记载，公元442年，鄯善国被灭后，国民分成两支，一支由国王比龙率领迁往且末，最终消失在戈壁沙漠中；而另一支由其世子率领归降了沮渠安周，后又随安周向北迁居高昌和伊吾（今哈密）。楼兰最终还是湮没于风沙之中了。

从罗布泊出发，科考队又循着古鄯善国人向北迁徙的路线，到达了位于罗布泊西北的辛格尔。“辛格尔”是维语，意思是“雄性的世界”。此地依泉而建，有号称“罗布泊第一泉”的一眼泉水，这里也是古楼兰时期老迪坎儿乡人的墓地。这是从罗布泊往北第一个到达的地方，仅存的几间破房子曾是核试部队废弃的营房，向世人展示着罗布泊的苍凉。

我们沿古楼兰道考察，来到了位于库尔勒巴音郭楞蒙古自治州尉犁县境内的营盘古城遗址。营盘古城位于古丝绸之路，地理位置非常特殊，它在丝绸之路的重要地位，可与楼兰相媲美。这里曾发现了汉晋时代的绢、绮、丝绣、织金锦、汉代铁镜、具有中亚艺术风格的麻质面具、波斯安息王朝的玻璃器皿以及具有希腊罗马艺术风格的各类毛纺织品等文物。

中国社会科学院考古研究所专家郭物告诉我们，营盘古遗址是楼兰的入口，从若羌、扜泥北上到营盘，这里也是墨山国之路，楼兰道西北接墨山国之路。墨山国之路的北端，当然是汉魏的柳中即今鄯善县鲁克沁镇。这条由鲁克沁出发，向南越库鲁克塔格入罗布淖尔地区的道路，虽然由于自然环境的恶化，早已不能如汉魏时代那样畅达，但自古以来，始终就是沟通罗布泊洼地与吐鲁番盆地的捷径。鄯善国的遗民跟随沮渠安周迁往高昌时，可能走的就是穿过沙漠，翻越库鲁克塔格山口走这条墨山国之路，所以这条路也叫做“吐鲁番歧路”。

继续北行，我们来到一处叫做岔路口的地方。这里是真正意义上的岔路口，路从这里分成了两条，一条是楼兰道，通向罗布泊；另一条是大海道，通向玉门关。一家小餐馆很久以前就坐落在这里了，它就像是一个驿站，过路的司机师傅们都会在此歇脚吃饭，饭馆的名字也很有意思，叫做“川浪川菜”。老板娘是个地道的四川人，和川菜一样泼辣爽快。

由于近几年在这里发现了大量的矿藏，运送矿石的卡车往来不绝，以至于这条人迹罕至甚至充满艰辛的荒凉之路如今变得非常繁忙。

川籍老板娘告诉我们，就在前两天，有十几个七八十岁的日本老头老太太组成的旅行团从罗布泊出来，经过这里，还在她这儿吃了饭。

七八十岁的老头老太太都从罗布泊北路出来了，这还叫死亡之海吗？

科考队在路上还看到几个人拉着皮尺和仪器在测量路面，一打听，原来这里要修公路了。天哪！真不知道两三年后，通了公路的罗布泊会是什么样子！我们无法想象一个人头攒动的罗布泊！那时候还会有人迷失在这里吗？

根据当年斯文·赫定的记载，在库姆塔格沙漠边缘有一个叫迪坎儿的小村。

迪坎儿位于新疆吐鲁番东南终端，是进入罗布泊地区的最后一个村庄。由于小村坐落在洼地间，海拔高度为零，所以被人戏称为"零的村庄"。这里是汉代通往楼兰国的捷径。

迪坎儿是一座移民村，在村里我们找到了今年已经67岁的叶赫亚·阿济老人。叶赫亚老人是迪坎儿的第一位村民，1950年从辛格尔迁到迪坎儿来。叶赫亚的爷爷是当年带着斯文·赫定进入楼兰的向导。

老人对我们的到来，表现得非常热情，还拿出了当年斯文·赫定给两个向导画的素描像。其中一张是奥尔德克的画像，另外一张就是老人的爷爷阿

■ 罗布泊路边的小店

布都热依木的画像。从画像上看，叶赫亚·阿济老人从侧面看和他爷爷还真像，简直就是一个模子印出来的。

也许当向导也能遗传，叶赫亚老人和他爷爷一样也是一名楼兰的向导，每年他都要带人进入罗布泊，最多的时候一年四次进出罗布泊。随着年岁的增长，老人已不再适合来回奔波，他把向导这个职业传给了他的儿子辈。

叶赫亚老人是迪坎儿乡最早的村民，他就是从罗布泊迁来的。从广义上来讲，他是不是也应该属于古楼兰人的后裔呢?

老人给科考队提供了一个非常重要的线索，他说，听他爷爷讲，他的祖辈生活的地方在吐鲁番，后来才迁到罗布泊，实在是太巧了，居然和史书中关于楼兰人迁徙到吐鲁番的记载不谋而合。

根据史书记载，投降沮渠安周的那一部分楼兰移民拖家带口从楼兰奔赴了高昌，并在那里安家落户，史书上所说的高昌也就是现在的吐鲁番火焰山一带。

从迪坎儿再向北就是古代丝绸之路上著名的柳中城。柳中城坐落在鲁克沁镇，它是一个有着2000多年历史

■ 库姆塔格沙漠边上的绿洲

■ 库姆塔格沙漠

的著名古城。柳中城自古以来，曾以柳色而闻名，以致有“绿柳城郭”之称。

新疆文物考古研究所的张平教授告诉我们，鲁克沁在汉代为柳中城，高昌设郡的时候设为田地县，唐代又改回称柳中。西汉王朝在轮台设西域督护府时，曾一度在此屯田。东汉西域长史府设置于此，西域长史班勇曾率500兵士进驻柳城屯田戍边。

柳中城在历史上所处地位相当重要。它是唐代西州（高昌）的东大门，是丝绸之路的必经重镇。想必当年的鄯善国遗民迁徙至高昌时也一定路经此地。新疆考古研究所的专家张平介绍说，四五世纪，鄯善国人入居高昌时期，有一部分鄯善国的居民入居柳中地区。因为柳中城紧靠着当时水量最大的吐峪沟，由此形成的这块绿洲辐射面积也很大。

柳中城是古代的兵家必争之地，因此也被建造得格外坚固。城墙土质黏性很大，经过层层夯实。专家介绍，城墙和城门的夯土都采用典型的来自于中原的营建的方式。高大的墙体是一整块筑起的，没有接缝，让人不得不赞叹古人的鬼斧神工。

鲁克沁镇除了是柳中古城的所在地，也是吐鲁番木卡姆的发源地。木卡姆是流传在以绿洲农耕为主要生产方式的民族中的一种音乐现象，世界上有20多个国家存在不同的木卡姆音乐，唯有我国新疆的木卡姆结构最庞大，形态最为丰富，流传时间最长，被称为维吾尔民族历史和社会生活的百科全书。

“木卡姆”，为阿拉伯语，意为规范、聚会等意，这里转意为大曲，是穆斯林诸民族的一种音乐形式，木卡姆艺术是曲子、歌曲、舞蹈和环境的综合体。它渊源于西域土著民族文化，又深受伊斯兰文化的影响。集中体现了维吾尔族歌、舞、乐三种艺术高度统一的特征，是维吾尔族音乐之母，也是中华民族音乐文化的无价瑰宝。

这次科考队一行有幸在鲁克沁镇欣赏到了真正的木卡姆表演——吐鲁番木卡姆。数十名不同年龄和性别的艺人在一起，尽情放歌，萨塔尔、独他尔、热瓦甫、萨帕伊、丹不尔等多种乐器一齐奏响，男女老少随着乐曲声载歌载舞。置身现场，感觉空气都在颤动，独特的乐器，流畅的音乐，精湛的演技，载歌载舞的热烈气氛给人一种强烈的心灵震撼。

■ 柳中城遗址

■ 柳中城遗址

■ 交河故城

交河故城最早是西域三十六国之一的“车师前国”的都城。它的历史可以追溯到三千多年以前。《汉书·西域传》记载：“车师前国，王治交河城，河水分流绕城下，故号交河城。”唐朝西域最高的军政机构安西都护府就设于此地。与天山北部的北庭都护府形成南北对峙的局面。

初次见到交河故城，就被它的雄伟壮观所震撼。整个交河故城的形状像一只行驶中的大船，总面积达20多万平方米。几千年来，这座古城历尽了岁月的沧桑，饱受着风雨的摧残，默默见证着吐鲁番地区久远的历史。

交河最大的特点在于它的建筑格局。现在国内尚存的古城遗址都是在平地上盖房，而交河故城却独辟蹊径，在土岗上向下挖掘出房屋、水井、街道等建筑，是目前世界上最古老最大也是保护得最好的生土建筑城市。

从南面的城门进入城内，一条中心大道直通古城北部，同时也把居住区分为东西两部分。东区中部为官署区，南部为大型居民区；西区部分除了居民区外，还有许多手工作坊。一条条小巷从中心大道分叉，通向各个独立的宅院。令人奇怪的是，城内的所有房屋，都不临街开门，只有绕进

小巷，才能进入房屋。专家说，这种建筑格局主要是受了中原居民建筑特色的影响。

沿着中心大道往北行走，一座座看似普普通通的土山包，却凝固着几千年的风风雨雨，随意捡起散落在地上的残砖断瓦，追忆当年的繁华：曾经这里是街巷林立，人声鼎沸，生活在这里的人们，日出而作，日落而息，用双手共同打造自己的家园；那如同从仕女图中走出来的女子，一个个云鬓香影，柳腰细眉，笑靥吟吟，穿行于城中的大街小巷。

城中有一处位于地下的民居，一条土坯楼梯从中心大道一侧往下，有天井、储藏室、卧房、客厅，从整个格局来看，应该是当时的富豪所住的地方。

整个古城中发现大大小小的寺庙50多座，可见当时在这个地区佛教的盛行程度。中心大道的北端，有一座全城最大的佛寺，它是城内所有建筑中保存最完好的，也是唯一用砖瓦建成的一座建筑。寺院南北长90米，东西宽60米，现存的墙垣高9米。大门对着中心大道的南端。寺院前面是庭院，后面是佛殿，东西两侧为僧房。据说寺院内原有101座塔林，其中的大佛塔是模仿印度佛陀伽耶塔建造的，是我国现存最早的金刚宝塔之一。可惜的是，经过长年的风化，如今塔林只剩下了塔基部分。

■ 交河故城遗址

交河故城

■ 交河故城寺庙遗址

由于吐鲁番地区气候干燥，常年不下雨，为了就近获取水源，居民在城中打了几十口深井，供日常取水之用。1999年的交河科考活动中，科考队在距离佛寺不远的一口深井里发现了大量的女性骸骨，根据专家当时的考察，这口枯井里的骸骨，应该是交河城破了以后那些跳井自杀的尼姑。在这些骸骨中，居然还有一具怀了孕的女性骸骨。

如今的交河故城，它依然屹立在这处悬崖高台上，让每一个到过这里的人，用眼睛去感受它当年的雄伟，用心去体会它的庄严与悲壮！

■ 狮子王的都城

公元627年，唐三藏法师玄奘从长安出发，西行印度求取真经，途经伊吾也就是现在的哈密时，高昌王麴文泰从去伊吾办事的使臣口里听到玄奘法师赴西天取经已到达伊吾的消息后，非常高兴，立即派使者前往邀请至高昌做客，还准备了几十匹好马，一路设接待站，以备玄奘使用。

高昌王的特使找到玄奘后，恭恭敬敬地传达了高昌王的意思，要玄奘立即动身，玄奘不好推辞，便随特使前往高昌。他们经六天的奔波，终于在傍晚时分到了距离高昌国都不远的白力城，疲惫不堪的玄奘提出第二天再走，高昌使臣们立即劝说：“国王每天都在盼望着能早日见到法师，听说今天晚上会到，他一定不会睡觉，等着法师。”于是，他们一路飞奔前进，到达高昌国已是第七天的凌晨了。

年轻时的高昌国王麴文泰曾游历过大唐，特别崇敬中原文化，听说玄奘已到，立即带领大臣、王妃和王子在宫外迎候。玄奘进宫后，众多大臣、王妃、王子特别虔诚地礼拜了法师，高昌王以极其诚恳的态度述说了自己渴望见到玄奘法师的心情，虔诚地赞扬他独闯戈壁沙漠的毅力。

■ 高昌故城讲经堂

■ 讲经堂

第二天，高昌国国都一片欢腾，街谈巷议着大唐圣僧的到来。高昌王为玄奘安排了极清静的道场，让他礼佛诵经，玄奘十分满意。在高昌逗留了十多天后，日日惦记着西行的玄奘终于向高昌王提出了辞行的要求。高昌王特别想长期留住玄奘在高昌国讲经宣法，对玄奘说："我自年轻时就崇敬中原文化，尤其是现在当了国王之后，特别想在本国宣传中原的文化，只可惜国中并无中原来的官员。如今法师远道而来，真的非常高兴，我希望法师能够留在我国，为我国民众礼佛诵经。"

玄奘听了高昌王的一番话，并没有被打动，他对麹文泰说："国王的好意，我心领了，但是去西方求取真经是我的梦想，而且我也答应过大唐国王，一定会带着求取的真经回国，宣扬佛法。实在是不能久留，还请国王放我西行。"

就这样，二人各不相让。眼见劝说不动玄奘，高昌王麹文泰发火了，他对玄奘说："如果你不听从我的命令，我就把你送回长安。"

玄奘见高昌王动怒，并不感到害怕，反倒不慌不忙地对麹文泰说："国王如果执意如此，我也不能不从，虽然我的身体留在了这里，却留不住贫僧的心，贫僧的心会像飞翔的鸟儿，继续西行求取真经。"对高昌王说完这番话，玄奘开始绝食，只端坐诵经。就连高昌王亲自端茶送饭，他也置之不理。麹文泰见玄奘西行的意愿如此强烈，只得改变主意。他对玄奘说："高僧何必如此，我放你西行便是，不过高僧可否答应我一个条件。请高僧在本国为百姓讲经一个月，一个月后，我将放高僧西行，等高僧取经回来后，可否再来高昌，讲经一个月，你看如何？"

玄奘知道这样的结果是麹文泰做的最大让步了，他同意了麹文泰的提议。

在玄奘讲经的一个月里，麹文泰每次都亲自手持香炉，在前面引导。

很快一个月的时间过去了，玄奘即将启程西行，麹文泰为玄奘准备齐了各类物品，包括衣物、银两等。还写信通知沿路的各个国家，要礼遇玄奘，并派出使节送玄奘西去……

我们从高昌故城的西门进去，登上一个高处瞭望，发现高昌故城遗址还是保存比较完整的，几乎望不到尽头。原来，高昌故城总面积达200万平方米，城墙周长有 5 公里多。城墙大部分完整，垛口整齐，成片的住房，有些只是少了屋顶。街坊市巷，残迹宛然。院落、官署、王宫的建筑，虽然只剩下了四壁，但格局依然清楚，恍如一段辉煌的历史横陈于你的眼前。

新疆考古研究所的张平教授介绍，高昌故城全城分为外城、内城和宫城三部分，建筑形制是仿北魏时期的古都洛阳城。

高昌城外城的东南面有一处寺院的遗址。一座外方内圆的建筑，圆顶已经损坏，据说这座建筑就是当年玄奘法师为高昌王讲经弘扬佛法所用的讲经堂。讲经堂的旁边是一座正方形的佛寺，颓垣断壁还可以看到一格格少了佛像的佛龛。虽然时过千年，但站在这里，仍能感受到玄奘当年在这里讲法时万人空巷的热烈场面，仍能听到法轮常转的颂咏之音。

城正中偏北是一个用红土坯筑成的高台，也叫可汗堡，遗下的残破台基就有15米高，在它的附近曾发现过雕有图案的石砖和绿琉璃瓦片。有专家认为，这里可能就是麹氏王朝的宫殿遗址。

如今的高昌故城已经变成了旅游地，外城的一个广场上到处都是摊贩，热闹非凡。不难猜想，当年的贸易集市，可能也就在此了。

火焰山南麓，高昌城北2公里的地方，就是国家重点文物保护单位——阿斯塔那古墓群。这里是高昌故人下葬的公墓群，其形成年代为公元3–8世纪。由于一些墓曾被盗过，现在墓地周围建起了围墙，并有专人负责看护。

阿斯塔那，维吾尔语是首都的意思。高昌故城在历史上是中央政权的州郡治所和地方割据的政权中心。当高昌故城毁于14世纪成吉思汗西征的战火后，长期居住在那里的车师、匈奴、高车、突厥人不愿远离他乡，便移居到高昌城北，聚成了一个新村落，取名阿斯塔那，生活于斯，归葬于斯。

■ 高昌故城

■ 阿斯塔那古墓道

■ 阿斯塔那古墓中发现的文字

20世纪50年代以来，阿斯塔那古墓群发掘了100余座古墓，出土了上百具干尸，其数量之多，完好率之高，举世罕见，是研究人类学、民族学、历史学、考古学和医学等多种学科绝好的人体标本，具有很高的科学研究价值。

阿斯塔那古墓中取得的从公元 3－8 世纪的大量的、十分珍贵的各类文物，对研究吐鲁番地区乃至新疆的政治、历史、经济和文化都具有重大的科学价值。

阿斯塔那古墓群的大门口是伏羲与女娲的雕像。雕像的上半部是两人的上半身。左边的女娲，高绾的发髻，右边的伏羲，头上绾着方巾，二人相对，颀长的身躯没有明显的性别差异，裙裾之下是两道粗硕丰满、相互盘绕、互缠三匝的蛇身。

阿斯塔那古墓群在方圆十多公里的戈壁沙丘之中，堆积着密密麻麻的古冢。既有达官贵族、威武将军，也有平民百姓、下层兵士。因而又被称为

"高昌的历史档案，是吐鲁番地区的地下博物馆"。

古墓是在戈壁滩地下的，地表似乎没有封土。墓葬平面如同"甲"字形，斜长的墓道，方形墓坑。

新疆干旱炎热，使得下葬的尸体与物品保存完好，尤其是干尸更是驰名中外。吐鲁番素有火洲之称，年平均降雨量仅为15毫米左右，而蒸发量则高达3000毫米，气候十分干燥。因此，人死后，尸体迅速脱水，从而形成干尸。

我们参观了三座古墓，墓室前方，是一条长十多米的斜坡墓道。墓道一侧，大多有一块砖质墓志，记载死者姓名、年龄、身份及简短的颂词。墓道尽头死者安息的墓室是高2米、长宽数米见方的方形洞室。死者多安放在洞室后部的土台子上。其中一座古墓室内陈放着一对夫妻木乃伊，在昏暗的灯光下，更显得阴森恐怖。干尸的毛发指甲保存完好，跨越时空来向我们诉说当

■ 高昌故城遗址

■ 做饭的陶俑

年的故事。

尸棺后的壁画是另一项相当有价值的考古发现，它记载着当时的生活百态。死者四周摆放着各式各样的陶俑及用品，是专为死者冥间享用制作的。更多的出土物品，现都已经移放在博物馆内。

据史书记载，早在2000多年前张骞出使西域时，就发现吐鲁番盆地种植葡萄。人们也一直认为吐鲁番种植葡萄的历史有2000年。

吐鲁番阿斯塔那古墓出土了许多随葬的葡萄果穗、枝条、种子、葡萄干，还有一根约2500年前的葡萄藤，将吐鲁番葡萄种植史向前推移了500多年。这可能是迄今为止吐鲁番地区发现的最早的葡萄种植实物。

从古墓中出土的纸冠、纸衣、纸袄、纸鞋和纸棺，数量很多。令人惊异的是这些纸制殉葬品，多用官私文书粘成，从中拆出各种文书700多件，内容十分丰富，有各类簿籍、条记、账单、公文、寺院文书、随葬衣物等。当时人们为什么不用空白纸而用文书纸做各式各样的随葬品呢？是表示死者的身份，还是表示对文化的尊崇？还是别有他因？这个谜只有待识者去解了。

■ 陶磨盘

专家介绍说，这里出土的唐代文书中记载了大量的“鄯”和“善”姓人名，根据古代西域人以国为姓的习惯，可以判断这些人可能是从古代鄯善国迁过来的。楼兰国于公元前77年改名为鄯善国，所以这些人很可能就是楼兰遗民。

而在洛阳城也曾发现鄯月光、鄯乾、鄯昭等人的墓志铭。由墓志上看可知，鄯月光是鄯善移民之女，后来随车师王子迁居中原。从鄯善人不断向吐鲁番移民看，北魏年间迁居中原的鄯善人不止鄯月光一家。鄯乾出自鄯善王族，后来入仕北魏。而北周时期，鄯善人仍不断移居中原。鄯昭祖父早年入仕北周，其父又在隋朝为官。洛阳发现的这些鄯姓墓志铭证明，当年有一支为数不多的鄯善王族迁居中原王朝。

公元6世纪中叶，一批鄯善遗民迁到西魏首都长安。《周书·异域志》记载："鄯善，古楼兰国也，东去长安五千里。魏太武时，为沮渠安周所攻，其王西奔且末……大统八年（542年）其（王）兄鄯米率众内附。"

根据文史记载，专家们分析得出结论：鄯善国灭国之后，国内的遗民主要分为两支，一支由国王带领迁往且末，并最终随且末一起消失在茫茫戈壁沙海之中；另一支由世子带领投降沮渠安周，后随安周一起迁往高昌和伊吾。而在洛阳鄯姓墓志的发现则说明，还有少部分鄯善王族迁到了洛阳，内附于中原王朝。

■ 阿斯塔那古墓出土的陶碗

■ 火焰山的伊斯兰古墓

长路何处是归程

从阿斯塔那去鄯善县的路上经过了吐峪沟大峡谷。吐峪沟位于鄯善县境内，东距吐鲁番市约55公里，西距高昌故城十公里，吐峪沟从发现吐鲁番古代文明这个角度去看，确实与高昌的政治、文化、宗教是密切相关的。这里曾经是佛教和伊斯兰教的圣地，吐峪沟大峡谷素有“东方小麦加”之称。在新疆地区现存的十多处佛教石窟遗址中，吐峪沟石窟是建窟较早，保存早期的壁画、遗迹较多的一处，吐峪沟因此备受人们的关注。

吐峪沟大峡谷长8公里，平均宽度约1公里，从北向南把火焰山纵向切开，色彩分明的山体岩貌清晰可见，大自然的鬼斧神工令人惊叹万分、拍案称奇，火焰山最高峰便位于峡谷中。

吐峪沟大峡谷是中国西部最具有神秘色彩的地方。19世纪以来，吸引了俄、德、英、日等国探险家的目光。那里不仅有怪石嶙峋、沟壑纵横的峡谷风光，而且还有开凿于两晋十六国时代的吐峪沟千佛洞；有伊斯兰建筑风格的清真大寺，还有建筑布局互相环绕的藏传佛教大寺院遗迹。位于大峡谷南口沟谷中的吐峪沟麻扎村是新疆最古老的维吾尔族村落，完整地保留了古老的维吾尔族传统和民俗风情。无论是民宅还是千年佛窟，都是用黄黏土土坯建造。继承了2000多年来用黄黏土建造房屋的传统习惯。

在路经吐峪沟时正好遇到这里的巴扎。当地人告诉我们鄯善县的7个乡每天轮流举办巴扎，今天正好轮到吐峪沟乡。“巴扎”是维吾尔语，意为集市、农贸市场，是新疆各地区农牧民进行简单货物交易的场所，这一天农牧民徒步或乘驴车、马车以及小型拖拉机等常用交通工具来到此处，出售自己的货物，或购买自己所需要的生活用品。

■ 白杨沟纳职古城

当每周一度的巴扎到来的时候，维吾尔族群众穿上漂亮的衣服，坐上毛驴车，快快乐乐地赶巴扎。乡村道路上，几千辆毛驴车首尾相连绵延几公里，场景壮观。灰蒙蒙的天空笼罩下的是一大片的土陶色的房屋、弯曲的街巷和低矮的凉棚。街巷中蠕动着的是密密匝匝的人头、驴车和各色的商品，民族音乐、商贩抑扬的叫卖声和驴马的嘶叫声组合成巴扎特有的吟唱，以及空气中弥漫着的尘土，构成一幅充满原始韵味的历史画卷。吐峪沟的巴扎背靠火焰山，更是一道独特的风景线。

我们在巴扎上，努力寻找着与复原的“楼兰美女”相貌相似的身影。这里的人，长相多数是高鼻梁、大眼睛、深眼窝，相貌与“楼兰美女”倒有些相似之处，难道这些人就是古楼兰人的后裔吗？这恐怕要与古楼兰人进行DNA的鉴定比较后，才可以得出结论。

但是，看着这些人的长相和生活习惯都与楼兰人有着许多相似之处，可以想象当年古楼兰人的生活大概也就是这个样子吧！

从吐峪沟的巴扎出来，穿火焰山到麻扎村的路上，科考队来到了位于鄯善县城西部火焰山的北麓，吐峪沟大峡谷左侧的一片黄土台地，这里就是苏贝希古墓群的所在地了。

墓葬形成于战国之后，由于盗墓严重，当地的考古工作者已经对其进行了抢救性发掘，出土有石器、骨器、木器、陶器、毛织品等，大都是战国时期延续到汉唐以后的。

主持发掘苏贝希古墓群的新疆考古研究所专家吕恩国将古墓群出土文物的特征归结为苏贝希文化，与洋海墓地的文化有延续性。苏贝希文化的特征主要体现在陶器上，出土的大部分彩陶是其他地方见不到的。陶器的口檐内外都有三角纹饰，也称其为锯齿纹，也有专家认为是山的一种波浪形式；另一主体花纹是带平行线的卷涡纹，此外，还有网格纹。

苏贝希古墓群默默地伏于黄土台地间，科考队在其中的一座墓坑发现里面残存着墓主人的一条下半截毡毛裤腿，还有一根较长的小腿骨。专家

■ 白杨沟佛寺最大的坐佛（已毁）

■ 白杨沟纳职古城

说，这座墓地和洋海墓地的一些出土器物及尸骨特征，与楼兰古城遗址出土的有某些相似之处，说明苏贝希文化的晚期已经有了古楼兰的影子，这也可以印证现在的吐鲁番地区曾是古鄯善国移民的主要迁徙地之一。

科考队一行经过半天的路程，来到了距鄯善约300公里的哈密地区五堡乡的白杨沟佛寺遗址。

白杨沟佛寺遗址位于哈密地区的东部天山南侧，佛寺分布于天山雪水形成的白杨沟河两岸。白杨沟佛寺遗址前空地上，满地都是碎陶片。

专家张平向科考队介绍，这些地上俯拾即是的陶片是4世纪高昌国时期的，大片的陶片遗存区说明我们现在所处的位置就是古代的居住区，这里上风上水，适宜人类居住。

科考队在佛寺遗址考察时发现，其中一个佛寺遗址的正中大殿上还供奉有一尊大的坐佛。专家张平介绍说，从现在的保存遗迹来看，这尊佛像的年代应该是七八世纪左右；从佛像残留的外表看，坐佛左腿雕凿的阶梯状衣纹还保存着，衣纹上还能隐约看见朱红色的彩绘痕迹。张教授说，从这尊佛像上还能找出河南洛阳龙门石窟、甘肃敦煌莫高窟坐佛的影子。

据历史文献记载，鄯善国灭亡后，进入

高昌国的一部分鄯善国居民在此生活，由于鄯善国居民大都信仰佛教，他们的到来对此地大规模佛寺窟群的兴建和佛教文化的繁荣起到积极作用。

距白杨沟佛寺遗址不远有一处古城遗址——纳职古城遗址，在当地也叫做“拉甫却克古城”，靠近白杨河河床，现在这座古城的周围已被掩映在村庄的树林和葡萄园中。

中国社会科学院考古研究所的郭物博士说，根据文献记载，纳职是在唐代贞观四年设县的，我们所在的位置就是纳职县的县城遗址。史书记载，除了投降沮渠安周的一批鄯善人安排在伊吾（今哈密）外，北魏太和十七年(493年)，鄯善国被高车人攻破，部分人北逃伊吾，在这里筑城居住，称为纳职。唐贞观四年(630年)，又在此设伊州，下属纳职县城。纳职这个名字并不是伊吾地区的古名字传下来的，取的是原鄯善国的一个地名“弩知”，是地名搬家，把鄯善国的地名移到这里，唐代设县城的时候就把这儿设为纳职县。

新疆考古研究所的专家张平介绍说，纳职古城分为两部分，一部分是纳职县城遗址，而另一部分在纳职县城遗址的附近，就是当年鄯善遗民自己筑的那个城。因为后来居住的人多了，设县的时候就重新建了一个县城。所以，现在的纳职古城遗址是一个双城结构。

另外，郭物博士还告诉我们一个在纳职发生的有意思的古代故事。公元885年的文书中记载了这样一个故事：唐初时，在纳职当地有个土著叫鄯伏陀，因为城中的苛捐杂税繁重，率领城人跑到鄯善国，也就是现在的罗布泊地区居住，后来不知什么原因又回投高昌王国伊吾地区的纳职居住。这鄯伏陀所率的“城人”应该就是移居伊吾的鄯善国遗民的后代。

最后的家园——鄯善县位于吐鲁番盆地的东部。东边是哈密县，西边是吐鲁番，北边接木垒县，南边连若羌县。到达鄯善县，也就是我们这次考察的终点了。其实这次考察了一条路线上的两个问题，“北庭古道”和“楼兰后裔”。“北庭古道”的考察从天山北部吉木萨尔县到天山南部的高昌故城就算完成了，可是在高昌故城旁边的洋海古墓，我们又发现了“楼兰后裔”

这样一个有趣的问题，而这一问题又恰恰在我们考察的同一条路线上，令我们欲罢不能。

今天的鄯善县虽不是古代的鄯善国，两者相去千里之遥，但是通过这几天的考察，从地理位置来看，古鄯善国与今鄯善县隔罗布泊、白龙堆南北相望，古楼兰在塔克拉玛干沙漠的边缘，而今天的鄯善县在库姆塔格沙漠边缘，都是在沙漠的边缘地带。吐鲁番文物局局长李霄解释说，这也可以看出，当初鄯善移民迁徙所选的位置也跟故乡的地理环境相差不远。

鄯善灭国之后，鄯善人大批迁入吐鲁番盆地，今天新疆吐鲁番的鄯善县就因鄯善人大批移居此地而得名。

楼兰王国另立新君后就改国名为鄯善，而鄯善亡国后，国内的遗民们大

■ 纳职古城

吐峪沟

多数迁徙到了高昌和伊吾（今哈密），迁到高昌的鄯善移民被安置在库姆塔格沙漠北缘的绿洲地带，这里后来被鄯善移民们命名为“蒲昌”，以示对故乡蒲昌海——罗布泊的纪念。直到今天，居住在这里的维吾尔族人仍将鄯善称为“辟展”（蒲昌的维语发音）。科考队在鄯善县城还看到“辟展人民政府”、“辟展派出所”这样的门匾。

新疆和田市的洛普县也是地名搬家，取的是谐音“罗布”。据说，洛普县也是古楼兰人后裔的一个迁居地，但是这一点只有民间的传说，而没有任何历史记载，所以得不到有力的佐证。

鄯善县城有一条与国道垂直的中心大道，贯通全城。那条中心大道的南端，库姆塔格沙漠的身姿在绿荫后绵延起伏，距金黄的沙山不过2公里之遥。鄯善县县城的规模并不大，但是它的气魄却大得少见，它将自己称为世界上离沙漠最近的城市。

库姆塔格沙漠面积达1880平方公里，乘坐沙漠摩托翻越一座座沙丘，闭上眼睛感受着沙漠摩托在沙丘上疾驰带来的快感，随风而起的细沙迎面扑

来，轻轻打在脸上，心情在这一刻彻底放松。

库姆塔格沙漠形成于汉代，来自天山七角井风口和达坂城风口的狂风，沿途挟带着大量沙子，在库姆塔格地区相遇碰撞并沉积，最后形成了“有沙山的沙漠”的独特景观。

站在库姆塔格沙漠的沙峰处，四处观赏，不仅为大自然的神奇惊叹万分，莽莽苍苍、无边无际的大漠尽头，是郁郁葱葱的一片绿洲，大漠的苍凉与江南的秀丽紧紧融为一体，黄色与绿色虽然对比鲜明，却又如此的和谐。

站在沙峰上，静候落日的到来。在夕阳的照射下，沙丘的轮廓逐渐清晰、层次分明，沙丘的那条脊线平滑流畅，迎着风的那一片片沙面就像水波似的，呈现出一条条的纹路。赤足走在沙漠上，感觉行走在绸缎上一般。

库姆塔格沙漠的夏季最高气温可达摄氏70度，置身其中，热浪袭人，有“露天桑拿室”之称，也是沙疗的理想场所。沙疗历史悠久，在唐代的汉文医典中就有“西域埋热沙，除祛风寒诸疾”的记载。每年夏季，都有许多来自世界各地的人们到此进行沙疗，每天下午的6点至9点，太阳不太强烈，当

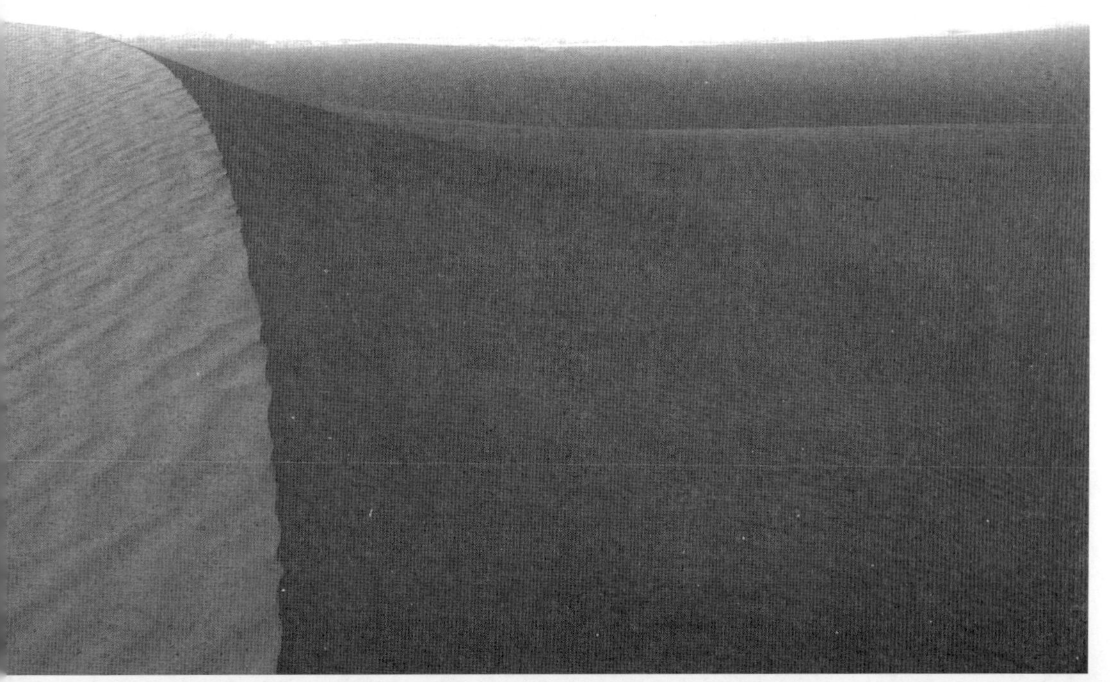

表层的沙温低于里层的沙温时，把身体埋进沙里，等到沙温变低，再换其他地方。听当地的老乡介绍，这种维吾尔族的民间疗法，治好了不少的疑难杂症。许多患者刚来时，不是被抬进来，就是拄着拐杖，最后离开的时候，拐杖和担架都留在了这里。

令人闻风丧胆的沙漠吞噬了无数的古文明。可唯独在鄯善县城脚下戛然而止，停下了肆虐的脚步。关于它的奇特，地质学家解释，主要是由于来自天山东段的七角井风口和天山西段的达坂城风口的两股强烈气流在此相遇碰撞，使它从未向北移动，所以没有把鄯善县城掩埋。

我们一直想找到一个和复原的“楼兰美女”相貌相似的楼兰后裔“鄯善美女”，鄯善县旅游文化局的副局长向峰给我们推荐了一位美女，她的父辈是迪坎儿村的，迪坎儿的人都是从罗布泊附近迁出来的，所以说，这位美女可真是名副其实的楼兰人后裔了。她很美，但毕竟与楼兰美女的复原图还是有些差别。看来，楼兰人后裔从楼兰古国迁徙到了吐鲁番地区，经过几百年的时间，渐渐地融入了当地人中间，长相上也发生了一定的改变。

古楼兰人的后裔，现在主要分布在鄯善、哈密、且末、尉犁、若羌、洛阳、洛浦等地。并且随着时间的推移，这些古鄯善国的遗民渐渐地融入了当地人中继续生息繁衍。

楼兰人似乎天生就有强烈的沙漠情结，总是在沙漠的附近安营扎寨。建立在沙漠旁边的楼兰古国被沙漠吞没，他们迁居到且末建城，如今那里已经成了一片沙丘；有一支楼兰人迁居到了迪坎尔乡，如今的迪坎尔乡的大部分已经被沙漠所掩埋。

不屈的楼兰人并没有因此放弃对沙漠的眷恋，他们又来到了今天的鄯善县，也许是沙漠终于被楼兰后人的执著所感动，不再毁坏他们的城市，也没有吞没他们的家园，静静地与这座城市相依相守。

到达鄯善，我们的考察虽然告一段落，但并没有结束。这只是我们与古文明进行下一场对话的开始。

溯源玉石

2008年奥运会的奖牌让中国的玉石在世界大放光芒，已经一涨再涨的玉石身价也随之攀升。而和田玉的涨势又最具代表性。

有几千年历史的和田玉，在最近短短的十年内价格飙升了千倍多，开采、交易、收藏都近疯狂。《疯狂的石头》中的故事，不断地在现实中上演。

为什么在这样短的时间内，和田玉可以如此的疯涨呢？人们又是为什么这样近乎疯狂地挖掘、收藏和田玉呢？和田玉到底为什么有这样高的价值？也许这次中国社会科学院考古研究所和我们中央电视台记者一起进行的“探索玉石文化”的科学考察，可以帮助我们找到答案。

在无数光彩夺目的宝石中，唯有玉石被孔子比作“君子”。“君子之风”仍是无数文人贤士追求的最高境界，其温润、其高洁、其坚韧、其风采，“玉”皆有之。

我国是世界上用玉最早，且绵延时间最长的国家，素有“玉石之国”的美誉。根据考古学家和历史学家考证：中国玉器诞生于新石器时代早期，至今已有七八千年的历史。从出土玉器考证，公元前四五千年前的浙江余姚河姆渡文化、辽河流域的红山文化、黄河流域的龙山文化、太湖流域的良渚文化，均发现了不少玉器，时代距今4000－6000年左右。此后，玉器与铜器并用了约1000年，玉器盛行上下约3000年。

玉之美学所追求、歌颂的是自然的象征，是中国的宇宙观念。它是精神，是意念，是理想，更是中华民族对美的追求和升华。中国人把玉看作天地精气的结晶，用作人神心灵沟通的中介物，赋予玉不同寻常的宗教象征意义。

早在3600年到3100年前的商代，和田玉已经从遥远的新疆到了商殷王都河南安阳。奴隶主贵族以拥有和田玉为荣，生前佩戴，死后同葬。用玉之多，十分惊人。

玉作为装饰品，作为信物，作为法器，作为礼物，都是实用的，都与人类息息相关。玉的美感源于此，终于此。

当第一缕人类文明的曙光照亮华夏大地的时候，玉石就与之结下了不解之缘。大量的考古发现，使人们惊异地看到：这些价值连城的宝玉大部分都来自遥远的边陲，一个生活着西王母神话故事的地方，然而这些远方的来客却与我们中原文化如此的水乳交融。

在河南汲县一座古墓（282年）中发现了一批古简，其中有一部分记载了周穆王和西王母交往的一段故事。当年西周穆王带着兵勇和马车，浩浩荡荡一路西行，来到昆仑山北麓，进入一个母系氏族社会的王国——史书所载“西王母”的领地。在这里，他受到西王母的盛情款待，返回时，还带着西王母送的整整八车的珠宝玉石。

据考证，周穆王带回的玉石，就是我们现在所讲的“和田玉”。这个故事告诉我们，很早以前人们就已经认识了和田玉的美妙，而且当地产玉地点已经不少，甚至形成了采玉和琢玉的部落，玉已大量流入中国内地。《穆天子传》中周穆王西巡的路线，和后来的“丝绸之路”基本可

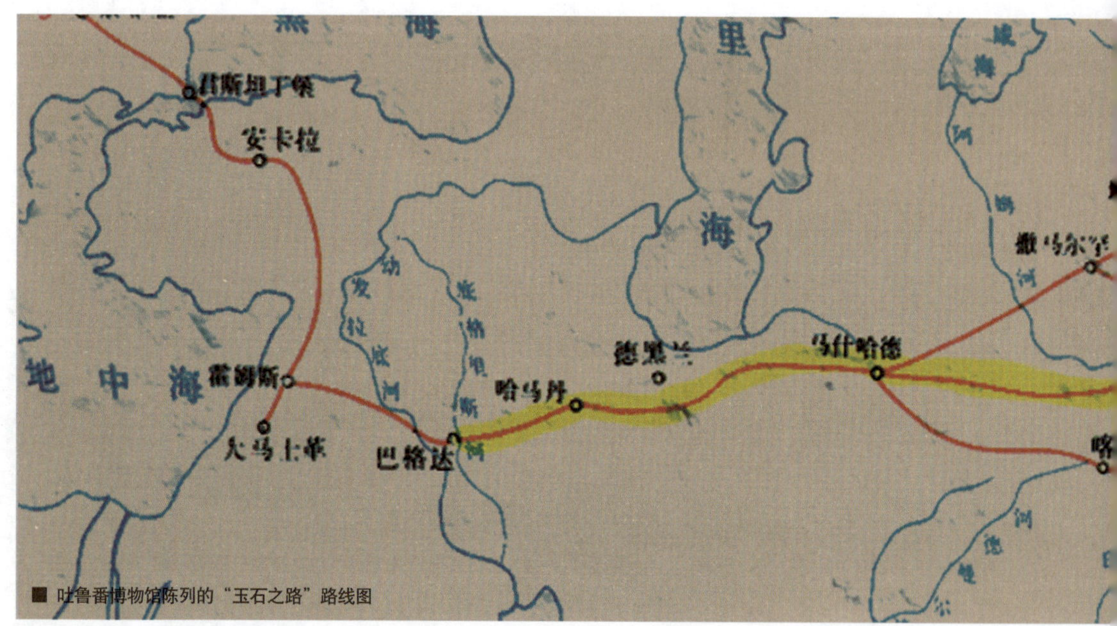

■ 吐鲁番博物馆陈列的“玉石之路”路线图

以重叠。这条由周穆王走出来的“玉石之路”，就是后来举世闻名的“丝绸之路”。

如今玉石文化已经与我们民族的文明融为了一体。探索玉石之路，寻找玉石的源头，就是在探寻中国古文明之源。

大约3000多年前，新疆产玉点已不少，玉大量流入中国内地。

《穆天子传》周穆王西巡的路线，大致说明了当时新疆到中原地区的玉石路线。透过这些神话和历史记载与当今考古发掘联系起来，可以清楚地窥探到黄河上、中游远古父系部落与昆仑北坡母系部落之间的交往。

古代新疆的和田玉又是怎样跨越高山峻岭、戈壁山川到达我国中原，中途经过了哪些中继站？这一直是国内外专家学者研究的课题。

仲夏时节，玉石探源科考探险队，驱车进入一向被人们视为畏途的塔克拉玛干大沙漠。越野车一路疾驶，两边是起伏不平的沙丘，宛如优美的人体曲线，简直令人想入非非。

12个小时后，汽车驶出了大沙海，进入第一个有人烟的地方。

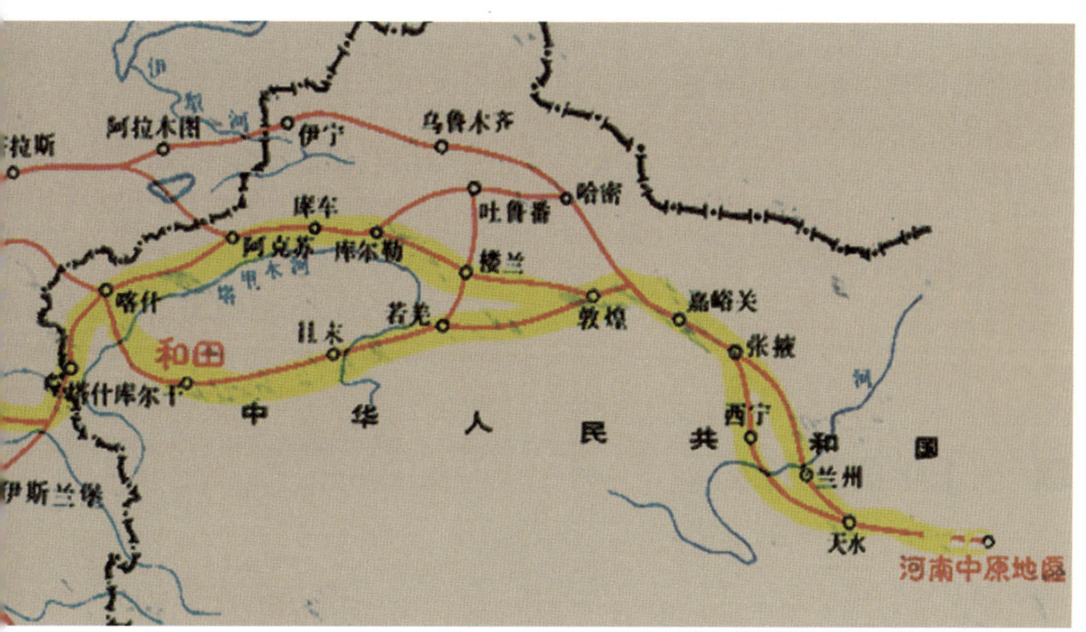

这是一片绿洲——民丰县。看惯了金黄和灰土色调的眼睛顿时感到了一阵湿润。这是绿色与生命产生的共振。

和田玉目前有两个著名的产玉之源。一个从于田县向南，进入昆仑山脉，那里有一个著名的阿拉玛斯矿区，著名的和田白玉山料就产于此。另外一个就是由和田市往南，沿白玉河溯源而上。那里就是盛产的籽玉和山流水玉石的源头。

现代矿物学家、地质学家对和田玉的研究得出结论，认为和田玉的成因是镁质大理岩和中酸性岩浆岩侵入，两者发生交代作用有关，和田玉属于“接触交代变质作用”的产物，这在恐龙称霸地球之前数亿年的时候，就已经发生了。其原生矿在昆仑山海拔5000米以上的高山上，这里终年积雪，冰川纵横。夏季融雪时，风化了的玉石原生矿表层破碎，崩落河谷，随着洪水冲向下游。玉器的玉材主要是和田玉，还有少量的蛇纹石质玉、独山玉等。石质主要有角闪石和辉石类两种。角闪石亦称软玉，硬度为莫氏6–6.5度，其主要成分是含硅酸钙的纤维矿物。此种角闪石色泽较近于油脂的凝脂，纯者色白，俗称羊脂玉，细腻温润，非常名贵。又因角闪石含有少量氧化金属离子而呈现青、绿、黑、黄等色或杂色。辉石类亦称硬玉，硬度为6.75—7度，翠绿者质地最佳，在我国又有“翡翠”之雅称。中国古代玉器绝大部分为角闪石制品。

和田玉属于白玉一种，按成色不同，又分为山料、山流水和籽料三种。籽料价值最高，属稀世珍品；山流水成色次之，山料又次之。

■ 三千年前采玉人

科考队决定首先对于田县境内的产玉之源——阿拉玛斯矿进行考察。

寻找和田河源头玉矿的工作非常艰难、危险，所以对工作人员的身体、知识和野外生存素质的要求都非常高。一个好的向导对于我们这些不熟悉当地地形的记者们来说，是非常重要的。新疆阿拉玛斯矿区的安矿长义不容辞地成为了我们的向导。

安矿长带着我们住到了和田县的阿羌乡，因为这里地势比较高，所以天亮得也比其他地方早。清晨，科考队员还没起来，安矿长已经开始忙碌着炒菜做饭，为考察做准备了。新疆地区的烤馕，真是一大发明，非常适合长期在野外工作的人。经过充分烤灼的馕水分极少，易于保管，一次制作，可以储藏很久。吃时用开水一泡就可以食用，既好吃又方便。据有关资料显示，在吐鲁番阿斯塔那古墓群出土的唐代文物中，就有馕的碎片，说明馕的存在至少有1200年的历史了。

为了上山寻找玉矿，我们带好了足够的装备，开始上路了。毛驴是山区最好的交通工具，不过这交通工具可真的不好骑。

跟随着向导，我们一队人马，沿着崎岖陡峭的山路一直向昆仑山攀登。

这里的山体基本上是石头组成的，一路上，河谷纵横，山峦起伏，粗略地统计了一下，光骑驴过河就40多次。我们所有的记者都一个个老老实实的趴在驴背上，恐怕胯下的毛驴一个不老实把我们摔到河里。山雨袭来，我们的雨衣几乎失去了作用，浑身就算没有被风雨打透，也早就被河水浸透了。

浑身湿漉漉的考察队也不知渡过了几条河，终于来到一片地势较缓的坡地，发现这里的地形与周围的山势不太一样。坡地上有规律地堆放着许多大大小小的石块，经验丰富的考古专家巫新华意识到，这里可能是一处早期人类的墓葬群，这些随地散落的石头就是墓葬的标志。石头上没有文字，说明年代比较早，而且是平民。他建议在周围找找，也许会发现有价值的东西。

这块坡地经过常年的雨水冲刷，在河谷的一侧出现了许多被水冲刷出的空洞，有些空洞已经坍塌。当我们走进这些洞穴的时候，发现有一些类似陶器的物品裸露了出来。考察队员用随身携带的工兵铲只轻轻地挖掘了几下，就发现了里面的人骨。这是一个墓葬群已不成问题，按照地图的标识，我们现在所处的地点是阿羌乡的流水村。

现在的阿羌乡是维吾尔族的居住点。维吾尔族以放牧为主，由于这个地区高山草场较多，山路难走，不适合游牧，也没有必要大规模的转场，所以他们的居住点固定，除了放牧之外，还兼种草、种粮食，以亦耕亦牧的方式沿袭了3000多年。在阿羌乡9.6千平方公里的面积里，只有不到1万人的人口，流水村共有800多人，100多户人家，在整个阿羌乡算是相当大的一个村子了。现在这里居住的是维吾尔族人，按照史料记载，维吾尔族人在这块土地上的生活历史只有1000年左右。但是，当地人告诉我们，在维吾尔族人来到这块土地之前，这里就已经有一个村子了。那么以前生活在此的是什么人？我们不得而知。

流水村位于一座海拔5000多米的高山的半山腰。山脚下是白玉河。山顶是终年的积雪，每到春季气温升高时，山上的积雪就会融化，在这里雪水回流，于是就形成了一个小平坡。正因为这样的地势，人们才可以居住在这里，形成一个小村子。从地势上看，流水村孤零零地建在半山腰，按可耕种土地面积来说，不足以养活一个村子的人。那么为什么流水村竟然会有几千年的历史呢？接下来的发现让我们或多或少地找到了一些答案。

专家们从古墓里面挖掘出了一些公元前的陶器碎片和人骨。头颅完好无损，经专家初步认定，两具人骨一为中年，一为青年，均为男性，应属欧罗巴人种。但是后经过公安部的人像复原鉴定，这两具头骨居然是中原西北地区的黄色人种。为什么在这里会出现中原人的头骨呢？随着挖掘的不断深入，疑问好像越来越多了。

在流水村的墓地，考古工作者找到了几个保存完好的陶罐。这些陶罐的器形和纹饰不仅和中原地区、齐家文化出土的陶罐非常相近，而且与在西藏发现的陶罐几乎一模一样。但是，根据以往出土的文物来看，新疆出土的陶罐都是和印欧地区的陶罐非常相似的。这使我们的记者都很困惑，难道这说明它与西藏的文化有一定的渊源？或者它已经与中原地区的人有了文化沟通？在这里还出土了一个鱼纹陶罐，上面有两条鱼，专家说这其实就是最早的八卦图。

■ 流水村3000年以前的古墓

这里的墓葬大多没有陪葬品，可以推测，当时的生活状态很差或者是属于很早期的墓葬形式。专家对墓葬用碳14进行探测后发现，这个古墓葬群居然是3000—4000年前的。这一结论让大家都很兴奋。有研究表明，海拔在3000米以上的地方就不适合人类生存了。即便是原始人也逃不出这样一个规律。而现在我们在海拔3000米左右的地方，不仅发现了墓葬群，更有意思的是，这个墓葬群还是3000—4000年以前的。那么这些人是谁？又是什么样的动力驱使他们在此安营扎寨，以至于死后还埋葬在这里？

从目前古墓出土的文物来看，虽然没有任何文字记载，但是具有明显的等级制度，古墓有大小之分，地表部分用石头垒起，呈圆形，属石堆墓。在已被挖掘的墓室中发现，墓室的四周都是用卵石填起来的；有的由三四层垒积的卵石构成，最高的可达10层。

多数墓葬的葬式为多人合葬，仰身屈肢，头向东。有一个墓室中，最多出土了9具人骨，其中大部分的骨架不全，只有一具是完整的。据专家介绍，这9具人骨出现在一个墓葬坑中，说明他们是同一个家族成员，由于墓坑中没有陪葬品，所以他们的等级制度不会太高。

合葬墓从古至今一直都存在，按照中原文化的墓葬形式，一个家族的

■ 流水村古墓出土的人骨

成员在辞世之后都应进入祖坟，由于辞世的先后关系，埋入墓葬的时间也不同。先辞世的先入葬，最后一个成员辞世之后，把其他家族成员的尸骨从墓里取出来，和最后一个埋在一起。当然在挖掘尸骨的过程中，很难使其尸骨完整，所以也就是象征性的取其中的一块人骨。这也是为什么在一个墓室中只有一具尸骨是完整的，而其他的人骨骨架不全的原因。

在已被发掘的墓葬中，所有的人骨都是头朝东，这点和中原人的墓葬形式相同。而在3000年前，维吾尔族人根本还不存在于这一地区。从这点来看，是不是意味着葬在这里的都是中原人呢？据专家介绍，头朝东的埋葬形式不是只有中原才有，欧洲人也有朝东、朝西的埋葬形式，在商殷时期墓葬中，头向朝西埋葬，在中原的墓葬形式中，由于墓葬位置的不同，头的方向也不一样。所以头朝东不足以说明当时的人种问题。但是出土的所有人骨都是头朝东，应该是属于同一时代的同一种族。

经过几天的考古发掘，对这些3000年以前的古人类身份终于有了一点线索。在一个墓葬坑里发现了一块扁圆的玉璧，经过辨认，这可能是在新疆地区发现的最早的一块经过人工雕琢的和田玉玉璧。

玉璧的形制很原始，中间有一个洞用来穿绳子。由于当时琢玉的工具不发达，所以那个时期的玉石雕刻非常粗糙，或者说根本就没有雕刻，只经过简单的磨制，在玉石上打个孔，将玉挂在身上。

据史料记载，早在3000年前，新疆就已经有了采玉或琢玉的部落，和田玉开始从西域进入中原，成为周王朝王公大臣生活中不可缺少的部分，不论祭祀，各种礼仪，朝见皇帝，都必须用玉，而且有一套完整的规定。流水村作为通往和田玉源头阿拉玛斯矿的必经之路，应该会发现采玉和使用和田玉的痕迹，但是专家在对这一地区进行考察至今，一直没有发现过使用和田玉的迹象，这个问题困扰了地质学家和考古专家很久。这次在和田玉的原产地发现的和田玉玉璧，是和田地区发现的第一块玉璧，打破了在和田玉原产地只采玉而不使用玉的推测。

在这样高海拔的地方，只有一些极少数的矮灌木可以生存，农作物是很

■ 流水村

难存活的，更别说耕种居住了。据向导所说，山顶就有原生的玉石矿。每年大量的玉石和融化的雪水一起顺流而下，在地势比较平坦的地方积聚起来。而流水村的地势也具备这样的条件，如今在古墓群中又挖出了一块非常原始的玉璧。所有这些都说明，墓主人很可能就是最早的采玉人。

如果墓主人中确有许多来自中原，那么他们就是在维吾尔族人来到这里之前的、最早的采玉人。他们把采玉的历史又向前推进了上千年。古墓群中玉璧的发现，进一步说明他们不仅仅是最早的采玉人，而且也是最早的琢玉人。

从已知的文献资料上看，和田玉大多是从河中捡拾的，直到清代，才有了从山上采玉的记载。在流水村发现的几千年前的采玉人的遗址，是这次考古工作中的重大发现。这一发现也解决了另一个历史上的悬案，那就是和氏璧究竟是不是和田玉的问题。

说到和氏璧，由相关典故言及楚国这一事实推断：和氏璧出自楚地，这似乎已是不争之事，但是献玉者和氏又叫卞和，仅这一点，又使和氏璧产地多出许多疑点。

据考证，“卞”原不属汉姓，是胡人之姓，而中国西部在古代一直被称为“胡地”，那么“卞和”也可能是西部地区的人，而非南部楚地人。再者，楚地在今湖北、安徽一带，并不出产玉石。那么，这位卞和是从哪里发现的和氏璧呢？有专家从大量相关的描述中考证得出：这块和氏璧很可能是和田玉，此玉出自昆仑，而卞和就是当地一位采玉的工匠。这次考古发现3000年以前在和田的采玉人，而且采玉的人很可能又是来自中原，这进而说明和氏璧也许就是一位中原地区的人在和田采得的。他把这块玉带回了内地，然而当时的楚国人却不识货，不仅如此，还要砍掉他的双腿。和氏璧就是在这样一种曲折而惨烈的遭遇中被人们认识的。

为什么无论是中原人还是在西域生活的人，都对和田玉一往情深？其实原因只有一个，就是这里的玉石质量最好，是玉中的极品。

我国当代著名玉石专家杨伯达说：世界上产玉的地点很多，在中国，玉石矿带可分成三大板块，一是我国东北、内蒙古延伸至俄罗斯地区；二是我国江浙地区一直到台湾；再就是新疆、西藏和青海地区。喜马拉雅山造山运动的地质板块活动之剧烈是世界上独一无二的，造山运动作用下形成的玉石同样也是独一无二的。这种独一无二的玉，就是我们所说的和田玉。

结束流水村的考察以后，我们又向昆仑山深处进发。经过8个小时艰难跋涉，我们来到一个叫“五彩沟”的地方。只见山坡布满了道道沟纹，随着一天中太阳光线和昼夜的变化，其色调也随之变化，青白碧墨黄，色彩斑斓，扑朔迷离。

经初步考察采样，发现这是一处蕴藏极其丰富的蛇纹石矿脉，绵延纵横十几公里，高达150米左右，由矿脉形成的山峰布满了条条沟壑。与其他山谷沟壑不同的是，这些沟壑没有任何植被，由一条条断裂的雪白的碎石组成。

经专家初步测量，这一带蛇纹石的储量达几十亿吨，是目前全国发现的储量最大的矿脉。

这无疑是又一重大的发现。这意味着，历史上许多有关用玉的记载需要重新改写。

一般来说，蛇纹石主要产在辽宁省的岫岩县，也称岫玉。它和我们现在所要考察的和田玉是完全不同的一种矿物。

过去，就有人曾提出在中原地区发现的蛇纹石不一定都产于辽宁。他们认为不少被定名为岫玉的文物有可能也产自新疆。这次在于田发现的大面积

■ 白玉河床

的蛇纹石矿为这一说法提供了证据。

蛇纹石，当地人又称“五彩石”，这恰恰又暗合了古代的一个传说。

远古时期，“共工撞不周山，天为之倾。女娲从昆仑山上采五彩石补之”。看来此说并非只是神话。

从蛇纹石矿再往上走就到达了“塞地库拉母”。这里海拔4500米，考察队决定在这里安营扎寨，队员们感到呼吸有点困难。向导安矿长说，他在这一带沿着山料矿脉已经寻找半年多了，但是至今仍然没有找到一处有开采价值的玉石矿。

队员们一鼓作气再往上攀登了300米，终于到达了一个旧矿点。这里处在雪线之上，下午3点，洞口的温度为零度。这个矿点由于过去在这里开采玉石，凿出了一个深达十几米的山洞，洞里非常黑暗，我们只能用手电和头灯互相招呼着前进。

灯光打在洞壁上，洞里的冰凌和裸露在外的玉石交相辉映，仿佛进入了一个神秘的境地。洞内的玉石大部分属于青白色，真正像羊脂一般的白玉十分少见。专家说：“我们现在看到的玉很难成器（形），也就是说不能用它来雕琢大一点的玉器。”

不过，采到的玉石标本是山料的第一手资料，对玉器鉴定将具有非常重要的参考价值。

■ 玉石之乡

和田是中国闻名的“玉石之乡”。玉龙喀什河，也就是白玉河，从和田市经过。喀拉喀什河又名墨玉河就在它附近。这两条河非常的奇特，白玉河以出白玉为主，墨玉河则以出青玉为主。按当地人的说法，白玉河的源头是昆仑山，墨玉河的源头是喀喇昆仑山。

我们乘车来到当年产籽玉最多的一段河道，这里河水早已被人为阻断。干枯的河道尘土飞扬，几十辆推土机在河道来来往往。简直就是一个大工地。用现代化机械找玉，是近几年的一大发展。推土机把河道里的土石推到一边，等在一旁的民工拥上来用铁锹翻找土里的玉石。我们在旁边看了足足一个多小时，民工们才找到一粒拇指大小的玉石，质地很一般，有三分之一是瑕疵。

一位当地的地质专家介绍，他们已经对这一河段进行了周密的考察。发现也就在10公里长的河道范围内，每立方米平均含有20克白玉，现在用推土机发掘的河床与古代的河床相比，落差达50多米，已经挖到20万年以前的河床了。

在这段河床里，曾经发现过两大块羊脂玉。其中一块是在清朝时期发现的，现在存放在故宫博物院；还有一块是近年发现的，大约有十几公斤，被一个富商以30万元人民币买走，据说目前开价已达500万元人民币。

从3000年以前直到今天，和田一直有在河中采玉的人。宋朝的《天工开物》对河中采玉有过一段优美而又浪漫的描写："凡玉映月精光而生，故国人沿河取玉者，多于秋间明月夜，望河视玉璞堆聚处，其月色倍明亮；凡璞随水流，仍错乱杂石浅流之中，提出辨认而后知也。其地有名望野者，河水多聚玉，其俗以女人赤身没水而取者，云阴气相召，则玉留不逝，易于捞取。"

其实采玉人从来也没有这样浪漫。

记者跟着挖玉人在河床里走了几个来回，当问他们今天有什么收获时，几乎所有人都摇头。

考察队在老乡的引导下，沿着白玉河往下游走了20多分钟，道路十分难走，有两辆越野车还陷在了路上，车的保险杠也被撞坏了。

在这条已经干涸的河道一侧，一块两人高的大石头上，科考队专家发现了几行刻字，文字大多数已经看不清了。但是"清，山西忻州人王友德在此受难”几个字却十分清晰。一个“难”字道出了采玉人无尽的艰辛。

为了满足王公贵族的贪欲，成千上万的采玉人翻山越岭，穿越戈壁荒滩，到昆仑山采玉，由于路途艰难，这些采玉者十之八九客死他乡。先秦思想家尸子对此曾感慨：“取玉甚难。越三江五湖，至昆仑之山，千人往，百人返，百人往，十人至。”

直到清朝，中原的和田玉大部分都是在这条河里捡来的。当地人告诉我们，每年在河床里捡玉的有上万人次。这些人大部分是受雇于珠宝企业。他们排着队在河床里反复拉网，不过，有时候一连几天连一块纽扣大的玉石都捡不到。

乌鲁木齐市有一个全国出名的玉石收藏家。他曾雇用上千人在白玉河里捡玉，一连十几天毫无结果。直到有一天，一个民工无意间踢开了一块河床

■ 河床寻玉

里的鹅卵石，发现下面竟然压着块砖头大小，重达10公斤的羊脂白玉，全体人员为之抱头大哭。

肉孜托乎提，收购和田玉已经有38年的历史了。他的爸爸和爷爷也都是收购玉石的。现在他的儿子也在从事这个行业。可以说，他的一家整整四代与和田玉结下了不解之缘。老人手上有一块爷爷传下来的羊脂白玉，这块玉可谓传家之宝。他从不轻易示人，只是由于考察队的到来，他才把这个宝贝拿了出来。

这块和田玉，洁白如脂，是老人收购玉石的基准。无论多么好的玉，只要把它与收购的玉石一比较，优劣立判。按老人的说法，他收购的和田玉至今还没有一块能够比过这块羊脂玉的。

和田玉按颜色不同，可分为青、白、碧、墨、黄五类。《新疆格古要

■ 籽料

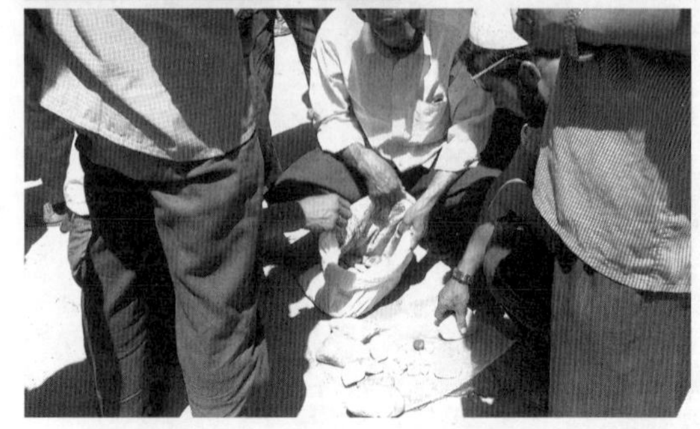

论·珍宝论》中说："玉出西域于阗国，有五色……凡看器物白色为上，黄色碧玉亦贵。"我国自古以来，白色为纯洁的象征。白玉不仅颜色白，而且质也好，深受人们喜爱，被列为珍品。

科考队到达和田市后放了大家一天假，记者们都跑到集市上，这里是和田玉最大的集散地。几乎家家卖玉，价格却高得惊人。一粒蚕豆大的山料饰物要价200—300元。记者在集市上刚刚站定，一群贩玉的人就围了上来，有汉族，也有维族，人人的腋下都夹了一个小皮包，先从包里掏出一块向你兜售。当你看不中时，就会拿出一块更好的。

在和田集市上，有两个不成文的法则：一是不要图便宜，二是一定要请一个行家。因为近几年来，许多人见贩玉有利可图，假冒伪劣随之而起，据当地有关部门介绍，玉石市场鱼龙混杂，很多的所谓"玉石"都不是和田玉，而是所谓的俄罗斯玉、河南玉以及根本不是玉的卡瓦石、东陵石。

骗子的手法繁多。他们把捡来的石头放在变压器油中浸泡，据说，这种浸了油的石头手感和真正的玉石差不多。这种造假技巧有的甚至连专家也难以辨别。

在和田考察期间，肉孜老人带我们去了两个维族村庄，村庄里面的许多人是采玉专业户。墨玉河流经这两个村庄，它成了人们的主要经济来源。

在村里我们见到一块重达2.5吨的玉石，是典型的山流水。采玉人在山里发现这块玉之后，动员了十几个人，扎了一个木排，下面放了八个汽车轮胎，随着山水往下送，一共费时25天才运到村里。

老乡还介绍说，过去从山里捡到比较大的玉后，为防止玉石损坏，必须杀一头驴，用驴皮将玉石包裹起来，外面捆上多道绳子，然后运到京城。由于采用的是新鲜的驴皮来包裹玉石，上面的血迹会沿着玉石的缝隙浸到里面去。

在京城负责采购玉石的官员只要看到浸有血色的玉石，就认定为玉石完好无损。以后许多玉石玩家也往往将玉石包裹在被宰杀的狗或驴的皮里面。有些还将其埋在地中数年，让血色更好的浸入其内。据说，这种带有血色的玉石一直被认为是价值连城。

在老乡家看到的重达2.5吨的玉石，是一块墨玉，质地纯净，他们开价20万元。像这样大小的玉石在村里我们

一共看到了三块。

我们发现许多采玉人的家门口整整齐齐的排列着一些石头，肉孜老人说这是一个标志，就像商店的招牌一样。外面来的收玉人见此就知道这里有玉石可卖。

村里收玉的人对我们十分慷慨，一些拳头大小的玉石，他们任我们拿走，分文不取。

■ 再上冰峰探玉踪

为了对和田玉有一个全面的了解，科考队还必须对昆仑山最高处的玉石生成情况进行考察。

从和田驱车到喀什卡什乡途经100多公里长的大裂谷，山势险峻、道路崎岖，公路一边是悬崖绝壁，另外一边是汹涌咆哮的河流。这一段的地势简直可以和美国的科罗拉多大裂谷媲美。

喀什卡什乡译成汉语的意思就是“玉石乡”。科考队到了这里，天已经开始黑了下来。乡政府院子里聚集了一大群从黑山上下来的毛驴，它们将代替越野车把科考队送到海拔6000米的玉石源头。

第二天，中午11点，科考队终于上路了。40多头毛驴排成长蛇阵，一路烟尘，很是壮观。

翻过第一个达坂（山岭）进入了高原草场，从沙土荒丘转变成一片青绿，驴子们开始撒欢，各顾各的，低头啃起草来，任凭你喊破了嗓子、打折了棍子就是不予理睬。

天降细雨，雨不大，却很快浸透了军大衣。长时间骑在驴背上绝不是一件舒服的事情。驴子们对背上沉重的负担也不堪忍受，据山里人讲，一头毛驴平均驮50公斤东西，而一个人最少也有六七十公斤。像我们有些记者体重可达到70—80公斤，差不多是毛驴所能承受重量的一倍，难怪毛驴要想方设法把人甩下来。

一路上，人驴之间的较量一刻也没有停止过。一位老记者从驴背上摔下，折断了腿。

没有骑驴之前很多人告诫我们：到了山上就要把自己的小命交给毛驴。因为只有它们知道如何在陡峭的山道上行走。把人的命交付给毛驴，听来很可笑，但是事实确实如此。

从乡政府通往黑山村的山路要翻过四五个达坂，山路险峻，有的地方只有一尺来宽，走惯了山路的驴子步伐十分娴熟，四条腿踏成了一个“一”字，就仿佛是走台模特的“猫步”。

其实就是毛驴也不能完全保证它们自己的安全，在一处几乎是直上直下的山脊上，所有的毛驴都在争抢山上那条唯一的小道。小路上的石头被来往行走的驴蹄子磨得闪闪发亮，突然驴队中传来一阵惊叫，一头毛驴在抢道的过程中蹄子一滑，直直地从山脊上掉了下去，一股尘土从崖壁下冒了上来。赶驴的老乡大声吆喝着，继续赶着毛驴前进，片刻不停。几只秃鹫蜂拥而至，盘旋着向出事地点落了下去。队伍的行进速度突然加快，很多人都没有看清这一惊人的场面。事后老乡告诉我们，如果当时停下来，队伍中一定会发生骚乱，后果不堪设想。

通往黑山村的最后一个达坂海拔四千多米。从那里往下看，脚下白云朵朵，远远的山谷阳光灿烂，一小块树荫茂盛的绿洲，那就是黑山。

黑山村，是一个维吾尔族人的小村庄，大约有600人，前不着村，后不着店，是一个十分偏僻的地方。寂静的山村突然来了这么多人，全村的男女老少都出动了。

最为兴高采烈的还是山村里的孩子们。黑山村的房屋非常简陋，有的干脆就从土山中开个洞，再码上一些土坯就成了他们的小屋。有些房屋根本就没有窗户，只有一个供出入的门。

这里的村民几乎家家都藏有玉石，他们把玉石都藏在墙角的窟窿里或者炕上的被褥垛里。村长解嘲说，这就是他们的保险柜。

黑山村每年都有收购玉石的外来人，而这里的老乡也就是用从山里采来的玉换取生活用品。据了解，这里的采玉人年收入可达上万元。

科考队的专家们一到村里顾不上休息，拖着疲惫的身体在村里开始了深入细致的考察。

中国社会科学院考古研究所边疆考古中心主任王仁湘，在村子的东头发现了不同寻常的古墓群，有大部分已被盗，说明这个墓葬和现在生活在这个村里面的人没有什么亲缘关系。从墓葬的形制上看，与现在的墓葬也不一样。用王仁湘的话说，“经初步勘察已是大喜过望”。他发现有一个被挖开的墓穴，规模十分壮观。面积足有几百平方米，墓外围有坚固的土墙。墓内墓室分割清晰，墓道分明，俨然是一个王侯墓，墓主人起码也是一个等级十分高的人。这一点说明了在近千年以前，这里还生活过与现代人完全不同的一个种族。

循着这条思路，他在一个老乡家发现了一个古陶罐。据老乡说，这也是一件出土文物。这只陶罐很接近青海、甘肃出土的陶器，这是否说明很早以前，这里曾经生活过来自中原地区的人呢?

经初步考证，黑山村还有一条通往青藏高原的古道，那边的人很可能就是通过这条古道来到这里的。他们到这里能干什么？出了这个村庄，方圆几百里甚至连一棵树都找不着。解释似乎只有一种：也许他们是最早的一批采玉人。

到达黑山村的第二天，科考队又重新组织了一支精干的小分队向白玉河源头进发。这段山路更加陡峭，小分队经过12个小时艰苦卓绝的急行军，来到一处草滩高地安营扎寨，这里海拔4500多米。宿营后，也许这几天过于劳累了，几乎所有的队员都开始出现高原反应。这片草滩大部分浸在水中，尽管装备了防潮垫、隔湿层，但是躺在那里还是感到身下都是水，帐篷里潮湿寒冷，队员们一夜未眠。

离队员帐篷不远的地方，有一个当地牧民用鹅卵石垒起的简易房屋，几乎是半地下的，屋里点着火，和数千年以前新石器时代的人的住所应该没有什么区别。跟考察队上来的村民们与这里的牧民围成一圈，弹着土琵琶，又唱又跳，让我们这些似乎已经到了生命边缘的人十分惭愧。

第二天一早，队员们振作精神向山顶攀登。毛驴已经是不能骑了，因为这里没有了路。四周都是半人多高的鹅卵石，队员们在这些石头缝间跳来跳去。如不小心脚滑进石头缝里，脚骨肯定折断。

头顶着湛蓝的天，眼前是皑皑的雪山，脚下流水淙淙。在行进的路上，队员们使尽了最后的一点力气。对面走过一个背着包裹的老乡，包裹里是一块10公斤左右的山流水。队员们迎上去一问，他告诉记者，在这一带至少还活动着近百个采玉人。

离最近的山顶只剩下几百米，大部分人都走不动了，最后只剩下三名驮工和三名考察队员继续攀登。

白玉河的源头最低处海拔5600多米，整个山顶都被厚厚的冰层覆盖，冰水在几米厚的冰盖下哗哗地流淌，人们一向珍贵的和田玉就在这些冰层下面。每年的七八月份，山洪暴发，洪水把大量的山石带到了白玉河下游，年复一年，无止无休。

我们在这里最多只能逗留3个小时，北京时间12点之前，考察队员必须立刻从这里返回宿营地。如果走慢了，融化的冰水就会变得非常汹涌，山顶上的人可能就回不去了。好在这些考察队员都不是童话传说里的地主老财，他们知道尽管遍地都是财宝，太阳下山之前必须返回。

如果这个时候有人问我们和田玉算不算珍宝，我们一定会说："算！"它就在我们脚下的某一个地方。

如果有人问我们1公斤白玉要10万块钱值不值，我们也一定会说："何止值10万！"

阳
高
县

GUDAO XUNZONG

山西篇

地上古迹的博物馆

GUDAO XUNZONG

别有天地是广灵

山西由于离北京太近了，到过山西旅游的人也许比去河北的人更多，熟悉山西名胜古迹的人肯定也很多。如果认为山西好像没有什么可说的，那就错了。正是由于山西也是中华文明的发源地之一，历史悠久，名胜古迹特别多，因此即便是大家熟知的地方也存在着大量鲜为人知的故事。

地处山西东北边陲的广灵县，是一个名不见经传的小县城。它地处永

定河的上游，全县人口不到17万人，属温带季风气候，四季分明，海拔最高的六棱山达到了2375米，比恒山的主峰还要高350米。尽管这里纬度低，海拔高，但由于地质地貌特殊，四周环山，形成盆地，这里冬暖夏凉，光照充足。

在春秋战国时期，这里就已经是一个农耕文化发达的地方。

■ 广灵是盛产玉米的农业大县

■ 传说中广灵县明朝皇帝经过的桥

■ 桥上的石猴代表石桥具有一定级别，应了“马上封侯”这句话

■ 百河千川聚一壶

在广灵县东南不到一公里的地方，地势开阔平坦，其间凸起一座石灰岩自然堆积的小山。说它是山倒不如说它是一个石堆，但是在这样一马平川的地方，就算立一个石碑也会显得很高大。

更为奇妙的是，在小山的四周，泉水四溢，使得小山就像一把悬起的小壶。别看这把悬壶不大，水量却十分丰沛，就是这股泉水在小山东南又汇集成了一个面积达217万平方米的湖泊和一片5万公顷的湿地。地质部门化验这股泉水属于可直接饮用的天然矿泉水，因而这片湖水又被人们称作“天然矿泉湖”。

水神堂寺庙的上游是潮白河。大量的水汇聚在这里，在这座山脚下，泉水四溢，汇成了一幅“水环山，山拥水”的迷人景观。这座小山被命名为“壶山”，而这一泉水因其发源于壶山之下，所以又被称之为“壶泉”。

“壶泉”由凉亭底下最大的泉眼和水面下成百上千的泉眼共同组成。它的水质是天然矿泉水，含有丰富的矿物质。而且，它还是一个恒温泉水，水温常年保持在3−7℃的温度范围内，冬天不结冰，是一个不冻泉水。

如果没有到过广灵县，肯定就不会知道水神堂还是北京永定河的源头。就是这股泉水，使山西、河北到北京都得到了滋润。

我们中央电视台，中国社会科学院及山西的部分专家组成的中国民间壁画调查组，从2006年到2008年对山西很多村镇一级现存的壁画进行了考察。我们调查的第一站就是山西广灵县水神堂。

水神堂是建筑在壶山上的一座寺庙建筑，省级重点文物保护单位。它始建于明朝，历经维修，形成了一座明清混合风格的建筑。在寺院里有一个砖塔，名叫灵应宝塔。它是水神堂的最高建筑，广灵县的“灵”字似乎就是因它而得。

人口的增长和城市的发展都离不开水源。广灵县拥有如此丰富的水资

■ 广灵湿地

源，按理说，这里已经具备了发展成为大城市的有利条件。但是，广灵县从春秋时期成为一个县，至今仍然还是一个小县城。一般来说，水源充足的地方也是文化比较发达的地方。但是广灵县除了这股泉水之外，其他种种似乎均乏善可陈。直到今天，我们仍然也看不到它哪怕发展成为一个中等城市的迹象。

从广灵县的地理位置上看，县城的四周围群山环抱，中间是平原，而就在这里突兀地屹立着一座小山，就是前面提到的壶山。从风水学上讲，属于山环水抱，聚气之相。也就是说，在这个地方造房建镇，应该会兴旺发达。但是，广灵县只有一条与外界相通的大路，其他的小路崎岖不平，地理位置

相对比较封闭，交通不便，阻碍了文化与经济的交流。长期的自给自足也使当地缺乏向外求发展、求进取的动力，造成广灵这样一个物产丰富、水源充足的地方最多也就是一个世外桃源的小农经济的县城。

更为严重的是，广灵的地理条件决定了它更适于作为一个屯兵养兵的军事要塞。广灵县的历史比较长，自古以来一直都是兵家必争之地。从《县志》上就可以看到，从古至今，有文字记载的战争不下百次。广灵县上游是乱岭关，据说是唐朝著名的大将尉迟恭镇守过的地方。尉迟恭后来被百姓当作门神来供奉，可见他镇守的关口一定是非常重要的。而赵国长城就修在县城的东北部，这里也变成了中原与西北等地争夺的焦点。

战国赵长城

■ 广灵湿地

■ 广灵水神堂一角

发生在这里的最著名的战争有宋辽直谷之战。北宋将领田重进率宋军不足5000人与辽军2万之众战于直谷，以少胜多，歼灭辽军千余人，取得胜利。宋军与辽军作战负多胜少，所以这次胜利尤为难得。

传统小说《杨家将》描写的宋军与辽军作战的地方，就是在山西广灵与河北交界一带。这个时期最著名的故事就是“潘杨讼”，说的就是宋军的总指挥潘仁美，嫉贤妒能，故意让杨继业，也就是《杨家将》小说里的主要人物杨业——杨老令公，与比他兵力多数倍的辽军交战，结果陷入辽军重围。杨业兵败自刎，于是潘杨两家从此结仇，直到现在还有姓杨的不和姓潘的结婚这样一种说法。其实真正的情况是，当时潘仁美，也就是真实历史中的潘美，率军在现在的广灵、蔚县一带与辽军作战。杨业老当益壮，率宋军一部与辽军激战。潘美虽然是宋军的总指挥，但是受一个叫王侁的影响，在作战中犹疑不决，没有及时派兵增援杨业，结果造成了杨业兵败被俘。杨业英勇不屈，自刎而亡。潘美和杨业在真实的历史中是没有什么矛盾的，一部章回小说的信口开河却导致了两姓相仇的历史积怨，想想还真不值当。

再有顺治元年，也就是1644年，李自成与清军交战失败以后，向西北撤退，其中一部分就扎营在现在的广灵，这里也就成了当时的一处战场。

1926年军阀混战，冯玉祥率国民军一部在广灵一带与阎锡山的晋军发生激战。后张作霖又带领奉军在这里再次和晋绥军作战，占据了广灵。他属下的白俄士兵进城大肆骚扰，一时民众处于水深火热之中。

到了1937年，八路军115师杨成武独立团在广灵冯家沟伏击日军运输队，同年解放了广灵县城。这一年，王震率领的359旅也利用广灵山地复杂的特点多次伏击日军，击毙日军少将旅团长常冈宽治，一战天下闻名。

由于连年的战争和相对封闭地理位置，使得广灵县迭遭重创，多次失去发展成为一个大城市的机会。

尽管如此，由于水神堂寺庙的存在，广灵县还是具有一种他处无法企及的发展潜力。

■ 壁画传奇，劳动万岁

水神堂寺庙坐落在壶山的主峰，整个布局采用了八边形结构，而且为了适配八边形建筑，院内一共开有八扇门，它取意于庙宇建筑的最高等级。

我们民间壁画考察组来到水神堂正殿，这是它的主体建筑，称之为“圣母殿”。居中供奉九江圣母，即龙母。相传，她是一位专管江河湖泉、刮风下雨的水神，两边的壁画恰好反映了这一点。

我们看到，东墙上是一幅被称为“龙母出宫降雨图”的壁画，描绘了龙母出宫降雨时庞大雄伟的阵势。西墙为“雨后回宫图”，描绘了雨后回宫时的情景。这两幅壁画可以说是水神堂最绚丽多彩的代表作。声势浩大、人物众多的场面，正是明清两代皇亲国戚出行最生动的写照。

在当地文物部门工作人员的带领下，我们又来到水神堂寺庙的西侧殿，又称“百工祠”，这名字挺怪。我们看到，殿门正面题有“百

■ 水神堂圣母殿

■ “清代的清明上河图”——百工图

工始祖”，庙里面供奉的是我国春秋时期各行各业的始祖。当地文物部门工作人员说，这里也叫“百工社”。它是清代广灵各行各业的一个行业会首组织。当时，行业会首们聚在这里，商讨事业发展问题。

正中间一位是老子，又叫“太上老君”，供奉的是火炉工匠的祖师，称为“金火炉神”，也是铁匠冶炼的一位始祖。

右边是公输班，也就是鲁班，是战国时期鲁国人。他是土木建筑工匠的祖师，所以题有“巧圣先师”四字。

左边是范蠡，是战国时期越国的一位丞相，后来弃官经商，称为“文财神”。而在这里确是当作商人的祖师供奉，所以题有“义贾先表”四字。

百工祠内的两幅壁画又称“百工图”，这是我们民间壁画考察组最为重要的发现。相传，“百工图”最早是由乾隆帝组织画匠绘制的。一直以来，“百工图”都是只听其名，未见其面。直到我们来到水神堂，这幅被称之为“清代清明上河图”的“百工图”才一展庐山真面目。

其中西墙由内到外分别是：

第一行：泥匠、木匠、生铁匠、布

店（布行）、熟皮店。

第二行：香房、染房、饼子铺、丝绸店、生皮店。

第三行：文具店、当铺、杂货铺、四景园、肉铺。

第四行：羊皮店、豆腐铺、骡马交易会、水磨坊、鞋店、理发店。

东墙由外到内分别是：

第一行：私塾、看病、农家小院（农业）、画室、雕刻。

第二行：酒店、石匠、生熟铁匠、砖瓦匠、油匠。

第三行：柳织店、油坊、麻绳店、醋房、风车收粮。

第四行：苇织店、锡匠铺、银匠楼、粮店、毡帽铺。

值得一提的是，这两幅壁画由上到下的顺序都是按照手工匠们在当时社会中所处的社会地位而排列的。当地文物部门工作人员让我们猜一猜百工中谁地位最高。我们说："教书的。"他说："错啦，是盖房子的！这西墙壁画最上面画的那一排工匠就是当时地位最高。盖房子的，即建筑工还有木匠、铁匠都是地位最高的。"看来乾隆年间就已经提倡劳动者最光荣了。

由于水神堂是一座建于明清的寺庙，

■ "清代的清明上河图"——百工图

■ "清代的清明上河图"——百工图

■ “清代的清明上河图”——百工图

龙王庙

■ 壁画

斬韓福

■ 三国演义类的壁画

■ 神仙类的壁画

所以相对比较世俗化，里面大部分壁画都与人们的生活息息相关。这幅“百工图”就是中国早期工业的生动描写。

从郑和下西洋开始，资本主义的萌芽就已经开始显露，但那时势头很脆弱。在明朱棣皇帝去世后，由于当时国家政局的动荡不安，继任皇帝实行了闭关锁国政策，颁布了禁令：一切船只不得出海，如若发现一条船上有超过5个人，就是杀头之罪。中国早期的资本主义萌芽就这样被掐断了。

据说乾隆皇帝自己也在画中，但是到底是哪一个人就不得而知了。据史料记载，乾隆皇帝把自己描绘成一个务农的农民，但是在这幅画中并没有务农的人。也有专家推测乾隆帝可能把自己描绘成一位私塾的先生。

史书上记载，当时画了很多幅“百工图”，但是都没有推行下去，为什么只留下了水神堂里的这两幅呢？究其原因大概是因为当时的封建社会其实质上是不尊重劳动的，就是皇帝画了劳动光荣的画，也是做做样子。所以“百工图”都没有能继续流传下来。可惜的是，这两幅水神堂里的“百工图”被后人重新描过一遍，即便如此，那这幅壁画也是绝版画。

明清两代的壁画非常有特点。这些作品大都集中在民间庙宇中，其中最突出的就是这些庙宇壁画的主人公，也就是所谓的主神，以女性为主，也就是以供奉娘娘为主。女属阴，阴为水，有水就有女神，这似乎成了明清两代庙宇神祇不易的形象，女神供奉在沿海一带表现得尤为明显。

而为什么在干旱的北方，在广灵县这样的山区，也把女性当成了本地最崇高的偶像？道理其实也很简单，那就是因为农业。以农耕为主的社会，生存第一要义就是粮食。一个缺水少雨的地方，就意味着缺吃少穿，意味着饥饿，因而水一定是农业社会最为祈盼的东西，于是代表着水性的女神，自然成了最受人们顶礼膜拜的形象。

女神，也就是水神娘娘，或者也可以叫她龙母。的确，常年养育着广灵这一方水土。由于女神是人们自然选举的，女神庙也就是娘娘庙里的壁画也就显得格外贴近百姓。

广灵的庙宇，无论是香火旺盛的，还是已经成了残垣断壁的，壁画除了龙母娘娘，就是随乡入俗的描写。这些绘画的内容大都非常入世，可以归为三类。一类是玉帝、神仙的豪华阵容。

■ 神仙类的壁画

另一类是三国演义、西游、水浒等。值得注意的是取材于三国演义内容的壁画，在福建、内蒙古也有发现。专家说，这是明清壁画的一大特色。第三类是有关文人雅士，闲情逸致，附庸风雅，寄情山水的内容。

对明清壁画的考察，让我们距先人如此之近。“百工图”的发现，把一个曾经繁华而自足的小农社会生动地展现在我们面前，让我们突然觉得这一切离我们并不遥远。

直到今天，在广灵这个农业小城里，走街串巷卖豆腐干的吆喝声，叮当作响的打铁声，还有架梁铺檩的人们都在不断地向我们印证着一个曾经繁华的过去。

专家指出，明清的壁画非常有人情味，尤其是清代的壁画，表明当时社会比较开明。我们在广灵发现的壁画大多属清代，清代壁画中的人物并不都梳大辫子、身着清服，很多形象都是明代的打扮。

明清壁画的另一个特点就是画匠都很随意，想怎么画就怎么画。在一个庙里，常常出现的人物，可谓僧道一家，人鬼同行，不求大同，只图热闹。

一位著名画家曾说过：“我们是一个历史悠久的国家。历史越悠久，也就意味着越容易消失。不仅仅是绝技会失传，就连当时最‘千秋万代’的事也会随着时间消失得无影无踪。一个人一个民族，要在历史变革中有所长进，就得倚仗对历史的记忆，而记忆历史是需要作出努力的——而我们的壁画考察之行就是在做着这样的努力。”

考察过水神堂的壁画之后，我们又来到正殿东边两层式的楼阁建筑——文昌阁。它是后来增建的。清朝乾隆末年的一位广灵县令朱休度来水神堂游览，发现水神堂唯一美中不足的是，只有墨笔灵应塔（因为塔尖是黑颜色的，像当时考生应考用的黑色毛笔），而没有点状元的红笔，于是就决定增建文昌阁，并且在阁顶竣工时设了一个很高的红色顶珠，用来表示红笔，认为这样就红笔黑笔俱全，可点状元，多出人才。文昌阁体现了当时广灵人民希望大兴文教、多出人才的美好的愿望。

水神堂是广灵县的代表，蕴涵了广灵县的地理、文化和历史。它不仅是广灵县乃至其他地区的水库，更是广灵的一个缩影。步出庙宇，走下壶山，站在壶泉湖畔上，回首再看水神堂，壶山古寺，倒映水中，细雨骤降，风动漪涟，山色空蒙，漫步湖边，宛如一滴墨珠在山水画中游弋，这里还是任其“江山依旧”吧。

■ 山崖之间又一悬

自古以来，人类就是穴居动物。在人还是猿的时候，他们就栖息在山腰间的洞穴里。一直到猿进化成人类很长时间以后，人们才渐渐走下山，离开居住已久的洞穴。这个人类最初的习惯似乎一直影响着人们。不管是中国还是外国，都在山腰间的洞穴里发现了不少人类文明的遗址。这些遗址都是在山体的内部，而只有中国的悬空寺是临崖而建，而且是建在山体的外部。有人说，没有到过悬空寺，就不算到过山西。位于恒山一侧的悬空寺是闻名天下的世界遗产，可以与世界七大奇迹之一的古巴比伦空中花园相媲美。更妙的是，悬空寺借助悬崖陡峭，使自己屹立在空中千年不倒。悬空寺的结构极其复杂，被称为“无法仿造的建筑”。但又有谁知道，从这里向东再走100公里，在恒山的另一侧，会发现另一个悬空寺凭崖高挂，人称“小悬空寺”。它比大悬空寺还要高上几十米。

小悬空寺的本名又叫“圣泉寺”，位于水神堂南13公里的北岳恒山山脉天王岭悬崖之腰，上载峻岭，下临深谷。谷中有清澈的泉水，用之不竭，被称为圣泉。据碑文记载，圣泉寺始建于北魏太和年间，明清时代曾进行过重修。整个建筑以半插飞梁为基，巧借岩石暗托，木榫石卯，结构严谨，布局合理，别具匠心，集奇、险、惊、特、巧于一体。它代表了广灵民间木构建筑的顶尖水平。

■ 小悬空寺

一个山西，两个悬空寺，仿佛是在证明好事成双是人们最愿意得到的祝福。在文学故事中，也常常把好事成双作为小说的高潮篇章。当然真假莫辨，正邪一体，以至于现在的克隆技术都是生活中值得大书一笔的事情。如果在我们的旅游探险中也能够出现这样的故事，自然也是游客和探险家们求之不得的事。

在山西能够看到两个悬空寺，在美学中称之为比较美学。站在悬空寺上，我们也许能够体会到这种比较美学的魅力所在。

这座小悬空寺在“文化大革命”期间被烧毁了，只留下了一个山洞。后来是这座寺庙的住持连生在原来的旧址上重建的小悬空寺。

寺里的住持连生是一位年纪并不大的僧人，别看他年纪轻轻，但却是一位神医。在他住进圣泉寺以前，和他的师傅、师兄一直住在旧悬空寺留下的山洞里，很久才下一回山，喝和用的水都是他们自己从山下挑回来的。在师傅去世后，师兄由于忍受不了条件的艰苦，下山了。离开的时候还不忘对连生说：“我看你是什么也干不成！”

连生记住了师兄的话，就想着哪天一定要在旧址上重修当年的小悬空寺。说来也神奇，一天连生做梦，梦到了一个有着花白胡子的老僧人，让他在这个山洞上修建一座悬空寺。就这样，连生开始修建寺庙。由于他神奇的医术，治好了当地不少人的疾患，于是大家都很信奉他，有很多善男信女都捐出自己的财物来帮助修建小悬空寺。

只几十年的时间，小悬空寺已经初具当年的规模了。很难想象一个小学五年级文化水平的僧人，建造如此复杂险峻的一座寺庙，是一件多么不容易的事。据专家估测，要想仿建一座悬空寺，将耗资逾千万。可是寺庙的住持连生却一分钱没花，全都是依靠善男信女的捐赠来完成修建的，听起来实在是不可思议。而且一个只有小学五年级文化水平的僧人，是怎样成为一位识得千百种草药的神医呢？难道他真的是一位奇人吗？这些问题真是让人匪夷所思。

连生和尚确实有点不可思议的地方，但是说起重修小悬空寺，不能不提到一个人。这个人是山下小村里的一个老木匠。他的名字，就连随同我们一起来的当地文物工作者也说不清楚。这位老木匠为别人盖了一辈子的房。

过去盖房子最关键的是上梁，这是技术要求最高的，也是最关键的一道工序。房梁如果上歪了，整个房子就算是废了，所以需要由“大工”来指挥完成。所谓的“大工”，就像我们所说的某项工程的总建筑师。连生和尚请到的这位老木匠就是一位“大工”，他所建造的房子大部分都是以木质结构为主的，所以他深谙传统的造房技术。

小悬空寺利用的是传统榫卯连接方法，这种方法是靠构件相互间的阴阳咬合来连接构件的。比如浙江余姚河姆渡遗址中发现的榫卯有燕尾榫和企口等多种形式。不同类型的榫卯被用于受力不同的构件上。榫卯技术充分体现了我国先民卓越的创造力，它不但是日后成熟的中国古代木构建筑体系的技术关键，也是这一体系区别于世界其他古代建筑体系的重要特点所在。这位技术高超的工匠不用外加铁钉等辅助连接方式，完全靠榫卯就能连接众多木构件，盖起体量巨大的建筑。

正是由于有这位老木匠的高超技艺和许多善男信女无私无偿的捐助，小悬空寺成功地建在了悬崖峭壁之上。老木匠在小悬空寺建好以后，就悄然地离开了，甚至连名字都没有留下。

小悬空寺建成以后，由于它所处的位置实在是太特殊了，当地的建筑工程师很担心它的安全。特别是有游人到这里来，一旦出点问题那可不得了。当地的建筑部门特地从大同和一些具备修建古建筑的大城市请来了专家，对小悬空寺的建造和安全进行全面的评估和考察。请来的专家们看到高悬在百米悬崖之上的小悬空寺，感到非常的震惊。按照估算，在如此偏僻的地区建造这样一个规模的庙宇，至少要花七千万元人民币。当他们对小悬空寺从建造到安全的各个方面考察完以后，得出的结论是非常安全。小悬空寺每次至少可以承受一百多人在上面活动，每天最多可以接待三千人左右。

凡是到过浑源县悬空寺的人，都会被它巧夺天工的建筑和凌空于峭壁之上的奇险而惊叹。很多的人甚至是专家都认为这是一项前无古人、后无来者

■ 从小悬空寺俯瞰

的伟大建筑。以后再也不可能完成这样的建筑了，这是一项人间的奇迹。的确，这项北魏时期的悬空宝刹自建成以后，就再也没看到可以与之相媲美的建筑。1500年以后，想不到在距这座悬空寺百里之遥的另一处悬崖峭壁上，再次出现了另一座奇险绝伦的悬空寺。

透过小悬空寺，我们看到了人们信念的强大动力，看到了一种执著和顽强，还有智慧。中国人的聪明才智从古至今是一脉相承的，从来也没有因为时代的变更或者是灾难的打击而有所减弱。

圣泉寺还有一段美丽的传说。相传，从前这里是荒山一片，寸草不生。旱涝天灾，使山下百姓过着吃不饱穿不暖的日子。一只得道成仙的狐狸，为了报答这里百姓对它的帮助，变成了一个民女来到村里，每年指点人们耕作。这样，百姓年年喜获丰收。最后由于这只狐仙泄露天机，受到惩罚，化作了一股甘泉。山上开始生出绿松青草，并且日渐茂盛。为了纪念这位神女，人们在圣泉对面的悬崖上建起了一座寺庙，取名为圣泉寺。

在这片并不算富裕的地方，有很多座寺庙，为什么在这里有那么多的寺庙呢？为什么既然已经有了一个悬空寺，还要在这里再修建一个类似的圣泉寺呢？

从众多的寺庙可以看出，这里一直很安定，没有受到严重的战乱和饥荒的影响。宗教的香火在这里十分旺盛，人们的温饱得以解决后，对信仰的要求也就提高了。在这里几乎每家都有一个家庭成员是僧人，宗教已经渗透进了家家户户，和人们平常的生活很紧密。在“文化大革命”期间，有很多寺庙都被烧毁了。但是这些被烧毁的寺庙后来又被人们一一地修建起来了，可见这里善男信女对宗教的信仰程度之高。

圣泉水，不溢也不流，多少人吃用一个样。舀走后即自然续满，并保持清澈明净。泉水甘甜清凉，喝了能消灾去疾，爽心怡神。小悬空寺以神奇的魅力引发着大家的奇思幻想，到过的人都会情不自禁地发出内心的赞叹。

■ 有山则仙

广灵的山水似乎总是和神仙有关，这里又称“圣佛山”，方圆1500多亩天然油松林郁郁葱葱，遮天蔽日。这是全山西省森林保存最完整、林相最整齐的一片，人称“天然森林浴场”，林中还有一座金元时期的寺庙，现已被毁。

森林里的蘑菇非常多，尽管每天都有进山采蘑菇的人，但是还没有听说将蘑菇采尽的事。

周边的山势，有如一双合起来的手掌，茂密的树林又将雨水雾霜留在了地下，使这里形成了独特的小气候，冬天不冷，夏天不热。每年三、四月间，山外还是冰天雪地，这里桃花已经吐蕊。一年四季松柏常青。也许正是因为这样的缘故，这里一直流传着一个聚宝盆的故事。原来这里是一片荒山，树木很少，有一个小和尚在一块裸露的岩石下，发现了一只聚宝盆，从此不缺吃穿。

为了长久地独享此宝，他偷偷地将聚宝盆埋在了一棵松树下，还在松树上挂上了红布条。

第二天，当他去找聚宝盆的时候，满坡都是松树，所有的松枝上都挂上了红布条。这个山坳实在是一个聚宝盆，直到今天还有不少人到这里来寻宝。

在山西燕北地区还生产汉白玉。说起汉白玉，一般人都会把它和精美的石桥、优雅的长廊以及美丽的女神雕像联系在一起。

但是如果把汉白玉变成一座山，化为一片林，那又会是什么样子？在广灵，我们这支考察队居然看到了这样的一座山，这样的一片林。

汉白玉石林坐落在广灵县最高的六棱山一侧，石林海拔2175米，石林平面面积 1 万平方米。景观柱型群体最高约30米，石林的形状会随着不同的时间、不同的光线和不同的角度，出现千姿百态、十分奇异的景象。

■ 圣佛山古寺

■ 广灵县出土文物

■ 汉白玉石林

汉白玉石林的发现，绝不仅仅是由于它的奇异，更多的还是它那种通体星光闪闪的白色，令人感到激动不已。也许正是因为这一点，唐代武则天改元为周的如意元年，也就是公元692年，她曾征派千人到这里来采石。也就是说，当我们在西安的宫廷直至武则天浩大的墓室建筑中，看到众多的汉白玉建筑以及雕刻，不会再像以往那样惊叹：如此众多的汉白玉是从哪来的?

据地质学家考证，汉白玉石林以至于向下构成的山体，大部分都是由汉白玉组成，它似乎是一座取之不尽、用之不竭的宝山。因为从武则天开始计算到现在，对它的开采已经有1300多年了。

为此，同我们一起来到这座石林的专家很担心。他说，愚公可以凭举家之力，子子孙孙，将太行、王屋两座大山搬走，汉白玉石林这座山自然也会消失，更何况现在的挖山工具都极其先进。

专家的担心不是没有道理，但广灵县已经在一年前下令禁止开采。这里的人知道，让汉白玉石林完整存在的价值远远大于对它的开采。

中国地质科学院的专家钱方曾在此考察，他认为这是首次发现的全国唯一一处远古冰川切割和冰冻形成的镁质白云岩石林。这一地区在冰川第四纪，曾经发生过大规模的冰川运动，海水曾从汉白玉石林的一侧退走。

壮哉，这座浸透过海水的高峰!

■ 广灵县发现的汉以前的陶器

木塔迷踪

■ 古塔之冠

意大利的比萨斜塔，法国的埃菲尔铁塔，还有中国的应县木塔，并列为世界三大奇塔。对于应县木塔而言，这种说法是不公平的，因为首先应县木塔比意大利比萨斜塔早建成118年，比法国埃菲尔铁塔早建833年；应县木塔高67.31米，比比萨斜塔还要高出将近9米。因此，应县木塔和比萨斜塔、埃菲尔铁塔可以说没有多少可比性，而且应县木塔是一座完全木质结构的古塔，没有使用一颗铁钉。仅这一点就是任何塔式建筑都无法比拟的。应县古塔不仅举世无双，而且塔内发现的宝物更是令人惊奇。

我们结束了对广灵的考察以后，就转到应县，对应县木塔和那里的发现再作一次深入细致的调查了解。

应县木塔位于山西省应县城内，原名佛宫寺释迦塔，俗称应县木塔。木塔建于辽代（1056年），距今有951年的历史。塔高67.31米，相当于现在的20多层塔楼的高度。全塔逐层立柱，近60种斗拱相互交错，集我国古代建筑斗拱之大成。它是我国古代高层木构建筑的代表，也是世界上现存最高且年代最久的木结构佛塔。修建一座如此之高的木塔，对于中国古代的木构建筑来说，应该是一个奇迹。

木塔自建成后，历代名人挂匾题联，为木塔增色不少。其中有明成祖朱棣于永乐四年（1406年），登城玩赏时亲题“峻极神功”；明武宗朱厚照正德三年（1508年）登木塔宴请有功将官时，题写的“天下奇观”。塔内现存明清及民国匾、联54块之多。

建造一座应县这样规模的木塔，至少要消耗上万立方米的木料。可是，应县境内真的有大面积的原始森林吗?

当地的专家说，建造木塔需大量木材，当然不可能从很远地方运来，所以就取当地之材。在应州的西北方向，有一座山叫“黄花山”，这黄花山有大片的原始森林。当地百姓世代流传着一句话：“砍尽黄花松，建起应州

■ 应县木塔

塔”。就是这句话，告诉我们一个惊人的事实，为了建造这座通天的木塔，这里的森林几乎被砍伐殆尽。

可以推断，曾经覆盖华北地区的大面积原始森林也正是在那个时期消失的，以致后来的人们失去了继续营造木构高层建筑的森林资源。

然而，当众多的文明古迹都在历史的尘埃中消失时，为什么唯独应县木塔依然屹立在这儿呢？耗费这么大的人力、物力在此处兴建木塔，建造者又隐藏着什么样的秘密呢？

■ 没有塔芯柱的木塔

中国古代最早的塔都是有塔芯柱的，所以塔的中间肯定会有一个从底到顶，通长的一根柱子。所以塔的高度也就由塔芯柱的高度来决定。如果没有足够长的木材，要建很高的塔是不可能的。而应县木塔不仅高度很高而且重量也极重。但最让人不解的是，这么一座庞然大物，却没有建塔最重要的塔芯柱。

因为几乎不可能找到一根能够支撑如此庞然大物的高大树木，这使我们对建塔必须要有塔芯柱的说法产生了怀疑。那么应县木塔究竟隐藏着什么样不为人知的秘密呢？

我们科考队来到了应县，开始了对木塔的考察。沿着陡峭的楼梯而上，踩着颤悠悠的木楼梯，踏着古老的木板，便可以到达木塔的顶层。而每一层的中央都仿佛一座佛殿，外层的围廊才是供人活动的地方，每一层佛殿的中央位置都被形式各异的佛像所占据，可以肯定这里没有容纳塔芯柱的位置。如果不是专家的指点，我们根本不会发现这种藏在木塔梁架上面的开口木柱就是让人惊叹的“插柱造”，这种建筑模式就是古人建造高层建筑的关键。

所谓“插柱造”，就是在上层柱子的底部开一个十字形的榫卯插在下层梁架的交叉点上，下面的柱子又以同样的方式插入这层梁架的下部。应县木塔每一层内槽和外槽的柱子都是以这种方式插入层间的梁架。而如果把这层层叠叠的梁柱横向剖开，它们就像一层层平放在一起的八边形车轮，十分稳定。

这样上下两层柱子互不干扰，形成了一个非常稳定的结构。从而实现了用短的木材建筑高塔，同时又不存在为了接长木柱造成的不稳定因素，使建筑的高度摆脱了木材长度的限制。

别看木塔很高，实际上塔的每一层都可以看作一层独立的佛教宫殿。由于采用这种“插柱造”，木塔每一层的柱子都很短，并且是内外两层几十根柱子支撑，这样每个单层的稳定性就不成问题。每一根木柱两端，以十字形的榫卯紧紧卡在八边形的横梁的交叉点上，不仅保证了每一根木柱的稳定。同时，又像插销一样杜绝了八边形的横梁产生横向位移的可能。采用这种插柱造法，最大限度地克服了木材本身不能加长的缺陷，使本不能很高的木构建筑，有了向高处发展的基础。

在木塔每一层的顶部，我们发现了一个奇怪的低矮黑暗空间，里面横七竖八地插满了各种斜的支撑物。这个低矮的空间既不能走人，又不能放置东西，似乎没有任何使用价值。那么古人在这里设计这样一个空间是做什么用的呢？原来这个叫做“平座层”的低矮的空间，的确被各种方向的斜撑所填充，相对于明层，它要结实的多。古人用插柱的方法把它牢牢固定在每个明层的中间就相当于二层以上的每一层都有了一个稳定的地基。这样，又等于像箍木桶一样，在水平方向上给木塔加了一个结实的木箍，相当于现代建筑中的圈梁，约束着明层木柱不至于向外分散，从而保证了木塔不会因为高度而丧失稳定性。

如此难以保存的木塔，挺立至今，难道应县有什么特殊的有利条件，特别适合它的保存吗？

应县木塔前的牌楼

在木塔第五层，有一块毫不引人注目的匾额。这块清代乾隆年间的官员刘仕伟题名为“木德参天”的小匾上有一则楷书题记，其中有这样一段话：“风末千里，力能拔木，云中为天下脊地，高劲木塔，安神异乃尔？故颜额曰：木德参天。”

这位清朝官员的题记提出了这样的疑问，应县这个地方地处塞外高原，风力巨大，可以拔起大树，然而木塔却在此安坐数百年不倒，难道是有神相助吗？

■ 木塔藏玄机

不仅如此，我们在应县还发现一个奇怪的现象，就是这里的房子都特别的矮小。全县没有一座高层建筑。人们似乎在有意突出这座佛塔的高大。而当地的县委书记却告诉我们，应县自古就是个多地震的地方。因此受地震频繁的影响，应县自古以来就很少有高层的建筑物。在应县木塔这900年的岁月里，应县县城曾经多次被地震夷为平地。唯独木塔历经劫难而不倒。那么，在长年暴风吹袭，地震频仍的环境中，木塔为什么会不倒呢？

在山西省应县，夏季的雷电异常频繁，经常发生人和家畜被雷击死的事件，而且当地还有很多建筑物遭雷击后也被焚毁，使得当地百姓是谈雷色变。但令人不可思议的是，县城中央这座全城最高的建筑物应县木塔，这座纯木制佛塔，竟然从来没有遭受过雷击，也没有发生过一次火灾！

据管理员介绍，应县木塔曾经历过大地震和炮击，也没能撼动它。民国时期打仗，也曾有几枚炮弹击中了木塔，虽然损坏了几根梁柱，炮弹打入木塔奇迹般的没有爆炸。我们顺着管理员指的方向看去，在木塔二层西南侧，横梁有明显的断损、折弯，有些地方已经用铁皮和铆钉固定住了，炮击的痕迹依然清晰可辨。

在“文革”时期，只有木塔的环境比较安稳。这个地方理所当然便成了当时的“县招待所”。来的都是四里八村的生产队长，他们就把木塔当成了宿舍。当时那个年代也没有什么娱乐项目，所以当时特别流行抽烟杆枪。开会的时候，生产队长们聚集在一起抽烟，人最多时，抽的烟在远处看，整座塔就像一个大香炉，烟不断地从塔里冒出来，就如同木塔着火了一样。可是就是这样木塔竟然都没有着火，今天，我们还能从木塔的地板上看到许多小坑，这些都是当年被烟烫过的痕迹，这又是怎么回事呢?

在应县的百姓中关于塔的不倒，流传着种种神秘的说法。比如这座塔站累了会“休息”。但是，这种休息的现象真的是导致木塔千年不倒的真正原因吗?

建筑专家告诉我们，木塔休息仅仅是木塔晃动的一种表现。因为它在不停地晃动。无论是面对地震还是大风，木塔要对抗的都是自水平方向的一种强大的侧推力，而木塔弹性十足地晃来晃去，正是地震和大风对它无可奈何的原因。但是，木材是一种非常脆弱的建筑材料，不停地晃动摩擦900多年居然不坍塌，这其中的秘密在哪里呢?

事实上绝大多数中国的木构建筑都不需要使用铁钉来连接。中国人很早就发现，木材这种脆弱的建筑材料，却有着很强的韧性。根据木材的这种特性，采取了一种独特的施工方式：“榫卯”。

这种古老的榫卯工艺是一种古代非常流行的加工木材的方法。制作榫卯，自古就是考验一个木工技术水平的重要尺度。一旦两块木料用这种方式连接在一起，想要打开它们就非常困难，甚至只有破坏木料才能做到。应县木塔也不例外，它的每一根木料都是以这种方式插接在一起，形成了一个非常坚固的整体。

可以想象，如果汶川地震发生在这里，这座屹立千年的木塔，它会倒塌吗?答案是不会，因为榫卯结构化是非常结实的建筑结构。历史上曾有这样一段记载：“元顺帝时大震七日，木塔屹然不动。”由此就可以看出这座

■ 应县木塔的“榫卯”结构

木塔结构的巧妙所在。可是这种所谓的坚固却是相对的。因为当外力足够强大的时候，榫卯之间就会活动，木塔就会产生明显的弹性变形。工作人员发现，每当有大风和地震的时候，木塔就会发出吱哑吱哑的怪声，能感到明显的晃动。这说明，木塔的榫卯在发生轻微的变形和磨损。在木塔内部残留着大量磨损的痕迹。这样，木塔就避免了和任何足以破坏自己的外力发生不可调和的对抗。

有文字记载，与应县佛宫寺释迦塔同时期的至少还有两座塔。但是，由于它们都坐落在人口稠密的都市，因此都没有保存下来。我们再来看看这座侥幸保存至今的木塔。

在辽代以后，应州很快就衰落下来，成为一座人烟稀少的边城，因此遭受火灾和人为破坏的机会就少了很多。而塞外高原干燥多风的气候，又让木材得以很好地保存。木结构特殊的抗震性能，让它经受住了地震和大风的考验，而自然选择又逼迫成千上万的燕子，成为它抵挡虫害的守护神。特别是作为宗教场所，这里的人们都无不对它顶礼膜拜，世世代代保持着它的清洁。如此奇妙的自然造化才让今天的人们有瞻仰它的机缘。

是谁建造了这峻极神工的释迦木塔？如此神奇的木塔因何偏安在应县这不见经传的边城呢？

木塔是谁建的，也有不少传说。有的说是鲁班建的，但是大多数人说："是辽时候萧太后建的。"在明朝万历年间的《应州志》中，有这样的记载：大辽清宁二年，田和尚奉敕募建。就是说，木塔是在公元1056年，由一位姓田的和尚，奉了皇家的命令修建的。可是这样宏伟奢华的建筑理应坐落在繁华的京都。为什么把偌大的木塔修在小小的应县呢？

契丹，是一个起源于我国东北的游牧民族，由它建立的辽国势力逐渐南侵，以及辽中后期与宋朝的军事政治经济关系，它的政治中心渐渐转移到了这里。然而真正把辽代皇室的目光引向应县的却是兴宗皇后萧太后。

萧太后（公元953—1009年），名绰，字燕燕。是辽景宗耶律贤的皇后，辽北院枢密使兼北府宰相萧思温之女，历史上被称为"承天太后"，是辽史上著名的女政治家、军事家。萧绰出身于辽代皇族著名四大别部之一的国舅别部。

萧燕燕的形象，对人们来说其实并不陌生，她就是《杨家将》里面杀伐决断的萧太后。萧太后的军事阅历十分丰富，能够“亲御戎车，指麾三军”，率领数十万大军攻城野战，是历史上少见的女中豪杰。

萧太后是应县人，这条史料虽然不能证明萧氏家族世代居于应县，但至少可以说明在兴宗朝，萧太后与应县有着密切的关系。但辽代皇室的一个鲜为人知的秘密才是让木塔落户应县的真正原因。

事实上，辽代一直是一个外戚专权的朝代，从萧姓男子世代封王和辽代皇室世代从萧氏家族选皇后这一奇特的潜规则就不难看出，萧姓的皇后和萧氏家族的把控朝政的能力也许远远超乎我们的想象。辽代中后期，应县对于辽帝国和萧氏来说似乎异乎寻常的重要。

辽帝国进入繁盛的时候，应县这里聚集着大量的皇家财富，这可能就是修建木塔的主要资金来源。

然而，在我们仔细研究专家们复原的木塔设计图纸时，发现这位建筑师的设计似乎在暗示着某种神秘的玄机。

我们通过丈量发现，木塔的第三层在全塔各层中属于特别重要的位置。各层木塔的尺寸，都与第三层的尺寸有着某种比例关系。这说明，木塔在设计的时候，正是从第三层开始的。而木塔的八个边加在一起正是塔的高度。从塔尖一直到底部，如果我们去掉塔刹的高度，再以直径画一个圆的话，这个圆的圆心又恰好就在第三层佛塔的中心。在这位古代的设计师的设计中，古人似乎在暗示我们，第三层塔的中心暗藏有重要的玄机。

在木塔第三层，安然端坐着四尊佛像。按照木塔其他几层陈列，它们中间都会有一尊主佛像。可是唯独这个最中心位置居然是空的。这个位置的佛像到底是失窃了还是有别的不为人知的原因呢？而这个空白又代表着什么呢？这和辽代皇室建造这座木塔的初衷又有着什么样的联系？他用这样奇怪的设计要暗示我们什么不为人知的秘密呢？

■ “盛世则出，佛心自在”

佛学专家告诉我们，释迦塔的每一层佛像的设置都与佛教的教义有着密切的关系，而第三层的佛像正是老百姓传说中的“四方佛”。显然，木塔第三层展现给我们的是一个佛教的宇宙观，它体现的是佛教对宇宙结构的认识。按照这个宇宙观，四方佛的中央就是我们的这个世界。但是，我们明明看到三层的中央是空的，那么属于我们这个世界的佛——释迦牟尼到哪里去了呢？佛学专家告诉我们，他已经上升到了佛塔的四层。

原来在佛经中属于我们这个世界的佛释迦牟尼已经化身为“卢舍那佛”，难怪设计者要把他安放在第四层，而不是第三层的中央。就是说作为佛的化身，他要高于我们的世界。那么第三层的这种设置是否有某种含义

■ 应县木塔五层（顶层）的佛像

■ 应县木塔三层的佛像

■ 珍贵文物就放置在这尊“木塔主佛泥塑”中

呢？在木塔三层的这个空白的地方，埋藏着古代辽帝国的某种宝藏或是皇室的某种秘密吗？

20世纪60年代，人们在应县木塔内相继发现了两个装有文物的银盒。银盒内装着宝珠、多卷佛经和辽代木刻，立即在国内外宗教界和学术界引起广泛关注。三颗晶莹剔透的宝珠，似乎也印证了当地民间关于避火珠、避水珠、避尘珠三珠护塔的传说。这是不是就是木塔屹立百年不倒的原因呢？

银盒的发现也非常的传奇。“文化大革命”时期，被称为“破四旧”的活动，不知道让多少文物惨遭破坏。当然应县木塔也不能幸免，塔是保住了，可里面珍贵的文物却难逃厄运。其中一尊大佛的胸部被红卫兵凿开了，在里面发现了珍贵的文物。结果这些珍贵的文物却成了烧火的木材，至今仍然没人知道那天化为灰烬的究竟是些什么。传说中的宝藏是否也在这次浩劫中一并化为灰烬了呢？文管所的一个同志冒着极大的危险，打报告到中央，周恩来总理感到事态的严重。下了一纸命令，这才保住木塔不再受到更严重的损坏，并很快将全国破坏文物的风潮平息下去。释迦塔也随之暂时恢复了平静。

木塔文管员告诉我们：在事情过去一个多月以后，就有一个游客模样的人鬼鬼祟祟地徘徊在木塔周围，似乎并没有游览的兴趣，很快就下来了。随后他便告诉文管员：他在木塔三层的佛座下面，发现有一包东西。

红卫兵砸完佛像一个多月之后，文管所的人员不止一次上过木塔，木塔第三层的佛座位置非常的空旷，根本藏不住任何东西。为什么在这么明显的地方居然没有发现这个小包裹呢？

那么这个游客是谁？据知情人说：这个人正是当年红卫兵中的一员，当时此人把这包文物据为己有，可当这包文物拿回家那天起，这个人家里就怪事频出，还经常连饭也做不熟，家里总是不安稳。之后这个人非常害怕，心虚知道拿了不该拿的东西，便又悄悄地把包送了回来，这也就有了之前说到的那段故事。

文管所的同志打开这个怪事频出的包裹，里面除了一个银质的小盒子和一些铜钱、香灰片之类的物品以外，就是一块像动物骨头一样的东西，别无其他。那么这些奇怪的东西又都是什么呢？这些普通的东西没有引起文管所的重视，就当作一般的文物给尘封了起来。

从文物神奇的自己出现开始，平静地过去了8年。在1974年的9月，这座木塔又发生了更为不可思议的事情。

木塔第二层里完好无损的佛像，胸腹上不知何时竟然被人挖开了一个洞，每天都有人来巡视的木塔，怎么可能会发生这么离奇的事呢？文管所的同志立即报警说："木塔主佛泥塑胸部被挖开，文物被盗，请求公安局破案。"

公安局当即派了四名公安人员赶往木塔，对现场进行了详细勘查，根据现场勘查和访问有关人员了解到，木塔在前几天，有几个雇来的木匠在维修木塔的楼板。工程完工后，木匠已经回家去了。公安局即派人将两个木匠带了回来，并从木匠的家中起获了被盗的东西。但是，结果却让人大失所望。和1966年在木塔三层发现的包裹一样，被盗的还是些银盒子、铜钱、木片、水晶珠子和一块像动物骨头

■ 应县木塔三层发现"七珍八宝"

一样的东西。难道这就是所谓的宝藏吗？为了查清到底丢失了什么东西，公安机关对二层被盗的佛像进行一次彻底的探查。

主像佛端坐在木塔二层中央，塑像是木结构骨架，装板缠绳，外敷泥皮，彩绘装饰成型。公安人员打开佛像的底座，发现了大量的佛经。这批佛经的发现立即引起了国家文物局的重视。

这次发现了非常罕见的辽宋以前的佛经，其中还有在国内第一次发现的彩色套色雕版印刷佛画。由于它证明了早在宋辽时期中国就有了彩色套色印刷，而被写进了后来的中小学历史课本。而另一个让人震惊的消息是，经过多方论证，那两个银盒子里面的奇怪骨物，原来就是佛经中记载的佛教至宝——佛牙舍利。

舍利在佛教修行者的眼里是得道的象征。在佛教文化中，佛指代表成佛的方向，佛牙舍利代表成佛的方法，所以说这颗佛牙舍利用珍宝都无法来形容，舍利本来就是崇高的象征，而这两颗佛牙舍利在佛门教徒的心目中是至高无上的珍宝和圣物。佛经中曾提到“见佛牙舍利，如见佛祖真身”。

根据佛教史籍《大般涅槃经》的记载：本师释迦牟尼佛入灭荼毗后，留有四枚佛牙，佛陀入殓后，弟子们焚化佛祖遗体，于灰烬中得四颗牙齿。弟子们将佛牙舍利起塔供奉，顶礼膜拜。除帝释天、海龙宫请去两枚外，留在人间两枚，一在斯里兰卡佛牙塔，史称“锡兰佛牙”；一在北京佛牙塔，史称“北京佛牙”或“法献佛牙”。

因此佛陀有两颗灵牙留在人间。一颗传到锡兰，一颗传到当时的乌苌国（即今巴勒斯坦境内），后再传到于阗（即今新疆和田县）。还有两颗佛牙被天神请走，当然这只是传说，可现实又是什么样呢？

唐玄奘《大唐西域记·迦湿弥罗国》记载玄奘法师在西天印度曾朝拜过佛牙，其佛牙长三寸、油浸鲜亮、熠熠生辉。依据佛教经典和历史记载，应县佛宫寺释迦塔珍藏的两颗佛牙，如法如律，其色泽、大小、形制完全同佛教经典记载相一致，佛经中记载“佛牙舍利盛世则出，乱世则隐”，这也就是佛牙舍利在当年没有被发现，免于劫难，而如今的太平盛世才出现在世人面前的原因吧。

由此看来，如今斯里兰卡供奉的佛牙舍利，北京供奉的佛牙舍利，再加上此次应县木塔发现的这两颗佛牙舍利，不是刚好应和了佛经中记载的佛祖圆寂后留有四枚佛牙的传说吗?

佛经中记载：佛陀有40颗牙齿，上下各20颗，其端面必然平整光滑，否则佛的嘴会合不拢而显怪相。按佛教经典来理解，佛陀留下的灵牙，会在牙根牙槽、牙身上生长出细粒舍利子。

而这两颗长达8厘米的佛牙的表面和缝隙里面，缀满了不同颜色晶莹剔透的细小珠状物。传说，这就是被尊为圣物的“舍利子”。只有佛祖和得道的大德高僧才会在火化之后产生这样的物质。

因此我们可以肯定，当年让辽兴宗皇帝大兴土木建造木塔并命名为释迦塔的原因就是为了供奉和隐藏这两颗珍贵的佛牙舍利。

佛教产生于印度，是古印度伽毗罗卫城王子乔达摩·悉达多创立的，也就是后来的释迦牟尼。佛教传入中国，作为佛教圣物的佛牙舍利也流入中国。在佛经中有这样一个传奇故事，佛祖在涅槃前，告诉帝释天要送他一颗灵牙，谁知，涅槃那天，有两个捷疾罗刹也去了，盗走了佛祖的两颗灵牙，捷疾罗刹害怕托塔李天王，就把两颗灵牙献给了哪吒，后来哪吒将两颗灵牙又传予唐朝道宣大师，道宣大师将一双灵牙带到了应县。

据史书记载，后唐明宗皇帝李嗣源是应县人，他是公元926年做的皇帝，他的生日是九月初九。在他过生日时，全国各地都给他进贡珍贵物品，其中四川节度使孟知祥敬献给他一颗佛牙舍利。另一颗佛牙舍利据《五代史》记载，有僧自西域来，敬佛牙一颗。也就是说，从西域来的一个和尚敬献给皇帝李嗣源一颗佛牙舍利。

可以推测，李嗣源得到两颗佛牙舍利后，拿回故乡应县立庙供奉。后来到了辽代，萧太后又建起了大木塔专门供奉佛牙。由于辽的统治者非常信奉佛教，在强盛之际，建造佛教供养处并四处搜集佛教供养物，也是符合道理的。所以说木塔为供奉舍利而建也是有道理的，佛牙舍利可谓国宝。它的埋

■ 应县木塔壁画